Journalism & Communication

社交媒体研究丛书

Individual Agenda Setting Research on Social Media

社交媒体个人议程设置研究

易红发　著

上海交通大学出版社
SHANGHAI JIAO TONG UNIVERSITY PRESS

内容提要

议程设置理论作为新闻传播学的核心理论之一,已经历半个世纪的拓展和演变。传统媒体时代,考察媒体议程影响公众议程的公众议程设置研究蓬勃发展。随着互联网和社交媒体的发展,公众议程概念的适用性问题逐渐显现出来。本书提出个人议程概念,以推特平台约 3.4 亿条推文为研究数据,考察社交媒体上专业媒体对个人用户的影响。个人议程设置研究是对传统议程设置理论的发展,使得议程设置理论能够适应互联网的发展和社交媒体的变化,对未来议程设置研究和传播效果研究具有推动作用。本书可作为新闻传播学及其他人文社会科学研究者的参考资料,也可作为高年级本科生和研究生的阅读材料。

图书在版编目(CIP)数据

社交媒体个人议程设置研究/易红发著. —上海:
上海交通大学出版社,2020
ISBN 978 - 7 - 313 - 24018 - 7

Ⅰ.①社… Ⅱ.①易… Ⅲ.①大众传播-研究 Ⅳ.
①G206.3

中国版本图书馆 CIP 数据核字(2020)第 213481 号

社交媒体个人议程设置研究
SHEJIAO MEITI GEREN YICHENG SHEZHI YANJIU

著　　者:易红发			
出版发行:上海交通大学出版社	地　　址:上海市番禺路 951 号		
邮政编码:200030	电　　话:021 - 64071208		
印　　制:上海天地海设计印刷有限公司	经　　销:全国新华书店		
开　　本:710 mm×1000 mm　1/16	印　　张:16.25		
字　　数:254 千字			
版　　次:2020 年 12 月第 1 版	印　　次:2020 年 12 月第 1 次印刷		
书　　号:ISBN 978 - 7 - 313 - 24018 - 7			
定　　价:68.00 元			

序 一

易红发博士是国内首位计算传播学博士。本书是在他的博士论文基础上修改完善而成的专著。

近年来,随着大数据、人工智能时代的到来,作为受众与传播效果研究的新发展,作为计算社会科学的重要分支,计算传播学应运而生。

计算传播学强调人类传播行为的可计算性,运用社会网络分析、文本挖掘、机器学习等数据科学分析工具,以非介入式方法为主,收集、分析大规模的人类传播行为数据,挖掘传播行为背后的模式和法则,探究模式的生成机制与基本原理。

计算传播学的形成与发展,一方面,凸显了传播学作为交叉学科特征,计算传播学由计算机科学、人文社会科学、传播学等学科复合发展而成;另一方面,彰显了传播学直面媒介变革、社会变革的鲜明时代特征,社交媒体平台上保留了用户个人的文本与数字痕迹,计算传播学紧密研究移动互联网、社交媒体等新媒介技术发展所导致的社会信息的扩散、受众的传播行为与效果。

　　计算传播学的形成与发展正在推动传播科学的新发展,而且应用前景广泛。目前,计算传播学的研究方向涉及传播网络分析、新闻文本挖掘、传播计算方法、数据新闻、计算广告、新闻推荐等诸多方面。

　　顺应时代发展以及新闻传播学科建设的需要,我在复旦大学开设了国内首个计算传播学博士研究方向,红发是我招收的首批博士生之一,并如期毕业。

　　社交媒体时代,个人议程设置差异化明显。如何考察媒体议程对个人的不同影响? 在本书中,红发博士运用文本挖掘和大数据分析技术,测量、分析了个人层面的议程设置,拓展了议程设置理论研究。

　　本书以推特上用户行为、转发评论的3.4亿条推文作为个人议程设置的研究文本,通过文本挖掘、主题建模技术,研究个体在社交媒体上的议程设置,考察媒体议程是否显著影响大多数推特用户的个人议程。

　　该研究包含了72 344种个人议程,每个个人议程包含36个议题,即公众议程。研究发现,推特媒体议程与公众议程具有较强一致性;但是,推特媒体议程仅能影响30%的个人议程。研究精细分析了每种议程的相关强度与时滞影响。研究刻画出了最易被媒体议程影响的个人画像:影响力较低、活跃度较低、采纳推特时间较长、发表推文长度适中的用户。

　　本书是计算传播学的创新性研究,具有较高的学术价值和理论意义,值得您阅读。

　　伴随媒介技术的演进和社会的发展,自改革开放以来,特别是1997年新闻学从二级学科上升为一级学科新闻学与传播学以来,中国新闻传播学科获得了快速的发展。无论是研究的规范化,还是研究的理论化,都得到大幅提升;但是,与国际传播学科相比,我们在研究方法的训练、理论的积累和提炼方面,尚有许多可以提升的空间。然而,我们有理由相信,像红发等新一代博士的成长对中国新闻传播学科的发展,将起到重要的推动作用。因为他们正逢媒介技术与社会发展交互作用的研究好时代,国家、社会对新闻传播学科更加重视,他们的研究视野比较开阔,在研究方法方面受到较好的训练,并打下了较为扎实的理论基础。

祝愿红发博士潜心研究、学术精进,产出更多优秀成果!

廖圣清

2020 年 11 月 11 日于澳门科技大学

廖圣清:复旦大学新闻学院教授,云南大学新闻学院(南亚东南亚国际传播学院)教授、院长

序　二

　　红发博士专著《社交媒体个人议程设置研究》即将付梓，可谓沉潜蓄势、厚积薄发之作。

　　议程设置理论属于传播研究核心理论之一，自20世纪70年代以来，成果丰厚，影响至深至远。随着数字传媒迅捷发展，国内国际众多学者于此传播基础理论研究领域孜孜以求，以期有所突破。然而，尽管论著汗牛充栋，但是，别开生面的学术成果并不多见，研究工作总体上呈现艰难徘徊态势。

　　红发博士基于缜密而又清晰的相关学术史梳理以及对学术传统的重新发现，从社交媒体个人议程设置研究视角出发，独辟蹊径，提出"个人议程设置"这一全新概念，并且利用大数据挖掘技术，应用一系列数理工具，诸如交叉时滞相关、OSL回归、2SLS回归、时间序列回归等统计技术，构建了内涵丰富、潜力阔大的议程设置理论研究新命题，不仅实质性地拓展了议程设置理论研究空间，形成一个具有重要理论价值与实践意义的新研究分支，而且初步奠定了个人议程设置理论的研究路径，有了一系列新发现,实现了传播学基础研究领域的重大突破,是自国际传播学传入中国 40 多年来,中国传播研究学界在国际取得的重要理论突破之一。

在学术研究上,能够提出真正有价值的新问题,并且建构探索新问题的研究方法,实属可贵。唯有适应时代历史性变迁,深入细致地梳理、反思,重新发现学术传统,推陈出新,创立新概念与新命题,并运用相关知识——定量研究领域数理与计算机知识尤为重要,重塑研究路径,方有可能结成原创性的学术成果。近代以来,学界时弊之一是德国学者韦伯所谓学术上无本无源的“标新立异”(《韦伯论大学》)。中国学者汤用彤先生在 20 世纪 20 年代一针见血地指出:“时学之弊,曰浅,曰隘,浅隘则是非颠倒,真理埋没,浅则论不探源,隘则敷陈多误……时学浅隘,故求同则牵强附会之事多,明异则入主出奴之风盛……时学浅隘,其故在对于学问,犹未深造,即中外文化之材料实未广搜精求……”(《评近人之文化研究》)红发博士专著之所以可以避免学术时弊,就在于坚守学术正道,学风朴实深沉,其问题意识与研究问题的新颖性基于学术谱系的严谨梳理、深刻反思以及学术传统的再发现,回归李普曼与帕克传播思想,而又创新议程设置理论传统,言必有据,旁征博引,问题导向,融会传统,贯通创新,成一家之言。当下传播研究领域,于基础理论研究如此费尽心力,实在难得。理论突破,非如此不可,朱熹有所谓“超然远览,奋其独见,爬梳剔抉,参互考寻”。

毋庸置疑,个人议程设置这一新概念与新命题只是开启了数字传媒,尤其是基于大数据、人工智能的融合媒介语境下议程设置的理论转型。航道开辟,并不意味着前方没有暗礁险滩。全面突破传统学理,还有待于一系列思辨与实证研究,尤其是线上线下融通以及跨学科的研究工作。个人议程设置视野下,公众议程设置、个人议程设置中的意见领袖等现有研究发现,不仅核心概念、主要假设、研究问题、研究路径、变量模型、分析工具等皆宜不断被反思与检验,而且反思这一研究基于的元概念与研究语境,诸如“社会与社群类型”“网络社会”“媒介化社会”“社会要素流动性”“人口与文化的离散性”等,还会导致一系列更为艰深的研究课题。

2018 年中,首次阅读红发博士书稿,耳目焕然一新,问题意识新锐,数理功夫扎实。是年秋,红发博士入职上海大学,彼此往来,相谈甚欢,余获益匪浅。红发博士不仅擅长传播与传媒的定量研究,而且于文科学术,尤其是社会科学,也有深度研读,并且做过一些有价值的田野研究。英国学者吉登斯曾经批评以往美国社会学家过于偏向定量测验性质的研究工作,而于理论社会学贡献不大,在学术史上社会学概念化硕果并不多见。扎实的定量研究兼具社会科学探索的敏锐思辨,这对于传播与传媒定量研究学者而言,意义非同一般。

祝愿红发博士一如既往,以学术为志业,精研深思,期待他后续更多富有学术价值的著述。

郑 涵

2020 年 8 月 21 日于上海大学

郑涵:教授、博士生导师,上海大学新闻传播学科带头人,新闻传播学科博士后流动站站长

目　录

第一章
社交媒体时代的议程设置

第一节 议程设置研究的"个人"转向

议程设置理论是传播研究的核心理论之一，有着完整的理论谱系。传统议程设置研究注重媒体对受众总体（公众）的影响，随着互联网与社交媒体的发展，受众中的"个人"越来越受到重视。本书提出"个人议程"概念，并实施社交媒体平台上的个人议程设置研究。

一、议程设置理论的问题

从"查普希尔研究"（Chapel Hill Study）开始，议程设置研究已历经半个世纪，形成"三种研究传统"（即"公众议程设置""政策议程设置"和"媒体议程设置"）、"三个层面"（即"议题议程设置""属性议程设置"和"网络议程设置"），以及议程构建和议程融合等复杂的理论框架（迪林、罗杰斯，2009；McCombs，2014）。其中，公众议程设置研究是议程设置理论最基础的部分，其主要考察的是"媒体是否显著影响公众对议题显要性的认知"，即媒体议程是否显著影响公众议程。

近年来，随着互联网的兴起，出现了多种新的媒体形式，专业新闻媒体和受众之间的互动性增强。部分研究者提出了对公众议程设置基本假设的质疑，比如影响方向可能是双向的，即公众议程可能影响媒体议程（周欢、包礼祥，2012）、效果强度下降（曹茹，2008），甚至出现

"反设置"（张健挺，2006）。但是从国际议程设置研究的现状来看，多数研究仍然在互联网平台上发现了媒体显著的议程设置效果（Landero，2016）；国内也有研究者通过实证研究验证了"网络媒体与网民之间具有议程设置的效果"（蒋忠波、邓若伊，2011）。互联网环境下，媒体对公众议程设置的影响仍然存在，议程设置理论仍然具备适用性。此时，更有意义的研究并非继续对新媒体形式（如社交媒体）中的公众议程设置效果进行持续验证，而是探究互联网环境下公众议程设置的作用机制与新问题。

互联网的发展也使得受众发生变化，个人之间差异性的凸显是其中一种。"受众分化""长尾效应""个性化"等都是对个人之间差异性的描述。个人之间差异性有可能影响媒体的议程设置效果。由于个人之间的差异增大，某些在媒体报道中不重要的议题可能成为某些人眼中最重要的议题，其结果是媒体报道中最重要的议题成为受众眼中最重要议题的可能性下降，进而导致议程设置效果下降。更为重要的是，个人差异性的凸显使得研究者关注个人特征对议程设置效果的影响；然而，公众议程设置研究要么考察媒体议程与整体公众议程的一致性，要么考察单一议题随时间的变化，难以真正考察个人特征的影响。换言之，公众议程设置研究难以回答个人差异对议程设置效果的影响。回答这一问题不应局限于公众议程设置研究，而应发展一类新研究，这类新的研究应该能够在个人层面研究媒体报道对受众议题显要性认知的影响。

同时，社交媒体的发展使得议程设置研究得以摆脱"自我报告式数据"的藩篱。社交媒体平台上保留了用户个人的文本与痕迹，为个人层面的议程设置研究提供了良好的研究平台。并且，社交媒体平台的发展使得研究者重新审视"公众议程"的概念。社交媒体平台上不仅存在原创内容，还包含诸多转发和评论的内容。这种情况使得研究者有理由质疑仅从个体内认知的角度测量公众议程的合理性；人际讨论成为公众议程的新维度。另外，大数据与文本挖掘技术的发展使大规模社交媒体内容的挖掘和分析成为可能。特别是其中的主题建模技术十分契合议程设置研究，为社交媒体平台上的议程设置研究提供了方法基础。

在互联网、社交媒体和大数据的背景下，个人之间的差异性凸显，但是公众议程设置研究无力回应这一问题，我们有必要发展一种新的个人层面的议程设置研究。

二、个人议程设置研究的价值

本书主要的目的在于发展一类新的议程设置研究，并以此为基础，对议程设置过程中的作用机制做更为深入的探索。当然，本书的研究结果也为媒体实践提供了指导的可能。

（一）论证并实施一种新型的议程设置研究

本书所论证和实施的这类新型议程设置研究被称为"个人议程设置研究"，其主要考察的是媒体议程对受众的个人议程的影响以及影响个人议程设置效果的因素。个人议程设置研究能够在个人层面分析媒体对受众议题显要性认知的影响，个人特征的考察成为该类研究的题中之义。本书将主要基于公众议程设置研究，论证"个人议程"概念提出的必要性和可能性，描述个人议程设置研究的问题和框架，最后将公众议程设置和个人议程设置进行对比，以展现这两类研究的局限和优势。个人议程设置研究是在议程设置研究"三种传统"和"三个层面"之外的第三种扩展，它与公众议程设置回答的是同一个问题，即"媒体对受众议题显要性认知的影响"。其对公众议程设置的扩展在于影响对象（个人而非整体公众）以及议题显要性的界定。个人议程设置研究作为一类新的议程设置研究，有利于议程设置理论的发展。

（二）深入理解议程设置的作用机制

个人议程设置不仅仅是一类并列于公众议程设置的新型议程设置研究，而且还可能是公众议程设置过程的一种实现机制。已有的公众议程设置研究中，研究者经常应用"导向需求"的概念来理解议程设置的作用机制。"导向需求"被认为是一种心理概念，其对议程设置效果的影响也被研究者认为是一种心理作用机制，即议程设置效果的发生有其心理基础（McCombs et al.，2014）。然而，研究表明导向需求只能间接解释议程设置效果（Camaj & Weaver，2013），甚至无法解释议程设置效果（Matthes，2008）。实际上，导向需求很难作为一种心理机制以解释议程设置过程。而个人议程设置研究将议程设置效果延伸至受众中的个人，个人的变化引起整体的变化也许是议程设置效果发生的作用机制之一。因此，个人议程设置研究很可能有助于理解公众议程设置的作用机制。

（三）为媒体实践提供指导

本书不仅考察媒体议程对公众议程和个人议程的影响，还将分析公众议程设置效果和个人议程设置效果的影响因素。影响因素的考察不仅具有理论意义，而且可以为媒体实践提供指导。影响因素分为宏观条件、议题性质和个人特征三类。对宏观条件中时间条件的分析，可以指导媒体从业者在适当的时间发布新闻报道；对议题性质影响的研究，有助于媒体从业者了解在哪些议题上，媒体可能具备更强的议程设置效果；而对个人特征影响的考察，则促进媒体从业者了解各类媒体更可能对哪些个人产生影响，在进行新闻报道制作的同时考虑该类群体的特征，以便有针对性地进行报道。

三、研究框架

本书将以推特（Twitter）为研究平台，以公众议程设置研究为基础，考察媒体议程对个人议程的影响以及个人议程设置效果的影响因素，将论证个人议程设置研究作为一种新型的议程设置研究的合理性，并以个人议程设置对公众议程设置的作用机制进行推论和分析。应用到的研究方法和统计技术包括主题建模、皮尔逊相关、交叉时滞相关、OLS回归、时间序列回归、2SLS回归以及中介效应检验等。

如图1-1所示，本书实证研究分为三部分。第一部分是推特公众议程设置效果及其影响因素研究，主要考察推特媒体议程对推特公众议程的影响，其探究的影响因素为宏观条件和议题性质。第二部分考察推特个人议程设置效果及其影响因素，分析了推特媒体议程对推特个人议程的影响，其影响因素研究主要考察的是个人特征。个人议程设置及其影响因素是本书研究的核心部分。第三部分主要考察推特意见领袖在个人议程设置中的角色，该部分分析推特上意见领袖议程与媒体议程、公众议程、个人议程的关系。

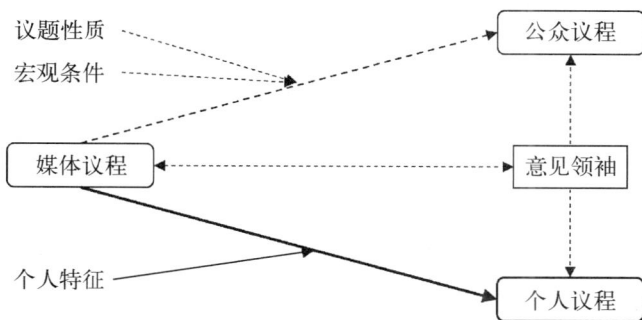

图 1-1　研究框架

第二节　基本概念

　　个人议程及个人议程设置研究是在已有议程设置研究，特别是公众议程设置研究的基础上发展出来的，因此本书有必要对已有议程设置研究中的基本概念进行界定。

一、议题与议程

　　据科布和埃尔德（Cobb & Elder）的论述，议题（issue）是"两个或更多的可辨认的团体之间就地位或配置资源相关的程序性或实质性事务展开的一场冲突"（Cobb & Elder，1972/1983：32），这一定义突出了议题的冲突性。类似地，朗夫妇（Lang & Lang，1981）认为，"议题就是任何处于竞争的事宜"。迪林和罗杰斯（Dearing & Rogers）认为议题首先是一种公共问题。这种问题具备两个特性：① 这是一种具有冲突性的公共问题；② 这是一种被披露的公共问题。因此，迪林和罗杰斯（2009：3）将议题定义为"一个常常具有冲突性并受到大众媒体报道的社会（公共）问题"。

　　然而，迪林和罗杰斯认为议程设置的实际研究只是一定程度地显示了议题的冲突性和两面性，他们通过举例论证这一观点，"堕胎和枪支控制问题似乎肯定具有两面性和冲突性。而像环境或吸毒这样的一些问题似乎更多是单方面的，因为没有人会采取公开支持污染或滥用毒品的立场"（2009）。这种论证将议题的冲突性等同于议题的两面性。实际上，议题的冲突性更多强调的是人们对某个问题是否重要的争论，是议题重要性上的冲突。比如针对吸毒，人们争论的焦点明显不是应不应该吸毒，而是讨论吸毒是不是一个重要的公共问题，吸毒问题是否已经严重到需要政府采取行动的程度。另外，对于像同性恋这种本身具有两面性的议题，议程设置研究关注的并不是支持和反对同性恋人数的多少，而是人们对同性恋议题重要性的认知。因此，议题的冲突性是指人们对议题重要性程度的冲突，而不是关于议题两面性的冲突。

议题的第二个特征是需要被披露，迪林和罗杰斯将大众传媒视为披露议题的唯一方式，这显然是时代局限。互联网时代，一个问题被披露的方式有多种，不一定是通过大众传媒。对议题的定义而言，显然需要被关注的并不是披露的方式，而是披露的结果，即是否被披露。结合科布和埃尔德（1972/1983）、朗夫妇（1981）、迪林和罗杰斯（1996）以及本书分析，我们可以将议题定义为"具有冲突性且被披露的社会公共问题"。

对于议程，迪林和罗杰斯（2009：2）认为"议程是在某个时点上按重要性的等级排列加以传播的一批议题"。议题的重要性（importance）分为两个部分：一部分是表现出来的重要性，即显要性（salience），比如媒体的报道、对公众认知的调查、社交媒体上的 UGC（user generated content）内容等；另一部分是未表现出来的重要性，或称潜在重要性，比如媒体想报道但未报道的内容、公众认为重要但未表达的内容。明显，潜在重要性很难被测量，因此在议程设置研究中，重要性一般转化为显要性。另外，议题本身具有被披露的特性，因此定义中"加以传播"的限定变得非必要。如此，议程即是"某个时点上议题显要性的等级排列"。而时点是个相对概念，可以是一天、一周、一月，甚至一年；这样看来，议程可以简单表述为"议题显要性的等级排列"。

二、公众议程、媒体议程与政策议程

公众议程（public agenda）是"公众中议题显要性的等级排列"，媒体议程（media agenda）是"媒体报道中议题显要性的等级排列"，政策议程（policy agenda）是"政府决策中议题显要性的等级排列"。

议程设置可以理解为三种议程（媒体议程、公众议程和政策议程）间的互动过程（Rogers & Dearing，1988），并且"议程设置过程的实质是议题的显要性何时会在媒体议程、公众议程及政策议程上发生变化"（迪林、罗杰斯，2009：10）。其实，议程设置是议题显要性在三种议程上的转移，由于研究者关注的转移方向不同，形成的研究传统也各不相同。

第一类传统是"公众议程设置"。一般来说，该类研究考察媒体议程和公众的关系，并假定议题显要性由媒体议程转向公众议程。该传统由麦库姆斯和肖（McCombs & Shaw）于1968年的查普希尔研究中开创。查普希尔研究中，麦库姆斯和肖直接将媒体议程与公众议程的关系称为"议程设置"。公众议程设置的基本假设（媒体议程影响公众议程）也成为议程设置研究的基本假设。

第二类传统称为"政策议程设置"，它格外关注一个议题的政策行为，即分析各类因素是如何影响政策议程的。政策议程设置研究的关键问题是"一个问题是如何进入政策议程的"（Kingdon & Thurber，1984）。偶尔政策议程设置研究也会将大众传媒作为影响政策议程的因素，考察"大众传媒会如何直接影响政策议程"。然而，更多的研究指向的是公众议程对政策议程的影响。与公众议程设置研究者主要为传播学者不同，政策议程设置研究主要由政治学者和社会学者推进，其经典研究如科布和埃尔德于1972年发表的美国政策参与研究。

第三类传统是"媒体议程设置"，在这一传统中媒体议程成为了需要被解释的概念。早期，研究者一直将媒体议程视作一种正确的假定，"而没有考虑到（媒体）议程是如何被建构的过程"。媒体议程设置中存在一类较为特殊的研究，考察一种媒体议程与另一种媒体议程的关系，被称为"媒体间议程设置"。在美国范围内，媒体间议程设置研究存在一种基本结论："美国总统和《纽约时报》在为全国性问题设置媒体议程时具有重要作用；美国国会也能在稍次要的程度上参与媒体议程设置。"（Goodman，1994）

关于三种议程的测量。公众议程的测量一般是对公众进行抽样调查或直接采用民意调查公司的数据，议程设置研究者采用最多的是盖洛普调查中的MIP（most important problem）问题"当今这个国家面临的最重要的问题是什么"。媒体议程一般是通过分析新闻媒体的内容而得到的，由此确定某个议题在新闻报道中的相对重要程度。政策议程一般测量与某个议题相关的政策行为，如预算拨款、立法等。相对而言，政策议程的测量较为混乱，媒体议程和公众议程的测量则更为标准。

三、议题议程设置、属性议程设置与网络议程设置

公众议程设置考察的是媒体议程对公众议程的影响，即显要性由媒体议程转向公众议程。而议题议程设置考察的是议题显要性由一种议程转向另一种议程。公众议程设置显要性转移的内容可以是议题显要性、属性显要性，甚至是关系显要性。而议题议程设置并没有限定转移方向，议题显要性可转移的方向包括媒体议程、公众议程以及政策议程等。

公众议程设置与媒体议程设置、政策议程设置并列，这三种议程设置研究的差别在于转移方向的不同，在转移内容上不存在理论上的差异（尽管在实际研究中存在比重的差异）。这三类研究被称为议程设置研究的"三种研究传统"（迪林、罗杰斯，2009：22）。

议题议程设置（issue agenda setting）与属性议程设置（attribute agenda setting）、网络议程设置（network agenda setting）并列，这三种议程设置研究的差别在于转移内容的不同，在转移方向上不存在理论上的差异。这三类研究被麦库姆斯称为议程设置研究的"三个层面"（McCombs，2014：55）。虽然议程设置研究的三个层面并不限定转移方向，但媒体议程对公众议程的影响仍然是主要研究内容。议程设置研究的第一层面是议题议程设置，基本假设为"议题显要性由媒体议程转向公众议程"，即"新闻界在多数时间里告诉人们该怎么想可能并不成功，但它在告诉读者该思考什么时，却是令人惊奇地获得了成功"（Cohen，1963：13）。第二层面为属性议程设置，其转移内容是客体属性显要性，如候选人的个人特征，"媒体不仅告诉我们该想什么，还告诉我们该怎么想"（McCombs & Estrada，1997）。第三层面是"网络议程设置"，这一类研究认为媒体能够构建议题或属性的共现关系（如在同一篇报道中提及同一人物的多种属性），这种共现关系形成的共现网络能够影响公众的认知网络（Guo & McCombs，2011a），即"媒体不仅能告诉我们想什么和怎么想，而且还能告诉我们如何相连"（Guo & McCombs，2011b）。

迪林和罗杰斯在定义公众议程设置时，议程设置研究尚处于第一层面，即议题议程设置阶段，因此界定中并没有考虑转移内容的问题，公众议程设置的因变量是"公众议程中一系列议题的重要性"（Rogers & Dearing，1988）。在后来的研究中，公众议程设置才推广至属性议程设置研究中。议程设置同样如此，查普希尔研究中，麦库姆斯和肖直接称媒体议程与公众议程的关系为"议程设置"。也就是说，早期的研究中，"议程设置""公众议程设置"和"议题议程设置"表达的是相同的含义，均为"议题显要性由媒体转向公众"，研究的是媒体议程对公众议程的影响，这也是议程设置研究的核心。本书采用"公众议程设置"这一术语主要是为了研究媒体议程与公众议程的关系，并与政策议程设置和媒体议程设置（特别是媒体间议程设置）相区分。在没有特别说明的情况下，本书所谓的公众议程是指关于议题显要性的公众议程，不涉及属性显要性或关系显要性。

第二章
议程设置研究的发展历程

第一节 传统媒体时代的议程设置研究

传统媒体时代的议程设置研究可以分为五个阶段，分别是：① 公众议程设置的基本假设研究，即媒体议程向公众议程转移；② 强化或限制议程设置效果的偶发条件（影响议程设置效果的因素）；③ 属性议程设置；④ 媒体议程的起源；⑤ 议程设置的后果（麦库姆斯，2008）。虽然这五个阶段存在时间上的前后，但"新阶段的诞生并不意味着旧阶段的结束"（麦库姆斯，2008：141）；比如公众议程设置的基本假设研究半个世纪以来一直存在着，包括新媒介时代。其实，议程设置研究纷繁复杂，这五个阶段只是提供了一种梳理多项研究的线索。

一、公众议程设置的基本假设研究

所谓公众议程设置的基本假设研究，即验证显要性从媒体议程转向公众议程，更确切地说是客体显要性的转移。

公众议程设置的第一项研究开展于 1968 年美国总统选举期间，发表于 1972 年。麦库姆斯和肖于北卡罗来纳州的查普希尔开展了一次小规模的调查，史称"查普希尔研究"（McCombs & Shaw，1972）。该研究的调查对象是通过随机抽样被选中的犹豫未决的选民，在"有限效果"当道的年代，如果研究者不能在犹豫不决的选民中发现媒体对公众的影响，那么在其他立场坚定的选民中将更难发现效果。结果显示，被五个议题主导的媒体议程和公众议程几乎完全一致，更确切地说，关于"外交政策""法律与秩序""经济""公共福利"和"公民权利"五个议题，选民的重要性排序与前25天的媒体报道排序几乎完全对应。研究者还拒绝了选择性理解假设，认为确实是媒体本身发挥了作用，而非受众的选择性理解造成的差异。查普希尔研究的理论贡献有限，只是部分地验证了两种议程存在相关，即在犹豫不决的选民中发现了媒体议程和公众议程显著相关；然而，查普希尔研究并没有确认到底是媒体议程影响了公众议程还是公众议程影响了媒体议程。该研究最为重要的贡献其实是"议程设置"概念的提出，"议程设置"这个概念非常易于理解，吸引了大批研究者进入该领域，而且"agenda-setting"的拼写在多种语言中完全一致，这也为议程设置研究扩展到多个国家提供了便利条件。查普希尔研究的另一项贡献是对当时盛行的有限效果论的反击，且以一种新的视角重新开启强大效果论。第三项贡献在方法方面，民意调查与内容分析相结合的方法虽并非首次，但在当时是极为罕见的，且确定了今后议程设置研究的基本方法。

1972年的夏洛特研究（Shaw & McCombs, 1977）是对查普希尔研究的补充和进一步验证。与查普希尔研究仅针对犹豫未决的选民不同，夏洛特研究抽样调查了北卡罗来纳州夏洛特地区的所有选民；与查普希尔研究的一次性研究不同，夏洛特研究是夏秋两季分三次调查选民使用新闻媒介的情况，研究包括七个议题：经济、毒品、种族融合、水门事件、美苏与美中关系、环境以及越南问题。结果显示，所有议题在公众中的显要性都受到了新闻报道的影响。夏洛特研究的贡献在于采用交叉时滞相关分析法，确定了影响方向，即不是公众议程影响媒体议程，而是媒体议程影响公众议程。

1976年，麦库姆斯团队对当年总统选举做了年度研究（McCombs et al., 1981）。这次的研究由原来的单一地区扩展到多个区域，分别是小城镇、中等城市和高档社区。研究发现，议程设置效果在春天预选时最大；随着时间的推移，在与个人关系较远的议题上，比如犯罪，显要性影响呈明显的下降趋势；而在与个人关系接近的议题上，显要性一直维持较高的水平。1976年的研究再次证实了媒体具有对公众的议程设置功能。

麦库姆斯团队之外，公众议程设置受到越来越多学者的关注和研究，这些学者也为公众议程设置的基本假设提供了更多的证据。冯克豪斯（Funkhouser）1973 年发表的文章考察了 20 世纪 60 年代美国的各种议题，如"越南战争""种族关系""通货膨胀""犯罪""毒品"等；研究发现新闻报道和议题重要性相关系数达 0.78（$Sig. < 0.001$），且证实在美国公众议程是由媒体议程驱动的。马肯（MacKuen，1981）对八个问题的议程设置过程的历时研究也支持媒体议程影响公众议程这一观点。媒体议程对公众议程的影响也获得了实验证据。艾扬格和金德（Iyengar & Kinder，1987）的研究让不同受试者观看强调不同议题的电视节目，议题涉及国防、污染、武器控制、公民权利、失业等，其中发现国防议题具有显著的公众议程设置效果。

随着议程设置研究的深入，公众议程设置不再局限于整体议程的研究；主题不再局限，扩展到选举甚至是政治传播以外的领域；空间不再局限，扩展到欧洲甚至是拉丁美洲，并由全国扩展到地方。

温特等人（Winter et al.，1981）的一项研究就是关于单一议题——公民权利——的自然历史研究。1954 至 1976 年间，盖洛普调查中，公众将公民权利列入"国家面临最重要的问题"的比例占 0%～52%，将这种变化与民意测验前一个月的《纽约时报》头版比较，相关系数高达 0.71。布罗修斯等人（Brosius et al.，1990）的一项研究是议程设置研究扩展到德国的一个案例，他们在 5 个议题（能源供给、东西方关系、欧洲政治、环境保护和国防）上发现了议程设置效果，然而在更多的议题（11 个）上并没有发现议程设置效果。伊顿（Eaton，1989）对美国 1980 年代 41 个月的 11 个议题的分析表明议程设置效果在非选举时期也有发生。在 11 个议题中，除道德议题相关系数为－0.44，其他议题相关系数的中值为 0.45，表现出了相当的议程设置效果。史密斯（Smith，1987）的研究表明媒体议程对地方公众议程也有显著影响，研究者将美国肯塔基州路易斯维尔市 1974 年到 1981 年的公众议程与当地报纸的新闻报道作对比，总体相关系数达 0.65，并发现在四个议题（教育、犯罪、地方环境和地方经济发展）上具有强烈的议程设置效果。

随着时间的推移，媒体议程影响公众议程获得越来越多的证据，万塔和加尼姆（Wanta & Ghanem，2007）对 90 项实证研究的元分析发现，其相关系数均值达 0.53，95% 的置信度下置信区间为 [0.47，0.59]，这意味着多数研究都发现了中度甚至较强的议程设置效果。迪林和罗杰斯（Dearing & Rogers，1992）对 92 项的实证分析也发现大多数（占比三分之二）的研究支持"媒体议程设置了公众议程"这一假设。

二、议程设置效果的影响因素研究

早期研究中，议程设置效果被视为一个常量，即在任何条件下均不变动（或变动被忽略）的一个数值。在这个阶段，议程设置效果表示的是整体媒体议程和整体公众议程的关系强度，是一种普遍而强大的媒介效果。随着议程设置研究的推进，议程设置效果在多种环境下得以验证，其中还有来自实验的证据（如 Iyengar & Kinder，1987）。然而，研究者也逐渐发现，议程设置效果的发生不是无条件的；在有些条件下，议程设置效果即使存在，其本身也有强弱之分。

麦库姆斯等人的早期研究集中于美国的总统选举，后来扩展至西班牙、日本、墨西哥等国家或地区。1994 年台北市长选举的研究并没有在电视新闻上发现议程设置效果。这激起了研究者对议程设置效果发生的宏观条件的讨论。有研究者认为议程设置效果"发生于政治系统和传媒系统相对开放的地方"（麦库姆斯，2008：43），后续被研究者纳入考察的宏观条件还包括媒体竞争、专业化程度、政治和社会系统、政治系统的特征等（Kosicki，1993）。

议程设置的早期研究关注的是某个领域（比如选举）的整体议程，后来一些研究者转向对单个议题的关注，并最终在阿卡普尔科模型（Acapulco Typology）中确立了其合法性。阿卡普尔科模型用两个维度分割议程设置研究的四种视角，其中一个维度区分整体议程和单个议题。对单个议题的研究不可避免地形成对各个议题的议程设置效果的比较，伊顿（Eaton，1989）的研究发现，关于道德议题，媒体议程和公众议程呈现显著的负相关（$r = -0.44$）。明显地，议题本身的性质将影响相关议程设置效果。后续的研究还关注了强制性议题和非强制性议题、抽象议题和具体议题之间效果的差异。阿卡普尔科模型的另一个维度是对公众议程的测量，测量可以是个体数据，也可以是个体数据的加总。其中，如果议程设置研究利用个体数据，则关于个体的一系列变量将成为议程设置效果的条件变量，如个体的人格特征、导向需求、媒介接触以及人口统计变量等。

也就是说，已有议程设置效果的影响因素研究中，主要关注了以下三类因素：宏观条件、议题性质以及个人特征。然而，需要注意的是，公众议程设置研究其实难以考察个人特征对公众议程设置效果的影响；而社交媒体上的个人议程设置研究由于局限于社交媒体平台，也很难考察宏观条件和议题性质对个人议程设置效果的影响。下文我们将首先检视公众议程设置效果研究中的影响因素。

（一）个人层面：媒介接触与导向需求

媒介接触是传播效果研究的核心概念之一，表示"受众接触特定讯息或某一类媒体内容的程度"（Slater，2004）。传播效果研究中，媒介使用（media use）和媒介接触（media exposure）基本等价（Sun & Guo，2013）。早期研究者认为受众的媒介接触将显著影响议程设置效果，并且确实有研究者在个别研究中证实了这一点，如拉索萨和万塔（Lasorsa & Wanta，1990）的研究就发现，"越多地接触媒介，议程设置效果越强"。然而更多的研究并没有发现媒介接触与议程设置效果的这种显著关联。

研究结果的不一致使得媒介接触很难成为解释议程设置效果的有效概念或变量。这种无效一方面可能来自对媒介接触的测量，研究者最常采用的是基于自我报告的媒介接触频次和时长（Boase & Ling，2013）。早在1986年，查菲等人就指出自我报告式数据不够准确，难以有效衡量个人对媒介内容的实际接受程度（Chaffee & Schleuder，1986）。媒介接触的频次和时长都属于时间维度的测量，应该扩展到时间、空间和媒介三种维度，扩展至媒介维度从而诞生了"多任务使用"研究（Ophir et al.，2009）。然而也有研究者认为是媒介接触概念本身的问题，即媒介接触本身就难以解释议程设置效果。因此，寻找替代性概念和变量成为研究者的任务之一。比如李在国（Lee，2015）认为对公共事务知识量的多少是一种更好的预测变量。而卡马吉和韦弗（Camaj & Weaver，2013）发现对媒体的关注更能解释议程效果；同时，他们认为导向需求是相比媒介接触更有效的一种变量。

导向需求（need for orientation）是被研究者经常提及的一种影响因素。据麦库姆斯、肖和韦弗（McCombs，Shaw & Weaver，2014）的文章，导向需求这个概念是在 20 世纪 70 年代早期被麦库姆斯和韦弗创造出来的，关于该概念的相关文献第一次发表于 1973 年在加拿大蒙特利尔举行的 ICA（International Communication Association）年会。麦库姆斯和韦弗将导向需求界定为"关联性和不确定性的结合"（McCombs & Weaver，1973：16）。

　　然而，导向需求这个概念在现有的议程设置研究中存在不少问题和局限。其一，导向需求本应是一个由低到高的连续统一体，而现有研究普遍将导向需求区分为高、中、低三个程度，这种简单的划分使研究结果不够精确，甚至矛盾丛生。其二，导向需求这个概念本身存在模糊之处，其中一个关键点在于至今研究者仍然无法解释为什么关联性优先于不确定性，而打破这一观点的研究已经出现（Camaj，2014）。在对关联性的界定上，麦库姆斯认为是"人们感觉某个议题与个人或者社会有关系"（麦库姆斯，2008：43）。这一界定有几个问题，一个问题是与个人有关系和与社会有关系是明显不同的，那么关联性乃至导向需求是个人的导向需求还是社会的导向需求就成为一个疑问。第二个问题在于，依据这种界定，那么可以推测每个人在每个议题上都有不同的导向需求，这意味着导向需求的概念只适用于对单个议题的研究，因为不存在整体议程的导向需求；可惜的是，研究者仍然把导向需求的概念用于对整体议程的研究中，其实测量的是个人对整体媒体内容的导向需求，而不是对议题的导向需求。第三个问题，导向需求这个概念是被麦库姆斯和韦弗"创造"（created，麦库姆斯等人 2014 年的文章原文如此）出来的心理学概念。既然是被"创造"出来的，当然心理学上本没有这个概念。然而，吊诡的是，这个概念被创造出来之后，几乎没有被心理学文献提及，该概念似乎只见于议程设置研究。第四个问题，也是最关键所在，导向需求被麦库姆斯等人视为解释"议程设置为什么发生"的重要概念，然而导向需求直接解释的并不是议程设置效果，或者说导向需求只有间接解释议程设置效果的可能。根据马修斯（Matthes，2008）的研究结果，导向需求确实能够解释个体为收集信息而接触新闻媒介的原因，但它无法解释议程设置效果本身。卡马吉和韦弗（Camaj & Weaver，2013）的研究也承认了这一点，他们发现导向需求直接解释的是对媒体的关注程度，而对媒体的关注才会直接影响议程设置效果，导向需求本身并不直接影响议程设置效果。如果导向需求并不能影响议程设置效果，或者导向需求只是间接影响议程设置效果，那么导向需求可能就并不适合作为影响议程设置效果的条件以及议程设置作用的机制。

（二）议题层面：强制性与抽象性

查普希尔研究的发表引起巨大反响，很多研究者开始加入议程设置研究的队伍，为议程设置研究完善理论基础，进行实证研究，开辟新的研究方向。对早期的议程设置研究者来说，其中一个重要的新方向是在时序上对单个议题的分析和解释。必然地，研究者发现在有些议题上呈现较高的议程设置效果，而在有些议题上呈现较低的议程设置效果，甚至无效果。为解释这种效果的差异，研究者将关注点集中于议题性质，其中影响较大的是朱克（Zuker，1978）提出的"强制性议题"概念。

强制性（obtrusiveness）指的是公众对议题直接经验的多少。朱克区分了两类议题——强制性议题和非强制性议题。强制性议题是公众有直接经验的议题，比如"失业"。非强制性议题是公众难以亲身体验的议题，比如"能源危机"。与导向需求不同，议题强制性关注的是受众个人与议题的关联程度，这种关联可以是有直接经验的关联，也可以是无直接经验的关联，比如情感关联。有直接经验也并不意味着一定有关联；有直接经验者可以是参与者，也可以是旁观者；而对于旁观者来说，旁观的议题本身不一定与自己有关联。因此，强制性议题与导向需求是相区分的两个概念。导向需求更注重个人感受，而强制性是公众的一般化感受。比如"失业"这个议题一般被研究者视为强制性议题，这种判断考虑到了社会整体，反映了公众的普遍情况；而导向需求关注的是个人与该议题的关联性，虽然公众普遍有接触失业的经验，但已有工作的个人与失业议题本身关联性不大。

朱克在关于强制性议题的初始研究中，选取了三种强制性议题（生活开支、失业、犯罪）和三种非强制性议题（污染、毒品、能源危机），结果显示在强制性议题上，媒体基本不具备议程设置效果；而在非强制性议题上，媒体的报道可能产生较强的议程设置效果。莎菲（Shafi，2016）的研究再次验证了这一点，验证发生地是发展中国家孟加拉国。

其实，强制性条件能够发生作用依赖于一个基本前提假设：直接经验独立于媒体报道（Demers et al.，1989）。公众关于非强制性议题的信息并不来自或很难来自公众的亲身体验，由于媒体报道独立于直接经验，在直接经验无法获取信息的情况下，公众更可能通过媒体渠道获得相关信息。也就是说，非强制性议题中，公众关于该类议题的信息绝大部分或全部来自媒体报道。自然地，公众对该议题重要性的感知会受到媒体报道的影响。然而，在社交媒体环境下，比如推特上，独立于直接经验和媒体报道的另一路径的重要性越来越凸显，即"他人告知"。社交媒体中通过"转发""评论""私信"等方式的信息传递都属于他人告知。传统媒体环境中，他人告知的可能性较低，而且虽然是他人告知，他人的信息来源很有可能还是媒体。然而，社交媒体中，他人的信息来源很有可能是他人的直接经验。也就是说，在社交媒体中，涉及对"非强制性议题"的重新界定的问题，即只有源于媒体报道的议题才是非强制性议题，还是只要不是自己直接体验的就能称之为"非强制性议题"；后一界定包含媒体报道和他人告知两种路径。

强制性议题和非强制性议题之外，雅格达和多齐耶（Yagade & Dozier，1990）提出了抽象议题和具体议题的分野。两位研究者以抽象程度区分议题，即难以被公众理解的议题称为抽象议题，易于被公众理解的议题称为具体议题。1990年的初始研究中，两位研究者选取了两种抽象议题（核军备竞赛、联邦预算赤字）和两种具体议题（药物滥用、能源）进行研究。结果显示，选择具体议题将提高媒体的议程设置效果，而选择抽象议题会降低媒体的议程设置效果。

议题的强制性和议题的抽象性是两个不同的概念。强制性指向的是个体对相关议题直接经验的多少；而抽象性关注的是公众对某个议题理解的难度。两者的交叉在于无直接经验的议题不一定难于理解，比如药物滥用。从实现机制来说，议题的强制性能够产生影响是个人对相关议题有直接经验，不会寻求媒体讯息，进而使得媒体影响力趋弱；而议题的抽象性发生作用则是基于人们一般不会认为难以理解的事物是重要的。

从对议题的区分程度和稳定程度上说，三个概念（导向需求、强制性和抽象性）中，议题的抽象性是区分程度和稳定程度最高的，这是因为抽象性基本排除了个人因素的影响，代表的是多数人的一般想法。导向需求说到底是个人的导向需求，只不过是与议题相关的导向需求。议题的强制与否依赖于个人的直接经验，而明显地，不同的个人关于某个议题直接经验的多少是有差异的；虽然研究者一般直接将其归为强制性议题与非强制性议题，但这种分类方法有时不够准确。而抽象与否更多是个概念问题，个人差异比较小，在区分议题时更为明确和准确。1990 年的研究中，雅各达和多齐尔也提及了抽象议题和具体议题的产生，如图 2-1 所示，首先是多个现实事件抽象为具体议题，如果多个具体议题之间存在关联，则进一步抽象为抽象议题，与抽象议题相关的具体议题称为抽象议题的子议题。可以看到，这一过程其实是概念的抽象过程，基本上抽离了个人的影响。如果是为了考察议题性质的影响，则议题的抽象性是一种较为理想的区分。

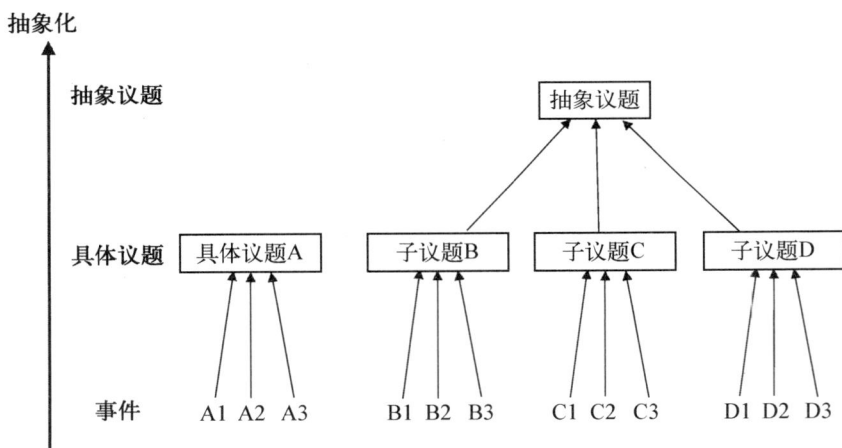

图 2-1　抽象议题与具体议题

（三）宏观层面：空间与时间条件

公众议程设置研究源于美国，后来扩展到英国、德国、西班牙、日本、阿根廷，乃至中国大陆。虽然各国公众议程设置效果大小并不完全一致，但议程设置的基本假设已在多个国家和地区得到验证。换句话说，地理空间条件对公众议程设置效果的影响有限。加之，社交媒体环境下，各国和各地区用户在类似的平台（如推特、脸书）发表内容，这使得地理空间的影响进一步弱化。当然，空间条件仍有学术探讨价值，不过就本书而言，在宏观层面，我们将聚焦于议程设置效果发生的时间条件。

议程设置效果包含两类时间条件，一类是时滞或累积议程设置效果；另一类是议程设置效果的时间段条件。

议程设置的时滞研究由来已久，1972 年麦库姆斯等人的夏洛特研究（Shaw & McCombs，1977）已经有时滞研究的迹象，后来的公众议程设置研究较多涉及时滞问题，万塔和胡（Wanta & Hu，1994）对传统媒体时代的时滞问题进行了概括，发现时滞发生在 1～8 周，平均为 3 周，其中全国电视新闻的时滞最短，平均为 1 周。

其实，时滞研究基于两个前提假设，其一，公众议程设置效果的发生不是即时的，是有延迟的；其二，公众议程设置效果发生之后的一段时间，媒体的议程设置效果是会减弱或消失的。后一前提在万塔和胡的文章中也有体现，他们同时呈现了效果减弱的时间间距。1 周后，全国电视新闻网开始产生议程设置效果；而 8 周后，全国电视新闻网的议程设置效果不再显著。

这种前提假设使得在传统媒体时代，议程设置效果的无时滞和累积效果在理论上是不存在的。然而在社交媒体上，这种前提假设可能被打破。瓦戈（Vargo，2011）研究发现在推特上是没有时滞的（以天为单位）。时滞如果不存在，则意味着公众议程设置效果几乎没有延迟，且短期内可能不会消失。换句话说，社交媒体上的公众议程设置效果有可能是累积的，即时间较长的议程设置效果大于时间较短的议程设置效果。郭蕾和麦库姆斯（Guo & McCombs，2011a）的研究证实了这一点，研究者利用了春、秋两季数据，结果春、秋累加数据中的议程设置效果要大于春、秋单季的效果。

此外，时间段条件也是议程设置效果时间条件的重要组成部分。如果存在时间段条件，则意味着媒体的议程设置在不同的时间段效果不同。时间段可以分为绝对时间段和相对时间段。如 2015 年 10 月 10 日至 20 日与 2010 年 11 月 1 日至 13 日两个时间段议程设置效果的比较，就是绝对时间段效果的比较。相对时间段则是指周期中的相同时段，比如每年的第一季度、每月的同一天、周末与工作日、一天中的上午和下午。绝对时间段条件关注的是两个或多个特殊时间段的议程设置效果的比较；而相对时间段条件在于考察议程设置效果是否具有周期性，如果有，是哪种时间单位的周期性。

传统媒体时代，研究者较少关注时间段条件，仅有个别研究关注绝对时间段条件，或较大单位的相对时间段条件。比如韦弗（Weaver，1981）在对 1976 年美国总统选举的研究中发现：电视和报纸的议程设置效果在春天预选时最大。限于历史和媒介条件，传统媒体时代很难进行较小时间单位的周期性研究，比如研究每天固定时段的公众议程设置效果是否相似。其一，传统媒体时代的公众数据采集一般是以月为单位的，难以进行以天为单位的数据采集；而且如果不采用民意测验数据，那么研究者更可能进行的是一次性的横截面数据的收集，无法体现时间的变化。其二，根据已有研究，传统媒体时代中议程设置效果的时滞在 1～8 周，这意味着数天或数小时内的议程设置效果还没有得到发挥。故此，在传统媒体时代，以天或以小时为单位的议程设置数据采集和分析并无实际研究意义。而在社交媒体上，用户的发布时间会被记录下，一般精确到秒，这使得较短时间周期的数据收集成为可能；而且社交媒体上议程设置的时滞已经缩短，甚至无时滞，此时较小时间单位的议程设置分析变得有意义。

三、属性议程设置研究

属性议程设置是第三阶段，然而该问题非常复杂；虽然有不少研究证实了该功能的存在，但也有很多的研究并没有发现该功能。

在说明属性议程设置研究之前，我们先要区分两组概念，即议程和议题、议题和客体。议程（agenda）和议题（issue）在英文中非常好区分，然而翻译成中文后经常被混淆。需要说明的是这两个概念并不一样。议程可以由一系列议题组成，但是并不是多个议题就能简单地构成议程。我们说媒体为我们设置议程，而不是说媒体为我们设置议题。其背后的意义在于议题无论重要性如何，总是存在；媒体的作用在于赋予各个议题不同的重要性；不同议题的重要性程度才是议题形成议程的关键所在。既然议题可以构成议程，同样，作为客体之一的人也可以构成议程。这是另外一组概念——议题和客体。严格来说，议程设置研究是关于客体显要性转移的学说。作为一个概念，客体除了可以是议题，也可以是人或是议程中的其他元素（如认知基模、关系）。

区分这两组概念的根本原因在于，"在议程设置理论中，属性是个总体称呼，包括某个客体所具有的全部特性和特征"（麦库姆斯，2008：83）。也就是说属性议程设置中的属性是客体的属性，而不仅仅是议题的属性；原因在于议题是客体的一部分，但不是全部。因此，属性议程设置并不仅仅是指议题属性设置，严格来说是客体属性设置。属性的这一界定使得很多属性议程设置的研究并不是有关议题属性的研究，而是有关其他客体属性的研究，最为常见的是政治候选人的属性或者说政治候选人的形象。

（一）政治候选人的属性

我们可以在第一层面讨论关于作为一种客体政治候选人的议程设置，即客体显要性转移，比如某个候选人更多地被报道。然而，更多的议程设置研究主要关注第二层面，即属性显要性转移，比如某个候选人的形象通过媒体的报道被公众接受。

已有不少议程设置研究涉及政治候选人的属性。贝克尔和麦库姆斯（Becker & McCombs，1978）关于 1976 年总统候选人的研究就发现，新闻属性议程与选民属性议程呈现一致性增长的趋势，从当年 2 月份的 0.64 增长到 3 月份的 0.83。格拉博等人（Graber et al.，1981）对卡特总统和福特总统的研究发现，《芝加哥论坛报》和伊利诺伊选民两种属性议程高度一致，媒体议程和公众议程交叉时滞相关系数的中值为 0.7；该研究涉及的属性包括能力、亲和力、政治理念等。

与议题议程设置类似，属性议程设置功能被认为在政治系统和媒介系统相对开放的地域均有可能发生。例证来自 1994 年台北市长选举研究（King，1997），研究者考察了三个候选人在选民中的形象以及两类媒介（报纸和电视）对候选人的描述。研究发现选民中的形象与《中华时报》《联合日报》的描述之间的相关系数为 0.59 和 0.75，而与电视新闻的描述的相关系数则很低，没有发现显著的属性议程设置效果。

属性议程设置研究的一个重要问题是属性分类。麦库姆斯等人（McCombs et al.，2000）关于 1996 年西班牙大选的研究区分了实质属性和情感属性。该研究复杂程度非常高，基于选民调查，实质类别和语气类别整合为一个 5×3 的描述矩阵（5 个实质类别×3 个语气类别）；基于媒体内容分析，形成了另外 21 个描述矩阵（7 家媒体×3 个候选人）。其中实质属性包括：个性、诚实、对争议问题的立场与政治思想、正式的资格与资历资料、感觉到的资格与评价；语气分为正面、负面和中性。研究发现候选的形象与两份地方报纸、两份全国报纸、两家全国电视新闻网以及公共电视节目中的政治广告的相关系数的均值分别为 0.71、0.81、0.52、0.44，可以发现全国性报纸的属性议程设置能力最强。

　　属性议程设置也有来自控制实验的证据。昆西等人（Kiousis et al.，1999）让实验参与者阅读关于美国政治候选人的报道；其中一篇报道描述了一个腐败的候选人，另一篇报道描述了一个道德高尚的候选人；报道阅读完之后，实验参与者被问及，"如果你的朋友从另一个州来拜访你，他不了解这个候选人，你会怎样向你的朋友描述这个候选人"。研究结果显示出非常大的差异。其实，如果深究，就会发现该实验存在严重的问题，因为候选人是虚构的，那么受试者不可能有直接经验，只能采信报道上的内容，别无他途。

（二）议题属性

　　议题是经典议程设置研究的关注中心，然而扩展到第二层面，议题属性的显要性转移获得的证据并不多。一种证据来自 1993 年日本大选研究（Takeshita & Mikami，1995）。政治改革这个议题占据了议程的 80% 以上，而第二层面上，改革的体制属性被提及的次数是道德属性的两倍。研究发现在道德属性上相关系数趋近于 0，体制属性上相关系数在 0.2 以上。

　　议题属性议程设置研究中，相关系数最高的研究来自对奥斯汀环境议题的研究（Mather，1996），该研究发现报纸与公众在环境议题的各个属性上完全一致，也就是说相关系数为 1.0。这当然是极端案例，一般情况下，属性议程设置仍然与导向需求有关。科恩（Cohen，1975）关于美国中西部的研究发现，导向需求低的人中，报纸属性议程与公众属性议程相关系数为 0.26；而导向需求高的人中，相关系数达 0.77。

　　属性议程设置超出了经典议题议程设置的范畴，甚至超出了其外延。偶发条件可以看成经典研究的外延，但属性议程设置研究很难说是经典议程设置研究的外延，两者存在本质不同。而且与其他四个阶段不同的是，属性议程设置抛弃了议题中心；加上属性议程与框架研究分割不清的关系，因此，很难说属性议程设置在整个议程设置研究中的地位如何、发展如何。事实上，互联网与社交媒体环境下的议程设置研究仍然主要从议题议程设置研究出发，很少涉及属性议程。

四、媒体议程的起源研究

媒体议程起源研究的是何种议程影响了媒体议程。这是议程设置研究第一次脱离公众议程，同时因为脱离公众议程，不需要对受众抽样调查，研究难度有所降低（当然直接采用盖洛普调查的结果除外）。媒体议程的起源研究更多的是一种非介入性研究，研究者的研究客体更多的是文本而不是受众。

从分类上说，已有的媒体议程起源研究主要包括三个方面，即新闻来源的影响（比如政策议程）、其他新闻媒介的影响（媒体间议程设置）以及新闻规范的影响（可与把关研究相联系）。

（一）政策议程

政策议程是新闻来源的一个重要方面。就现有的研究看来，政策议程和媒体议程的关系强度基本没有疑问，即相关程度显著；然而方向问题却是最为核心的问题，到底是政策议程影响媒体议程，还是媒体议程影响政策议程并不确定。至今，研究者仍然无法像证实媒体议程影响公众议程那样确切地说明到底是谁影响谁，甚至无法说明什么情况下政策议程影响媒体议程，又是在什么情况下媒体议程影响政策议程。政策议程和媒体议程的关系方向具有一定的随机性。

从美国的研究实践来看，一年一度的国情咨文报告是考察政策议程影响力的绝佳机会；然而研究结果却不可捉摸。吉尔伯格（Gilberg，1980）对 1978 年卡特总统的国情咨文报告的考察发现，卡特总统的 8 个议题并没有对下个月的新闻报道（《纽约时报》《华盛顿邮报》以及三家全国电视网）产生显著影响；恰恰相反，《纽约时报》前一个月的报道与国情咨文内容相关程度显著。麦库姆斯等人（McCombs et al.，1982）关于 1970 年尼克松总统的国情咨文报告的研究表明，尼克松总统的 15 个议题对新闻报道（媒体选择与卡特总统报告研究完全一致）产生了影响；而没有证据表明媒体议程影响了国情咨文的内容。值得一提的是两项研究采取了几乎一致的研究程序，如果到此为止，研究者可能得出总统个人特性影响了方向，毕竟卡特总统与尼克松总统个性特征差异明显。然而，约翰逊等人（Johnson et al.，1995）采用一致的研究程序，发现罗斯福总统任期内的 7 次国情咨文报告与新闻媒介的报道关系十分复杂；同样的情况发生在里根总统身上，1982 年到 1985 年的国情咨文报告与媒体报道关系方向不一（Wanta et al.，1989）。

其实，政策议程和媒体议程的复杂关系并不出人意料，原因在于双方都有影响对方的稳定渠道。西格尔（Sigal，1973）的研究考察了《纽约时报》和《华盛顿邮报》二十年的新闻来源，发现有 17.5％ 的内容或多或少来自政府新闻通稿，32％ 的内容来自记者招待会与背景吹风会。连《纽约时报》这种标榜独立的媒体尚不能摆脱政策议程作为其重要的新闻来源；其他媒体的内容来源可想而知。传统媒体时代，媒体有影响公众的稳定渠道，公众对媒体的反馈却极其困难；即使存在，多数情况也是间接的（如收视率调查），公众影响媒体具有分散性和偶然性。总而言之，传统媒体时代，公众很难影响媒体。如果公众拥有影响媒体的稳定渠道（如微博、推特等），那么媒体议程和公众议程的关系是否需要被重新验证？这是政策议程研究给整个议程设置研究的启示。

（二）媒体间议程设置

媒体间议程设置也是媒体议程起源研究的核心之一。通常的情况是精英媒介影响其他新闻媒介。在美国，扮演精英媒介角色的更可能是《纽约时报》，比如 1985 年毒品问题出现在《纽约时报》的议程中，导致了 1986 年全美报纸和电视对毒品问题的大幅度报道（Reese & Danielian，1989）。特姆博（Trumbo，1995）对 1985～1992 年全球变暖议题的研究发现，《纽约时报》等三家报纸影响了三家全国电视网的议程；而作为一个复杂的科学议题，科学杂志也在该议题上扮演了议程设置者的角色。

媒体间议程设置也触及第二层面，比如日本两份主要报纸在经济议题属性的描述上，二者相关系数中值在 0.72 到 0.73 之间（Takeshita，1993）；而关于美国经济议题属性的比较研究中，报纸和电视议程的相关系数为 0.8 (Benton & Frazier, 1976)。

换言之，主要的大众媒体在构建议题甚至是议题属性时具有相当的一致性，这种情况给研究者以极大的便利。研究者在进行议程设置研究时，只需要选择有代表性的媒体，便可以其议程代替整体媒体议程。

（三）新闻规范的影响

新闻规范的影响是在比较中得出的，单独研究一国或一地的新闻规范对媒体议程的影响是一个非常复杂的问题。斯迈克等人（Semetko et al.，2013）对 1983 年英国大选与 1984 年美国大选的研究发现了两国政党影响媒介的极大差异。英国三个政党对五个重要议题的关注与 BBC、独立台及 5 份报纸的报道具有相当的一致性，相关系数中值为 0.7；然而 1984 年美国大选的竞选宣传与电视新闻的一致性极低，相关系数不超过 0.3，甚至是负向，两党对报纸的影响也不大。应该说，这种差异是系统性的，差异来源于各个方面，而社会规范与新闻传统在其中的影响是显而易见的。比如相对于英国，美国媒体虽然商业化程度很高，但政治地位更为独立。

五、议程设置后果研究

在议程设置后果研究之前，议程设置理论被认为是一个仅作用于认知层面的理论。正因为如此，议程设置从另一个角度重新确认了媒介的强大效果论。原有的有限效果论将关注点放在态度和行为的改变上，比如拉扎斯菲尔德（Lazasfield）等人的"人民的选择"研究，发现选民改变立场的比例较低，以至于得出媒介效果有限的结论（拉扎斯菲尔德，等，2012）。当议程设置研究走向更为广阔空间的同时，研究的深度也在加强，以至于研究者有了更大的企图；局限于认知层面显然已经无法满足研究者，扩展到态度和行为层面成为必然，这促生了议程设置的后果研究。所谓议程设置的后果研究主要讨论显要性由媒体议程转移到公众议程后，引起公众态度和行为的变化。

议程设置的后果研究在议程设置的议题层面和属性层面之外，加入了两个新元素——意见与可以观察到的行为。其中的"意见"包括两个维度：意见强度和意见方向。因此，现有议程设置后果研究主要包括三个部分：① 铺垫效果（priming），考察的是公众议程客体显要性与意见方向的关系；② 属性铺垫，考察属性显要性与意见方向之间的联系；③ 意见的形成（forming an opinion），分析客体显要性与意见强度之间的联系。

（一）铺垫

铺垫是一种间接效果，它不是议程设置效果直接影响的态度和行为。铺垫的心理学基础是选择性注意，公众议程的容量是有限的，人们在做出判断时，通常并不进行全面分析，而是依靠头脑中比较活跃的零碎信息。从议程设置的角度来说，构成头脑中活跃的零碎信息的通常是具有高度显要性的客体，而哪些是高度显要性的客体是由媒体的议程设置功能决定的。也就是说媒体设定的议程决定了公众形成某种意见的标准（麦库姆斯，2008：152）。

铺垫的一项经典研究来自维纳特和祝建华（Willnat & Zhu，1996）。1992 年最后一任港督彭定康提议扩大公众在立法委员会选举上的参与权。通过每周的民意调查与报纸的内容分析，研究发现香港三家主要报纸的报道方式铺垫了公众对彭定康业绩的评定。相似的情况发生在德国，人们对基督教民主联盟的倾向受到媒介对两个议题（能源供应与东德形势）报道的影响；对社会民主党的倾向受到三个议题（东西方关系、环境保护以及退休金）报道的影响（Brosius & Kepplinger，1992）。

（二）属性铺垫

意见方向本身也是一种属性，因此当客体显要性要对它施加影响，即产生铺垫效果时，只能是一种间接效果。然而当客体显要性替换为属性显要性时，属性显要性影响意见方向便是直接效果的一种，我们称之为"属性铺垫"，即某个议题在媒体上的建构方式影响公众的判断和阐释。从这个角度来说，属性铺垫更接近框架分析。

艾扬格和西蒙（Iyengar & Simon，1993）关于海湾战争报道的研究是这种关系的证实，在构建这场战争时，电视新闻强调了采取军事行动的重要性，研究显示经常观看电视新闻的公众对海湾战争更支持走军事解决的路径。与该研究类似，吉米等人（Kim et al.，2002）关于美国小城市的一项研究发现，经常阅读报纸的人，属性显要性变化模式与报纸属性议程非常相似，但在中度及较少接触报纸的公众中，并没有发现这种关系。换言之，属性铺垫或框架构建只有在接触媒体程度高的受众中才能产生效果。

（三）意见形成

意见形成研究基于客体显要性与公众意见的一种基本联系，即客体显要性越高，公众对某个客体形成意见的比例越高。比如当大众媒体对某个公众人物大量报道时（此时尚不考虑报道方式与报道倾向等属性），可能会有更多的公众对这个公众人物有看法；而对于那些没有报道的公众人物，公众也不会有看法。

针对 1980 年到 1996 年选举的研究昆西（Kiousis, 2000）提取了对总统候选人的报道量，并考察了公众发表极端意见的比例。研究发现媒体显要性与舆论存在显著相关，相关系数中值为 -0.9。也就是说，某个候选人在媒介上的显要性越高，受访者在等级量表中选择中性中点的比例越低；反之，选择中性中点的比例越高。受访者选择中性中点的比例低，就意味着选择正向或负向的比例高，正向与负向并不重要，重要的是一旦非中性，即意味着意见的形成。

第二节　互联网早期的议程设置研究

时间走向新千年，传统媒体逐渐走向衰落，互联网兴起。一部分研究者从大众媒介时代走来，对互联网有强烈的不适应。在传播学领域，一个重要的疑问便是"大众媒介时代的理论能否适用于互联网时代"。作为传播学领域内最为完备的理论模型，议程设置被屡次提及。反转的一幕不断出现，一个研究者鼓吹议程设置消亡论，另一个研究者就通过一项实证研究证实议程设置理论的继续存在，循环往复。加之互联网时代媒介更新换代实在太快，当研究者的眼光聚于 BBS 论坛时，博客兴起；当研究刚刚证实议程设置论适用于博客传播时，微博、推特、脸书等社交媒体方兴未艾；下一次是什么情况，很少有人能够预料。互联网的更新换代带来一个严重的问题是议程设置必须在各种场域证实自己的适用性，这造成大量研究的冗余。

其中最为核心的问题还要从议程设置论的基本假定出发，即客体显要性从媒体议程转向公众议程。无论是批评者还是维护者均从此项出发；批评者想要说明的是，新媒介环境下，媒介到公众的显要性转移无法完成或者很难完成。无法或很难完成的原因在于三个要素，其一，媒介变化，研究者认为大众媒介在新媒介环境下影响力下降，无法对受众施加有力影响；其二，受众变化，受众不再受大众媒介控制，走向分化；其三，渠道变化，媒介到受众的渠道不再畅通，受众不再或较少接触媒体。其中，麦库姆斯本人在《议程设置：大众媒介与舆论》一书的"结语"中针对第二、第三种变化做了批判，认为受众虽然分化，但仍存在高度重复的信息与信息源，且认为传统媒体的受众量依旧巨大。

严格来说，从显要性转移与否、转移强度这个角度来否定议程设置理论是行不通的。无论媒介如何变化，新媒介本身如何更新换代，媒介本身的影响力增大或减小，公众如何分化，但有一点是确定的：公众不可能完全依靠亲身经验。公众既然不能完全依靠亲身经验，则必然受他方影响，无论影响方是媒体还是社交媒体中的意见领袖。只要影响存在，则显要性的转移是必然存在的。议程设置理论中确实存在媒体议程向公众议程转移显要性的基本假定；然而议程设置理论及概念本身是客体显要性转移的学说。而显要性由媒体议程转移到公众议程只是客体显要性转移的一种特殊情况；客体显要性转移也可以是政策议程转向媒体议程，自然也可以是公众议程转向媒体议程。也就是说议程设置理论本身放弃基本假定并不会否定自己，反而会扩大议程设置论的适用性；显要性转移这一假定的适用性显然大于"显要性从媒体议程转向公众议程"。因此，互联网的发展对议程设置理论是推动，而不是否定。

虽然互联网并不会否定议程设置论，但新媒介形式的出现与发展，可能会推动议程设置理论的泛化。议程设置理论的泛化虽然能够提高解释力，但理论的系统性和封闭性会受到损害。一旦议程设置理论泛化，也就为自身的消亡埋下伏笔。议程设置理论的泛化意味着不再固守显要性转移是媒体到公众的方向，如果这条线不存在，那么事情就会变得极为复杂，各种力量出现，媒体、新媒体、公众、网众、意见领袖、政府、国际社会等。各方影响关系变得不可捉摸，显要性转移确实存在，然而显要性转移的方向变得复杂、很难预测，以至于每个具体场合都得具体论证；此时，议程设置理论的解释能力反而不足，应用议程设置理论解释现实现象变得似是而非。长此以往，议程设置将会逐渐演化为宏大概念，而丧失实际解释力。

当然，现有的互联网环境下的议程设置研究还远远没有进行到这一阶段，议程设置理论的泛化也才刚有些苗头。互联网环境下的议程设置研究仍然集中于基本假定的验证与批判，下文将从基本假定各要素的变化来评述该阶段的议程设置研究，当然最为核心的变化就是媒体议程的变化以及公众议程的变化。该阶段仍然存在大量的传统研究，但并未超出 5 个阶段的范畴，因此把该阶段的传统研究当成原 5 个阶段研究的延伸，而不再单独述评。下文将首先论述互联网早期的议程设置研究，互联网早期的媒介形式包括：新闻网站、BBS 论坛、搜索引擎以及博客。

一、媒体议程的变化

这个阶段所谓的媒体议程的变化，主要体现在传统媒体上网，转为新闻网站。然而，由于互联网的复杂性以及研究者各持己见，有时候也把 BBS 论坛当作媒体议程的一部分。媒体议程的变化带来了三种研究：新媒体议程与传统公众议程、新媒体议程与传统媒体议程、新媒体间议程设置，其中后两种研究吸引了更多的研究者。

（一）新媒体议程与传统公众议程

由于新媒体议程难以与传统公众议程相联系，因此这类研究并不多。就互联网早期发展阶段来说，当时新媒体的力量远不如传统媒体强大，新媒体只是一种补充，新媒体受众在公众中所占比例较低。因此，如果对新媒体做内容分析，而对公众进行抽样调查，研究的可信度较低。只有当新媒体媲美甚至超越传统媒体时，新媒体议程才能与整体的公众议程相联系。

在这种情况下，研究者只能将新媒体议程与部分公众议程（非抽样）相联系，这时应该采取的主要研究方法应是实验法。施密茨和特雷曼（Schmitz & Tremayne，2005）的研究考察了网页设计对议程设置效果的影响。他们将52名受试者分为三组，其中两个实验组，一个控制组；实验刺激是两种不同的主页设计，一种只有新闻标题，一种是标题附带新闻提要。实验组分别浏览不同主页设计的网站，控制组不浏览网站。研究发现，与控制组相比，实验组发现了强烈的议程设置效果；而不同的主页设计并没有造成议程设置效果的显著差异。有研究者认为，受众在网上可获得信息的多少是另一个自变量，同样采用实验法发现，可获得信息较少，议程效果明显；而可获得信息较多，效果较弱（Holmes，2009）。有的研究已经深入到属性议程的层次，比如李群浩（Lee，2005）的研究以全球变暖为研究议题，同样应用实验法，研究发现报纸网站的属性议程与受众的属性议程呈现高度一致的情形，相关系数达0.9。

（二）新媒体议程与传统媒体议程

现有的新媒体议程与传统媒体议程的研究分为两类，一类是两者关系的研究，包含在媒体间议程设置之中；另一类是两者对公众议程不同影响的研究。

由于研究材料的可获得性，新媒体议程与传统媒体议程关系的研究变得普遍，其中最为常见的研究是选择几种传统媒体与新闻网站进行比较。崔和吉米（Choi & Kim，2007）关于韩国媒体的研究即是如此，研究者选取了两家韩国电视台（KBS和MBC）作为传统媒体的代表；选择了两家门户网站（Daum和Naver）作为网站代表，并进行内容分析。研究发现电视新闻议程与网站新闻议程存在相关；通过交叉时滞相关法的检验，发现电视为门户网站设置议程，而非门户网站为电视设置议程。

随着互联网的发展，搜索引擎兴起，开始出现集成新闻，并提供新闻检索，如谷歌新闻、百度新闻。此时，传统媒体与集成新闻之间是否具有一致性值得研究，宇和艾卡特（Yu & Aikat，2005）研究的焦点即是如此。他们选择了六家媒体，分别是《纽约时报》网络版、《华盛顿邮报》网络版、CNN网络版、MSNBC、雅虎以及谷歌。雅虎和谷歌作为新媒体基本没有问题，其他媒体作为传统媒体却值得商榷，更为可信的方法应该采用原版而非在线版，虽然这两种具有很高的一致性。从研究结果来看，不同媒体之间的新闻议程具有很高的一致性，相关系数在0.51到0.94之间，中值为 0.77。研究者认为传统媒体（相对于网络媒体）的议程设置效果确实存在，但网络媒体的效果更为多样，就是说网络媒体也有可能影响传统媒体。

还有的研究者将 BBS 论坛作为媒体议程的一部分，当然是新媒体议程。李在国等人（Lee et al., 2003）分析了 2000 年的韩国大选中 BBS 与报纸报道的关系。结果颇具意味，研究发现在第一层面（议题层面）上，报纸影响了 BBS；在第二层面（属性层面）上，BBS 影响了报纸的报道。

这些研究的发现开始对议程设置论构成初步的挑战，即传统媒体议程开始受到新媒体议程的影响。依据麦库姆斯（2008）的观点，能够影响媒体议程的包括三个部分，即政策议程、新闻规范以及其他媒体议程。此处的其他媒体是指精英媒体，比如《纽约时报》。而现在，影响传统媒体的并不是更为精英的传统媒体，而是网络媒体；它不在原有的议程设置研究范畴之内。

除了新媒体议程与传统媒体议程的关系，两者对公众议程影响的差异也是一种研究取向，这种研究多采用实验法。奥尔索斯和图克斯伯里（Althaus & Tewksbury, 2002）的研究比较了《纽约时报》纸质版与在线版的议程设置效果，研究者随机指派学生分别阅读《纽约时报》的纸质版与在线版，之后对国家面临的重要问题排序，发现了其中的显著差异，结果显示两者议程设置效果的不同。

（三）新媒体间议程设置

新媒体间的关系非常复杂，方向不明，一种例证来自林贞（Lim Jeong）的两项研究。第一项研究是关于韩国的两家报纸网站与一家通讯社网站的比较，结果表明报纸网站与通讯社网站一致性较高，且相互影响，不过报纸网站的议程设置效果更强（Lim, 2006）。第二项研究得出方向完全相反的结论，即通讯社网站影响了主要报纸网站的新闻议程（Lim, 2004）。为了进一步验证网络媒介间的议程设置效果，林贞进行了另一项研究，以美国主要的新闻网站为研究对象，发现《纽约时报》的网站对 CNN 的网站更具议程设置效果；而《纽约时报》网站与华尔街杂志在线相互影响（Lim, 2007）。

我们知道，《纽约时报》在美国媒体间是标杆性的存在，在议程设置中，《纽约时报》更可能是影响者，而非被影响者。但在网络环境下，《纽约时报》网站也有成为被影响者的可能，这是新媒体间议程设置复杂性的集中体现。换言之，在网络环境下，研究者很难找出一家仅影响其他媒体而不受其他媒体影响的媒体。从另一个角度来说，网络媒体呈现出多样性，网络媒体间的一致性下降。在考察网络媒体议程设置功能的时候，很难由几家有代表性媒体的媒体议程代替整体的网络媒体议程。从已有研究来看，互联网早期，网络媒体的议程设置效果不如传统媒体的议程设置效果。但是，随着网络媒体影响力的增大，网络媒体逐渐挤压甚至取代传统媒体，传统媒体的议程设置效果下降，带来议程设置研究的新问题。

二、公众议程的变化

从公众议程角度来看，互联网演化给议程设置研究带来的变化可以归结为整体公众议程在研究中被网民议程替代。实际上，在互联网不够普及的时期，整体公众议程与网民议程呈现明显差异。互联网早期的网民议程可以从三个途径获得，分别是 BBS 上的网民讨论、新闻的点击及其附带的评论（回复）、搜索引擎中的搜索关键词。这一时期，网民占所有公众的比例并不高。其中，参与讨论和追加评论的人都是网民中参与较为积极的那部分。因而，早期研究中代替整体公众议程的网民议程其实并不合理，网民群体代表性极差，很容易发现极为强大的议程设置效果，而这与事实是相违背的。相对来说，搜索引擎关键词的代表性较好。在技术与媒介发展的今天，BBS 上的网民讨论与新闻附带评论已逐渐被放弃，搜索引擎关键词却仍然被应用于各个领域。

本部分讨论的仅仅是公众议程的变化，所指的媒体议程仍然是传统媒体议程。与媒体议程的变化很难和整体公众议程相连不同，公众议程的变化仍然能够与传统媒体议程相连。传统大众媒体本来影响的是整体公众，网民当然属于整体公众的一部分，自然也受传统媒体影响。因此在研究方法上，公众议程变化的研究相对媒体议程变化研究局限性较少，公众议程变化的研究可以采用多种研究方法。

作为 BBS 上讨论网民议程与传统媒体议程相连的案例。罗伯茨等人（Roberts et al.，2002）的研究以 CNN、《纽约时报》、路透社、美联社以及《时代周刊》的报道作为媒体议程，考察媒体议程是否对电子公告板上讨论的网民议程产生影响。研究者通过对媒体报道的内容分析，考察 4 个议题是否会成为 BBS 上讨论的主要话题；以时间序列分析作为主要的资料分析法。研究发现在 3 个议题上发现了议程设置效果，这表明传统媒体依然能够影响网民群体。更为重要的是关于时滞问题，传统媒体议程与网民议程相连，时滞大大缩短，由数周缩短为 1～7 天，也就是说新闻一旦扩散到网民群体，显要性的转移也就完成了。

李群浩等人（Lee et al.，2003）的研究以谷歌新闻组的讨论作为网民议程，以《纽约时报》《华盛顿邮报》的报道作为传统媒体议程，以世界杯足球赛作为研究议题。研究也发现了传统媒体议程与网民议程的一致性，也就是说互联网上的议程设置效果再次被证实存在。

将网民对新闻的回复（评论）作为网民议程是另一种取向。马丁（Martin，2009）的研究将《印第安纳波利斯星报》及其网站作为媒体议程，以受众在网络上的反馈作为网民议程，考察两者之间的相关，采用的方法是内容分析。研究发现纸质报纸与报纸网站的相关系数高达 0.996；而媒体议程与网民议程的一致性也很高，相关系数达 0.7。从该研究出发，议程设置效果在网民中不仅存在，而且强大、迅捷。

更为稳健的研究是将网络搜索关键词作为网民议程。艾卡特（Aikat，2005）关于"9·11"的研究将每周排在谷歌搜索前十位的关键词作为网民议程，与传统媒体进行对比，研究发现：在"9·11"事件发生后一个星期内，网民议程与媒体议程呈现较高的相关性；"9·11"事件后的几个星期里，传统媒体议程与网民议程重合较少；"9·11"事件发生前，传统媒体议程与网民议程几乎没有一致性。换言之，在常态下，网民议程与传统媒体议程并没有太多的重合，议程设置功能在平常并没有发生。这是一个看似悲观却很现实的结论。突发事件将传统媒体和网民的目光聚集在一起，这是一周之内两者重合之因。而几周后，两者重合又少了，从研究本身来看，这是因为网民关注时间比较短，而传统媒体对之进行了长篇累牍的报道。换个角度来看，这实质上说明传统媒体对网民影响力的日渐削弱，传统媒体的议程设置能力下降。郑勇（2008）的研究以流行歌星布兰妮·斯皮尔斯（Britney Spears）作为研究客体，研究结果表明传统媒介的报道为网民议程设置了议程。现有的证据无法明确说明传统媒体的报道是否影响了网民的搜索行为；但有一点应是肯定的：在特定情况下，比如重大突发事件（地震、恐怖袭击等）中，传统媒体的议程设置能力仍然存在。

如前，将整体公众议程替换为网民议程之后，一般情况下传统媒体对网民有议程设置效果。然而随着网民范围的扩大，网民与整体公众的重合度越来越高；并且随着新媒体的兴起，传统媒体影响力下降；这一降一升导致的结果必然是传统媒体议程设置能力的下降，不过互联网早期相关证据并不明显。

三、媒体议程与公众议程双重变化

从早期互联网形态来看，媒体议程与公众议程的双重变化并不是根本性的，原因在于初期的网络媒体系统完全依附于传统媒体系统，网络媒体并不独立，没有形成新的平台，两种议程本身虽然有变化，但这种变化并不是在一个相对独立的平台（比如推特、微博）中完成的。也就是说，早期的媒体议程与公众议程的变化仍然可以直接参照传统媒体的议程设置功能来看。

双重变化的证据并不多，典型的如全俊（Jeon，2004）对报纸网站议程与网民议程关系的研究。该研究将网站上的新闻报道作为媒体议程，将每则新闻后的回复或评论作为网民议程；研究对象是三家韩国报纸网站，方法为内容分析。研究发现，报纸网站对网民有显著影响，也就是说议程设置功能存在。

四、博客议程设置研究

博客自诞生之日起，绝大多数研究者都将其作为新媒体的一种。因此，在议程设置研究中，博客被认为是一种新媒体议程。多数有关博客的研究集中于媒体间议程设置，主要包括传统媒体议程与博客议程的关系以及博客间的议程设置。

（一）传统媒体议程与博客议程
新媒体一旦介入议程设置的研究，显要性转移的问题就变得复杂。在互联网早期，以新闻网站的内容为媒体议程，以 BBS、新闻跟帖以及搜索关键词为公众议程，还能在大多数情况下发现议程设置功能的存在，显要性转移的方向也遵循经典议程设置假设，即媒体议程向公众议程转移。随着博客的出现，议程间关系变得更为复杂，相关研究也呈现鱼龙混杂之势。以博客议程与传统媒体议程而论，究竟是本来两者关系是固定的，仅仅因为中介因素的干扰导致研究者无法明确两者关系；还是两者之间本来就不存在固定关系，对此，研究者很难下结论。关于博客议程研究的现有结论主要分为三种：传统媒体议程影响博客议程；博客议程影响传统媒体议程；两者相互影响，关系复杂。

斯威特等人（Sweetser et al.，2008）关于 2004 年美国总统选举的研究，检验了博客议程与传统媒体议程的关系。研究者分析了总统候选人的政治广告和政治博客是否影响到了主要的电视网的议程这一问题。研究发现，候选人博客议程与电视网议程高度一致，然而交叉时滞分析后发现是电视网为候选人博客设置了议程。这表明传统媒体依然保持了对博客的强大影响力。希弗（Schiffer，2006）的研究也得到了类似结果，即主要是传统媒体影响博客；但该研究也发现，特定情况下，博客也能影响传统媒体。

然而，与上述两项研究相反，梅茨加（Metzgar，2007）的研究得到了完全不同的结论。该研究以移民为研究议题，讨论博客、报纸和电视关于此议题报道的一致性。研究发现博客对该议题的讨论影响了报纸和电视的报道。

以上研究尚且存在比较清晰的关系，但也有研究并未发现传统媒体议程与博客议程的明确关系方向。沃尔斯滕（Wallsten，2007）的研究也是以 2004 年大选为背景，研究者分析了关于 35 个议题的讨论，仍然是以传统媒体和博客为研究主体。并且博客中还区分了知名博客和普通政治博客；研究方法仍是常用的内容分析。研究却发现传统媒体议程与博客议程的显要性转移的方向并不明确；多数情况下，传统媒体与博客是相互影响，关系并非单向。

（二）博客间议程设置

很少有研究会单独考量博客间的议程设置问题，研究者还是希望将博客议程与传统媒体议程或公众议程相连，因此博客间议程设置研究多依附于整体研究，成为其他主题下的一部分。海姆（Heim，2008）以伊拉克战争为议题的研究，主要考量的是博客与传统媒体之间的关系，同时也考量了不同博客之间的关系。研究中传统媒体的代表包括纽约时报、华盛顿邮报、ABC、NBC、CNN以及CBS；博客依然区分了知名博客和普通个人博客；统计方法主要是时间序列分析法。研究发现知名博客与普通个人博客存在相关，但关系方向并不确定；其主体研究的结论与前文类似，知名博客可能为传统媒体设置议程，但并不常见，更为一般化的结论是两者关系不确定。

以上研究结论说明博客之间的议程设置效果并不明显，特别是在区分知名博客与普通个人博客之后依然不明显。当然，可能是受其他变量的影响，比如信息的多样化。

（三）博客的属性议程设置研究

上文已述，新媒介环境下，多数关于议程设置的研究还在验证基本假设的范围中。然而，有个别研究者突破了这种思维，比如梅拉兹（Meraz，2011）就进行了一项关于博客的属性议程设置研究。我们知道，属性议程设置是传统议程设置研究的第二层面，在第一层面关系尚不明朗的情况下，难以进行第二层面的属性议程设置研究。

回到研究本身，该研究考察的是博客与传统媒体之间的属性议程设置。博客被分为三种：左翼博客、中立博客和右翼博客，共18个；另外还有11个编辑室博客。传统媒体代表有两种：《纽约时报》和《华盛顿邮报》。研究发现，传统媒体与右翼博客属性议程上不相关，与左翼博客和中立博客却有强烈的相关；就博客间来说，左翼博客与中立博客间属性议程高度相关，这两者与右翼博客属性议程并不相关。此研究在结果的明确程度方面甚至要比很多第一层次的研究结果的明确程度还要高。而其实无论是将博客分为知名博客和普通个人博客还是将其按政治倾向分类，其目的都是为了尽可能地找到真正的自变量。

从传统的议程设置研究来说，在第一层面不够稳固的情况下，研究第二层面，其研究可靠性是有问题的。但是，在新媒体环境下，是不是可以考虑第一层面与第二层面的独立性的问题，是不是可以将第二层面单独分出来，独立进行研究，而不依附于第一层面。心理学上的认知、态度和行为的研究即是如此，三者之间有强烈的相关，但三者又是相对独立的。随着互联网形态的发展，议程设置研究是不是也有将第二层面独立的可能。而且从该研究案例看，关于博客的属性议程设置研究，能够得出更为明确的结论；与其局限于第一层面，还不如转换研究角度。当然，这需要更多的研究来证实或证伪这种情况的一般性。

第三节 社交媒体上的议程设置研究

随着推特、微博等社交媒体平台的兴起，议程设置研究进入了新的阶段。一方面，传统媒体和受众都转化为社交媒体平台上的用户，议程设置研究史上媒体议程和公众议程首次实现了同平台呈现与分析；另一方面，社交媒体的发展使得研究者注重关系研究，促生了议程设置研究的第三层面——网络议程设置（network agenda setting）。下文将同时评述网络议程设置研究以及推特、微博平台上已有的议程设置研究。

一、网络议程设置研究

虽然李普曼提出新闻媒介是我们头脑中"景象"的主要来源（Lippman，1922）；麦库姆斯也认为新闻媒介决定了我们头脑中对外部世界的认知地图（McCombs，2004）；然而第一、第二阶段议程设置着重研究的是议题排序或属性排序，认知地图本身的结构和特性并未得到深入理解和认识。

随着认知心理学、认知神经科学等研究的深入，研究者逐渐发现，人们的认知地图呈现互为关联的网络结构，只有与认知网络相适应的新信息，才能进入人们的认知地图，沉淀为记忆（Lang，2000）。而第一、第二层面的议程设置研究基于两个基本假设：其一，其假定人类的思维表示是逻辑而线性的；其二，传统议程设置研究假定显要性转移是分离的，即议题或属性之间并无关联（Guo，2013）。也就是说，第一、第二层面的议程设置研究并没有真正逼近公众真实的认知地图；而网络议程设置即为缓解该问题而提出。

（一）网络议程设置研究的发展

网络议程设置研究起于郭蕾和麦库姆斯（Guo & McCombs，2011a）对 2002 年得克萨斯州州长选举数据的再分析。该数据是为吉米和麦库姆斯（Kim & McCombs，2007）关于属性议程设置以及议程设置后果研究而收集的。之所以没有在新数据集上验证新的理论构思，一方面是因为吉米等人的研究为新研究奠定了很好的基础；另一方面是理论自洽和继承性的问题（Guo & McCombs，2011a：9）。如果在新数据集发现了网络议程设置效果，但在第一、第二层面并没有发现效果，则会陷入理论困境；而吉米和麦库姆斯的研究已经证实在该数据集上存在较强的属性议程设置效果。2002 年得克萨斯选举数据包括四部分，分别是春、夏两季的媒体内容分析和受众调查，涉及的候选人属性包括领导力、经验、竞争力、可信度等 10 类。为了将属性关联起来，研究者将同一篇报道中出现的多种属性视为"共现关系"；将受众调查中个体所给出的多个属性视为"共现关系"。每共现一次，记一次权重，以此构建候选人的媒介属性矩阵和受众属性矩阵，后续的分析在于考察这两个矩阵的关系，并画图。研究者使用了两种方法描述网络：一种即矩阵本身，另一种是点度中心度，分别利用 QAP（quadratic assignment procedure）相关和回归、皮尔逊相关以及简单回归的统计方法分析数据。研究发现，四种统计方法都呈现显著，而且两季数据相加其显著程度更高。

初始研究提出网络议程设置的理论假设，并在 2002 年州长选举数据中得以验证。其意义不仅在于议程设置理论的新发展，而且也回应了长久以来对议程设置研究的质疑；更为重要的是，网络议程设置研究标志了研究者开始探求公众真实的认知地图，使得议程设置理论的发展有了更为坚实的社会和心理基础。同年，郭蕾和麦库姆斯（Guo & McCombs，2011b）利用 2010 年得克萨斯州长选举数据重复验证了网络议程设置效果的存在，其 QAP 相关系数达 0.71（$p < 0.01$），QAP 回归 R^2 为 0.51（$p < 0.01$）。值得一提的是，在该研究中，郭蕾和麦库姆斯应用了测量受众认知网络的新方法——思维导图（mind-mapping）。思维导图是一种刻画参与者思维过程的方法，研究者在中心点给定元素（主题、时间、词等），参与者在

四周写下联想内容并与之相连。该方法直接测量了公众的认知地图，而非从文本或调查结果中抽取共现关系。

与第一、第二层面类似，网络议程设置也逐渐扩展至非选举甚至是非政治客体或属性中，扩展至其他国家和地区，扩展于社交媒体场景。

吴宏天等人（Vu et al.，2014）将网络议程设置模型扩展至非选举时段和全国范围。研究者利用皮尤 PEJ 项目 2007～2011 年对全美媒体的内容分析数据以及同时期盖洛普民意测验数据。民意测验数据的共现关系抽取与内容分析数据共现关系抽取有所不同，同一周共同出现的议题即为"共现"。另外，该研究所涉及的并非属性之间的关系，而是议题之间的关系。该研究包含了政治议题，也包含了经济、健康、教育、环境等非政治议题。结果显示，QAP 相关和回归均达显著，五年均值为 $Spearman's\ rho=0.81$，$Pearson's\ r=0.81$，$R^2=0.65$（$p<0.01$）。并且，通过每半年的交叉时滞相关分析，研究者发现多数情况是媒介网络议程影响公众网络议程；当然，也存在其他情况：一是公众网络议程也可能影响媒介网络议程；二是有可能相互影响。因此，关于媒介网络议程时滞和关系方向的问题仍然有待检验。

而瓦戈等人（Vargo et al.，2014）将网络议程设置模型应用于社交媒体场景。研究者以推特为研究平台，通过 API 接口采集了 3 800 万条推文，以研究 2012 年美国总统大选。研究者将推特平台分为媒体用户和公众用户，将媒体分为垂直媒体和水平媒体，并通过情感分析区分了奥巴马的支持者和罗姆尼的支持者。研究议题包括经济、外交政策、个人自由等 8 类，以同一天推文出现相同议题为共现，共抽取 17 周的媒体和公众议题共现矩阵。结果显示垂直媒体更能预测奥巴马的支持者所讨论的议题；而罗姆尼的支持者更依赖依附于共和党的水平媒体。该研究的价值不仅在于分析大规模数据，更重要的是该研究将媒体和受众分析纳入同一平台，采用相同方法，弥合了内容分析和受众调查长久以来的割裂。

2015 年，网络议程设置模型也扩展至非西方地域。吴和郭蕾（Wu & Guo，2015）考察了 2012 年中国台湾地区领导人选举中的议程网络，研究同时分析了议题和属性两种网络。结果发现，属性网络的效果要强于议题网络的效果。杨成和陈经文（Cheng & Chan，2015）调查了中国香港的主流媒体在一次社会运动中如何与公众的属性网络相连，研究发现了显著的网络议程设置效果。同时，网络议程设置模型还应用于媒介间的网络议程设置（Guo et al.，2015）以及公共关系和战略传播领域（Kiousis & Ragas，2015）。

初始研究中，当时研究者称网络议程设置为"第三层面的媒介效果"。2014 年，麦库姆斯在其编著的第二版 *Setting the Agenda: The mass media and public opinion* 加入了网络议程设置研究的内容，并称之为"第三层面的议程设置"（McCombs，2014：55）。由此，议程网络作为继议题和属性之后的第三层面的研究正式确立起来。

（二）网络议程设置研究的理论特点

2015 年，郭蕾和麦库姆斯编辑了 *The Power of Information Networks: New Directions for Agenda Setting* 一书，集中阐述网络议程设置的理论、方法与案例，本部分将主要引述该书中作为本部分论述的基本内容。

1. 认知地图与信息加工机制

唐斯和斯迪（Downs & Stea，2017：7）将认知地图定义为"一种包含一系列心理转化的过程，在这个过程中，个人获取、存储、回忆和解码关于相对位置和现象属性的信息"。它其实是一种人脑的信息加工机制，根据认知心理学的观点，"我们对外部社会现实的认知，表现在头脑中是网状的地图；在其中，大量的节点彼此相连"（Kaplan，1973）。即在认知心理学看来，认知地图表现为一种认知网络。这种观点和模型有许多类似的称呼，比如"相关网络模型"（Anderson，2013；Anderson & Bower，2014）、"认知网络模型"（Santanen，Briggs，& de vreede，2000）、"连接主义模型"（Monroe & Read，2008）以及"扩散激活模型"（Collins & Loftus，1975）。

一个认知网络可以包含各种节点：单词、短语；客体及其属性；目标、价值以及动机；情感状态；高层次的构念（construct），如基模；以及感性信息，如看、听、闻等（Lindsay & Norman，2013）。这里面包含议程设置所研究的客体及其属性。

接下来的问题在于新信息是如何进入认知地图中的，对此，朗（Lang，2000）的有限容量模型（Limited Capacity Model，LCM）进行了解释。朗将人的信息处理过程分为三个阶段，即编码、存储、检索。在第一阶段，公众接触新闻媒体的内容并形成一个短时记忆网络。在第二阶段，每个人除了短时记忆网络，还有一个长时记忆网络；当短时记忆网络触动了长时记忆网络的某一部分，则新信息（短时记忆网络）可能被存储。这里一个主要概念是"适应性效果"；如果某一部分新信息或构面与现有知识储备相连，则视之为具有"可适应性"（Higgins，1996）。新信息可适应，则更有可能被存储。媒体被认为能够在新旧信息之间构建关系，以使新信息被个人的长时记忆网络存储（Guo，2013：116）。而在检索阶段，如果两种构面更经常地被同时激活，那么两者的关系更有可能被检索到。

2. 网络议程设置与传统议程设置研究

网络议程设置模型以"可适应性"为基本出发点，认为媒介能够连接受众认知网络中的新旧信息，并且通过多次同时激活，进而强化这些连接。在这种情况下，媒介可以通过增加或取消网络中的节点和连线以建构或重构人们的认知地图。因此，网络议程设置的基本假设是：媒介可以构建显要的客体或属性关系，并将这种显要的关系转移给公众的认知地图（Guo，2013：117）。

网络议程设置的基本模型为客体或属性的关系网络。与孤立地看待客体或属性的传统议程研究不同，网络议程设置将客体及其属性关联起来；这种关联首先由媒介建构，然后转移至公众。

与同时关注短时记忆和长时记忆的网络议程设置模型不同，传统议程设置更多关注的是长时记忆。举例来说，如果一个人较长时间内不断地接触有关天津爆炸案的相关报道，那么天津爆炸案就会变得比其他议题在长时记忆中更具"可适应性"；此时如果询问他最近有什么重大事件，更大可能得到的答案是天津爆炸案。这是第一层面的议程设置研究，同样，第二层面是基于长时记忆中的客体属性的"可适应性"。也就是说，传统议程设置的基本观点是：提高媒介的报道量以及受众对报道的接触程度，能够提高"可适应性"，从而使得媒体报道成为长时记忆的一部分。然而，从网络议程设置模型和"可适应性"概念本身来说，如果媒介的新报道不能与个体的长时记忆网络中的元素相连，那么新报道就不具备或只具备很低的"可适应性"，而此时新报道内容就很难成为长时记忆网络的一部分。比如，如果一个人的认知网络几乎没有与中东相关联的内容，那么媒体对中东的再多报道，也无法使之成为他记忆中的一部分。所以，从这一点上说，网络议程设置模型可以修正传统议程设置研究，使之增加对"可适应性效应"的考察。而这正是传统议程设置中的导向需求所研究的领域（Weaver，1977）。

根本地，网络议程设置模型借助认知心理学的研究，使得其对认知地图的理解和描述更有可能接近真实。然而第一、第二层面的研究与网络议程设置模型并不是割裂的，最基本的在于，客体与属性为认知网络提供了节点；第三层面的研究在前两个层面的基础上进行。

3. 网络议程设置与框架分析和铺垫理论

框架分析、铺垫理论与议程设置研究关系密切（McCombs & Ghanem，2001；Scheufele，2000；Scheufele & Tewksbury，2007），而网络议程设置模型的引入，将使研究者从一种新的角度来看待此两种理论及其与议程设置研究的关系。

戈夫曼将框架定义为"允许个人定位、感知、识别和标记议题、事件和主题的解释基模（schemata）"（Goffman，1974：21）。而基模被认为是显要属性的一种构型（configuration），其中包含个人对事物如何组织的先验假设（Fiske & Taylor，2013）。一个基模应该是个人认知网络的一个子网络。也就是说，基模不仅包括给定客体的属性，还包括属性之间的关系。当新闻工作者在报道某个议题时，其基模进入到新闻报道中成为媒介框架。当公众阅读报道时，报道中的媒介框架有可能激活公众认知网络中的已有基模，使得特定的基模变得更具"可适应性"，当公众在回忆时，该基模更有可能被检索到（Higgins，1996）。如此，框架分析的一个关键目标在于检验媒介是如何将新内容与受众长时记忆中的已有基模相连的。然而现有的研究主要考察的是新闻内容（Angelo & Kuypers，2010），孤立地看待基模以及基模中的属性。从这一点上说，网络议程设置模型也可引至框架分析的研究，以考察框架和基模的作用过程。

铺垫理论认为媒介不仅能够影响公众对客体或属性重要性的感知，而且能够影响公众利用这些客体或属性作为标准以评价其他客体或属性的程度（Iyengar & Kinder，1987）。根据扩散激活模型（Spreading Activation Model，Collins & Loftus，1975），我们的长时记忆网络是各种元素的相互连接。如果某个个体长期接触有关"外交政策"的报道，那么与"外交政策"相关的元素就可能被激活，比如"奥巴马"，并且该个体很有可能用

"外交政策"上的表现来评价"奥巴马"，这就是铺垫效果的研究领域。如此，可以发现，铺垫效果的产生依赖于两个条件：① 被媒体报道内容的显要性，如"外交政策"的显要性；② 被报道内容与已有知识是否相连或连接的权重，如"外交政策"和"奥巴马"。与第一、第二层面的议程设置和传统框架分析类似，铺垫效果更多地考察被报道的显要性，对于连接性几无关注，而网络议程设置模型的引入可以帮助对铺垫效果进行分析的同时关注节点与关系。

二、推特议程设置研究

与早期互联网产品偏向媒体或公众不同，推特平台具备了一定的独立性和封闭性，推特内容既可以作为公众议程，也可以作为媒体议程；更为重要的是推特平台可以同时包含公众议程（以普通用户发表的推文构成）和媒体议程（以媒体账号发表的推文构成）。

（一）推特内容作为公众议程

推特内容作为公众议程时，研究者主要关注的是传统媒体议程与推特公众议程的关系，两种议程之间可能存在以下三种关系：

其一，传统媒体议程是否仍然对推特公众议程有显著影响，即传统媒体是否仍然具备较强的议程设置效果。瓦戈（Vargo，2011）的研究将电视新闻和报纸的报道作为媒体议程，将推特的推文作为公众议程，研究议题包括三种：移民、英国石油和住房危机。研究中将电视新闻和报纸对议题的报道量分别作为自变量；推文发表量作为因变量。研究在媒体议程和公众议程之间发现了较轻的关系，即传统媒体对推特用户只存在较弱的议程设置效果。对于英国石油和住房危机两个议题，两个自变量对因变量均有显著影响；而对于移民议题，只有一个自变量对因变量有显著影响。在时滞方面，议程设置效果均发生在同一天，也就是说在推特平台上，时滞问题的研究或可消解了。

其二，对基本假设形成挑战的是：作为公众议程的推特内容能否影响传统媒体议程。克兰（Krane，2010）的研究主要是为了考察推特用户是否以及如何为传统媒体设置议程。该研究选择了三种传统媒体：《纽约时报》、

CNN 以及 NPR；研究对象是用户分享新闻网址的行为；研究方法是利用 TweetMeme 平台（现已停止服务）对推文进行内容分析；研究时间是 2009 年 9 月中的 19 天。研究发现了推特议程对传统媒体议程的显著影响，也就是推特用户可以为传统媒体设置议程。也就是说，议题显要性可以由公众议程转向媒体议程。这是对公众议程设置基本假设的否定。不过，此处需要注意两项问题：① 推特用户影响媒体报道可能并不是公众议程影响媒体议程，而更可能是推特用户为媒体提供线索，成为媒体报道的消息源；② 影响媒体报道的可能并不是推特普通用户，而是具有较强影响力的意见领袖。

其三，如果推特公众议程能够影响传统媒体议程，那么推特用户能否成为新的议程设置者。塞龙（Ceron，2014）研究主要目的在于考察普通公众能否通过社交媒体成为新的议程设置者；抑或是传统媒体仍然具有较强的议程设置效果。研究时间地点为 2012 年 4 月到 7 月的意大利；研究议题是政治丑闻和党派公共基金改革。研究的一个亮点在于采用了新的研究方法——有监督的情感分析。研究结果显示，传统媒体仍然保持较强的议程设置效果。同时研究者声称，传统媒体的议程设置效果不意味着传统媒体能够影响网络辩论；研究者发现社交媒体反政治的情感强度与从传统媒体消极报道的水平之间存在显著差异。

（二）推特内容作为媒体议程

与博客类似，推特也可以作为媒体议程的一部分，既然是媒体议程的一部分，那么研究也就集中于媒体间的议程设置。库希纳（Kushin，2010）的研究考察了《纽约时报》的在线版与推特的关系，研究者分别对两者作内容分析，并采用交叉时滞法以及罗泽尔-坎贝尔基线（Rozelle-Campbell Baseline）来验证研究者提出的假设。研究并没有在《纽约时报》在线版与推特之间发现议程设置效果；甚至在具体议题上，比如经济、军事、国家安全以及恐怖主义，也没有发现媒体间议程设置效果。这表明了传统媒体与推特的微妙关系，关系与关系方向均不明确。

罗格斯塔德（Rogstad，2016）对挪威的研究发现，虽然推特和传统主流媒体在部分议题显要性上是一致的，但推特热门推文和传统主流媒体报道之间的相关系数并不高，仅为 0.19。研究者认为，这可能是由于推特关注了一些传统主流媒体忽略的问题，比如环境问题、性别平等。这项研究同时表明，相对于传统媒体，推特等社交媒体的议题更为分散。

（三）推特内容同时作为媒体议程和公众议程

近年来，推特内容同时作为媒体议程和公众议程的研究逐渐增多，研究类型也趋于多样化。

一种较为简便的方案是关注某一个推特账号的议程设置效果。弗雷德里克（Frederick，2015）的研究以 2012 年伦敦奥运会为研究议题，该研究的目的在于检测议程设置效果是否在推特上存在。该研究以 @London2012 这个推特账号的内容作为媒体议程，以含 ♯London2012 的推文作为公众议程，研究方法为内容分析。研究没有发现两者之间的一致性，两者在推文焦点、提到的运动以及提到的国家上存在显著差异。也就是说并没有发现关于此议题在推特上存在议程设置效果。不过该研究将 @London2012 一个推特账号，而不是很多世界性媒体的推特账号内容作为媒体议程的做法值得商榷；没有发现议程设置效果应与此有关。兰德罗（Landero，2016）的研究关注了 @CNN 这一媒体账号的议程设置效果，研究在 2016 年美国总统大选期间开展，以 @CNN 每日提及的总统选人比例为解释变量，以推特用户提及总统候选人的比例为被解释变量，数据收集时间为 2016 年 2 月 23 日至 3 月 15 日。研究发现了较为明显的公众议程设置效果。

有的研究者则关注某一话题中媒体账号的公众议程设置效果，推特中的话题以 "♯" 为标识。纳沃加（Nalwoga，2017）的研究关注推特上乌干达选举中的公众议程设置效果。研究者采集了 38 606 条含 "♯UgandaDecides" 的推文，并将推文涉及的用户分为四类：新闻工作者、新闻媒体、普通市民和总统选人，涉及的议题包括 "选举历史""候选人风格" 等。研究发现，在正式选举前，新闻媒体账号确实为普通市民设置了议程；然而在选举当天，普通市民决定了什么议题应该在推特上被讨论，是一种反转的公众议程设置效果。

上文对传统媒体时代和推特上公众议程设置基本假设研究的论述说明了两点事实。其一，公众议程设置研究的基本假设为 "媒体议程显著影响公众议程"，这一假设可以细分为两个子假设：① 关系强度假设，即媒体议程与公众议程显著相关，查普希尔研究主要验证的是关系强度；② 关系方向假设，即确实是媒体议程影响公众议程，而非公众议程影响媒体议程，夏洛特研究主要验证的是关系方向。其二，无论是传统媒体时代，还是推特平台上，大多数的公众议程设置研究结果均支持公众议程设置研究的基本假设，即媒体议程设置了公众议程。

三、微博议程设置研究

与推特上的议程设置研究类似，微博作为典型的社交媒体平台，它涉及的议程设置研究主要包含三种类型：① 以微博内容为公众议程的研究；② 以微博内容为媒体议程的研究；③ 以微博为平台的议程设置研究。

（一）以微博内容为公众议程的研究

从公众议程设置研究的角度出发，微博内容作为公众议程时，一种基础研究在于考察传统媒体议程对微博公众议程的影响。刘毅和王聿昊（2019）以魏则西事件为例，考察了医疗议题中传统媒体对微博公众意见的影响。两位研究者选取的传统媒体是《人民日报》，相关报道 59 篇；微博内容包括认证用户所发博文 85 条和普通用户所发博文 229 条。该研究主要进行的是第二层面的属性议程设置分析和第三层面的网络议程设置分析。研究者划分了八种事件属性：结果、不确定性、行动、安慰、冲突、新证据、建议倡导和质疑。研究发现，报纸属性议程与微博公众属性议程无显著相关（$r=0.156$, $Sig.>0.05$）；并且，报纸的属性网络议程与微博公众的属性网络议程也不存在显著相关（$r=0.458$, $Sig.>0.05$）。这一研究表明传统媒体议程与微博公众议程可能并不具有一致性。当然，这一研究本身存在严重问题：① 314 条微博文本如何能够代表微博公众；② 未论证新属性增加的合理性。

与刘毅和王聿昊（2019）的研究不同，高卫华和周乾宪（2014）对环境议题的研究发现，传统媒体议程与微博公众议程存在明显相关。这一研究结果说明，传统媒体议程与微博公众议程是有条件的相关；其中一种条件可能是议题或议题属性。

微博作为公众议程的议程设置研究也有可能是从政策议程设置视角出

发的。杨奕等人（2019）基于 LDA 模型从微博上的公众反馈意见中挖掘公众对共享单车政策征求意见稿的反馈内容，提取出相关主题 5 类：制度体系、政府治理、企业经营、用户规范和产品完善。这一研究本身不涉及议程间的相关，却是微博平台上议题（主题）自动识别的一个典型案例。

（二）微博内容作为媒体议程

微博内容作为媒体议程时，一类基本研究是考察传统媒体议程与微博议程的媒体间议程设置效果。辛文娟和赖涵（2011）以广东佛山女童小悦悦被撞案为例，对传统媒体内容和微博内容进行了对比研究。研究区分了"案情进展""法律制度""道德反思""交通安全""相关当事人"等 16 种议题。该研究发现微博议程的议题主要来源于传统媒体，微博议程中 90％的内容来源或延伸了传统媒体议程。然而，传统媒体议程与微博议程在议题重要性排序上差别较大，传统媒体议程中"法律制度"议题占比最高，而微博议程中"道德反思"议题占比最高。并且，研究者发现：微博议程和传统媒体议程正在出现议题相互渗透的趋势。

辛文娟和赖涵（2011）认为微博相对于传统媒体只是一种议题延伸者的角色，传统媒体依然是强有力的议程设置者。吴彦芳等人（Wu et al.，2013）的研究则发掘了微博相对于传统媒体的强大能力。他们研究针对的是 2011 年的温州动车事故，研究发现动车事故发生后，微博在设置议程以及在为敏感问题提供公民论坛方面起了决定性作用；传统媒体则是淡化或忽略这些敏感问题。研究者认为传统媒体不再具有强大的议程设置能力，它只是众多影响受众的主体之一。

微博内容为媒体议程时，还有一类典型研究——微博议程对公众议程的影响。黄珺和李蕊（2019）的研究分析了网络媒体（微博）在企业社会责任中的议程设置效果。研究者以微博内容作为媒体议程，以网民评论作为公众议程，区分了七类事实属性（公司治理、多样性、产品、劳工关系、人权、社区和环境）和三类情感属性（积极、中立和消极）。研究发现，网络媒体（微博）报道与网民评论在七个事实属性上均存在显著相关，最高相关系数为 0.99，最低相关系数为 0.51。不过，在情感属性层面，研究者发现网络媒体（微博）的议程设置效果只发生在负面报道中。

（三）以微博为平台的议程设置研究

以微博为平台的议程设置研究的一个基本特征在于：微博内容可以同时作为媒体议程和公众议程。类似推特议程设置研究，媒体议程和公众议程不再是割裂的，而是可以存在于同一个平台。

微博平台上，传统媒体不再是公众议程的唯一设置者。韦路和胡雨濛（2014）以新浪微博中的热门微博为研究对象，分析了微博空间的议题呈现。该研究将热门微博主题划分为"政治""社会""财经""军事""体育""科教卫""幽默趣事""文娱""人生感悟""服务"和"其他"11类；其中，占比最高的是"社会"类（24.4%）。热门微博的议题设置者（发布者）包括：娱乐名人、媒体、文化名人、商业机构、学者、教育公益机构等。媒体只是议程设置者之一，并且占比并不是最高，娱乐名人的占比最高。

韦路和胡雨濛（2014）仍然发现微博平台上传统媒体是重要的议程设置者。然而，个别研究报告了更为极端的研究结果。章留斌等人（2019）以"江歌事件"为例，分析了微博上的媒体议程对公众议程的影响。研究主要在第二层面（属性）上进行，主要测量的是态度（谴责、中立和同情），研究发现媒体态度和网民态度呈现显著的反向相关（$r = -0.138$，$Sig. < 0.01$）。换言之，在这一事件中，媒体不仅不能为公众设置议程，甚至出现反向设置的情形。当然，该研究是在第二层面上进行分析的，更为确切的关系有待进一步研究。

第三章
"个人议程"概念与核心问题

第一节　"个人议程"概念的提出

社交媒体时代，"公众议程"概念适用性成疑，"个人议程"概念的提出有其必要性和可能性。并且，"个人议程"概念将在与相关概念（"公众议程""感知议题显要性""个人数据"）的对比中确立其明确的概念内涵。

一、"个人议程"研究的必要性

长期以来，公众议程设置是议程设置的核心研究领域。然而，公众议程设置研究一直伴随着各种批评，一个核心问题是公众议程的概念与测量。迪林和罗杰斯界定议题是"具有冲突性且被披露的社会公共问题"，议程是"某个时点上议题显要性的等级排列"。因此，媒体议程是"媒体报道中议题显要性的等级排列"；公众议程是"公众中议题显要性的等级排列"（迪林、罗杰斯，2009：2-7）。科西基（Kosicki，1993）批评公众议程是一种"在个人层面测量，在总体层面分析"的概念。公众作为一个总体性存在，其议题显要性无法直接测量，麦库姆斯等人的做法是：先测量每个个人的议题显要性，然后将这些个人议题显要性相加，得到公众议程。比如在教堂山研究中，麦库姆斯和肖首先询问受访者认为的关键议题有哪些，然后将这些议题按数量加总并排序（McCombs & Shaw，

1972：181）。

问题在于，由个人议题显要性加总得到的公众议程，其实质是一种平均人议程。假定我们进行了一次受众调查，随机抽取5位受访者，询问他们对5个议题的显要性认知（取值为1~5，数字越大议题越重要），得到如表3-1所示的调查结果。公众议程设置研究一般会将5位受访者的个人议题显要性加总为公众议程；议题A至议题E的显要性为[17，16，15，14，13]；然后再计算媒体议程和公众议程的相关系数。早期议程设置研究一般采用斯皮尔曼等级相关系数（Spearman's ρ），近年来的研究（如Vu et al.，2014）也采用皮尔逊相关系数（Pearson's r）。其中，样本量为常数，我们将公众议程中的议题显要性与样本量相除，就会得到平均人议程，各议题显要性为[3.4，3.2，3.0，2.8,2.6]，与公众议程中的议题显要性一一对应；公众议程成了n倍的平均人议程。研究结果上，平均人议程与媒体议程的相关系数等于公众议程与媒体议程的相关系数。

表3-1   公众议程与平均人议程

	议题 A	议题 B	议题 C	议题 D	议题 E
受访者 1	5	4	3	2	1
受访者 2	4	3	2	1	5
受访者 3	3	5	2	4	1
受访者 4	1	2	3	4	5
受访者 5	4	2	5	3	1
公众议程	17	16	15	14	13
平均人议程	3.4	3.2	3.0	2.8	2.6

公众议程的概念名称使人误以为公众议程是所有受众的总体议程。而实际上，这种个人议题显要性加总的公众议程只是一个议程（平均人议程）的重复。平均人议程的关键问题在于忽视了个人差异，不足以代表所有公众。其实媒体议程也有加总过程，一般是由多个媒体的议题显要性加总而成，麦库姆斯曾解释过多个媒体的议题显要性能够加总为媒体议程的关键在于：不同媒体的报道具有相似性（McCombs，1981）。然而，有研究者质疑个人议题显要性能否加总为公众议程（Becker，1991）。如果个人

之间存在较大差异，那么实质为平均人议程的公众议程只能代表极少部分的受众个人，无法代表整体公众。

假定个人议题显要性服从正态分布，实质为平均人议程的公众议程处于均值点上。我们设定平均人议程可以代表邻近 1 个单位的个人议题显要性，如图 3-1 所示，在标准正态分布下，$y \sim N(\mu=0, \sigma^2=1)$，此时平均人议程可以代表大部分的受众个人（68.27%）。然而，当个人差异增大时，如 $\sigma \to 2$ 时，$y \sim N(\mu=0, \sigma^2=4)$，此时平均人议程只能代表 38.29% 的受众个人。当个人差异继续增大，如 $\sigma \to 3$，平均人议程仅能代表 26.11% 的受众个人。当平均人议程无法代表大部分受众个人时，即使媒体议程能够显著影响平均人议程（公众议程），也还有大部分的受众个人不受影响。

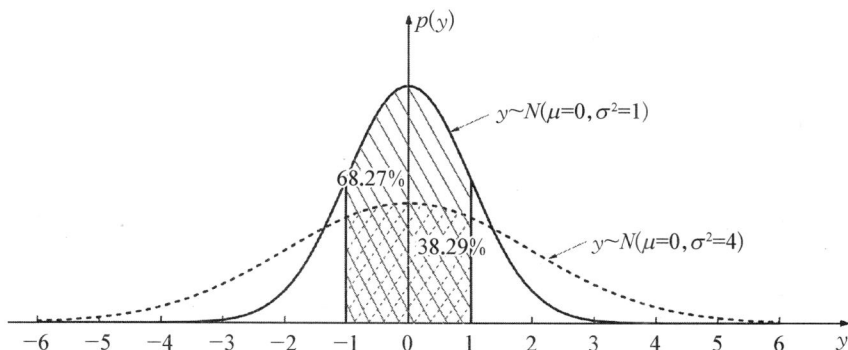

图 3-1 平均人议程（公众议程）与个人差异

我们现在很难考察 20 世纪七八十年代受众个人之间的差异程度，或许传统媒体时代的个人差异并不大，由此当时的议程设置研究忽视个人差异，将个人议题显要性加总为公众议程有一定的合理性。然而，随着互联网的兴起，特别是社交媒体的飞速发展，个人差异已到了研究者难以忽视的程度。已有诸多概念从不同角度表述过个人差异，如长尾效应（安德森，2012）、个体异质性（Hausman & Newey，2016）、分众化（靖鸣、臧诚，2011）、碎片化（廖圣清，等，2015）。社交媒体时代，个人议题显要性认知差异的一个重要表现是：部分社交媒体用户对某些议题有特殊兴趣（McCombs et al.，2014：793）。当有特殊兴趣的用户比例越来越高，甚至形成兴趣群体时，媒体的影响就变得越来越小。公众议程设置研究由于忽视个人差异，难以反映这种影响的连续性变化。

早在 1972 年，麦库姆斯和肖就已经意识到公众议程设置研究忽视个人差异的缺陷，虽然初始研究是对加总数据的分析，但他们认为"后续研究应该从宏大社会层面转移到社会心理层面"（McCombs & Shaw，1972：184）。为缓和这一问题，议程设置的偶发条件研究中考察了个人差异，如导向需求（Camaj & Weaver，2013）、个人经验（Zucker，1978）的影响。然而，这类研究其实是将受众划分成几个子群（如"高导向需求者""低导向需求者"），实际上还是加总数据的分析（Guo，2017：10）。第三层面议程设置的主要提倡者郭蕾认为：需要进行"真正个人层面的议程设置研究"（Guo，2017：10），直接考察媒体议程对"个人议程"（individual agenda）的影响。

二、"个人议程"概念的内涵

本部分我们将主要说明"个人议程"的内涵，后面三个部分将说明"个人议程"概念与"公众议程"概念、"感知议题显要性"概念、"个人数据"概念的异同。

"个人议程"可以表述为"个人议题显要性的等级排列"。"个人议题显要性"具有丰富的内涵：① 个人议程中的个人议题显要性是个人层面的议题显要性，测量和分析都在个人层面，没有加总过程；② 个人议程中的个人议题显要性包含来自人内认知的人内议题显要性和来自人际讨论的人际议题显要性两个维度。因此，"个人议程"的完整表达应为"来自人内认知和人际讨论的个人议题显要性的等级排列"。

以"种属"关系而言，"个人议程"与"公众议程""感知议题显要性"以及"个人数据"具有相同的"属"，即议题显要性。不同的是，"个人议程"概念在"种差"上具有两个明显特点：①"个人议程"是一种个人层面的概念；②"个人议程"概念包含两个维度：人内议题显要性和人际议题显要性。下文将分别论述这两种种差的来源和内涵。

（一）"个人议程"的概念层面
议程设置研究可以考察媒体对受众总体和受众个人两个层面的影响。

已有议程设置的绝大多数研究是在总体层面对议程设置效果的考察，即分析媒体议程对受众总体议程（公众议程）的影响。然而，在新兴的互联网，特别是社交媒体平台上，个人的重要性凸显出来，也具备类似于专业媒体的信息发送功能。个人重要性的凸显使得考察媒体对个人的议程设置作用显得尤为必要。"个人议程"的概念即在此基础上得以重新界定，因而"个人议程"是一种受众个人层面的概念，而非一种受众总体层面的概念。

作为个人层面的"个人议程"概念的合理性主要来自阿卡普尔科模型（Acapulco typology）。阿卡普尔科模型于 1980 年首次提出，得名于提出地点——墨西哥的阿卡普尔科；在时任国际传播协会主席的罗杰斯的召集下，组委会提出了一个由双维度确定的分类系统，如表 3－2 所示。

表 3－2　阿卡普尔科模型

		受众显要性的测量	
		总体层面	个人层面
关注点	整体议程	角度一 竞争	角度二 自动
	单个议题	角度三 自然历史	角度四 认知画像

其中，第一个维度区分了研究的关注点，一项研究关注整体议程还是单个议题；第二个维度区分了研究的层面，一项研究是在总体层面进行还是在个人层面进行。双维度下共区分了四种角度的研究，即"竞争""自动""自然历史"和"认知画像"。

角度一描述研究者利用总体数据分析整体议程，整体议程中包含多个议题的显要性及其等级排列。议程设置早期的查普希尔研究就是这种角度的研究，后续的诸多研究也多从这一角度出发。实际研究中，研究者将几种媒体的议程组合为媒体议程，将个人数据累加为总体数据，代表总体公众议程，继而检验媒体议程和公众议程的相关性。这一角度之所以称之为"竞争"是由于议程中存在多个议题，各议题为获得议程中的显要位置而竞争。

角度二为"自动"，仍然关注整体议程，而非单个议题，但分析层面集中于个人层面。此时，各议题竞争的不是总体层面的显要性，而是个人层面的显要性。这一角度研究的基本问题是媒体能否影响个人对议题显要性的认知。这一角度的研究目的与角度一并不相同，角度一是为了检验媒体议程和公众议程的一致性；而角度二的研究目的在于媒体在何种情形下能够影响个人对议题显要性的认知，并不特别关注影响本身的显著性程度。麦库姆斯（2008：34 - 35）在评述该角度时说到"在这些个人排序与新闻媒介对这些议题的强调之间缺乏一致性的证据……本质上是媒介效果皮下注射论的回归……必须存在极易受到大众媒介影响的个人"。麦库姆斯的这种说法显然误解了个人层面研究的目的和意义，个人层面的研究本就并非为了寻找媒体和个人在议程上的一致性证据，而是为了发现出现一致性的条件；皮下注射论认为所有个人都是脆弱的，都会受到媒体的强大影响，而个人层面的研究是承认个人之间的差异性和关联性的，即部分个人可能受到强大影响，部分个人也可能基本不受影响。

角度三集中考察议程中的单一议题，仍然利用总体数据。显要性的测量方法一般为某一议题在媒体报道中的数量和被公众认为是国家面临最重要问题的数量。由于一般考察的是较长时间段内该议题在媒体议程和公众议程中的变化，故该角度被命名为"自然历史"（natural history），典型的研究如对美国 23 年来的公民权利议题的考察（Winter & Eyal，1981）。

角度四考察个人层面的单个议题的显要性。这类研究一般采用实验方法，揭示个人对单个议题显要性的认知，因此这一角度命名为"认知画像"（cognitive portrait）。在实验中，一般测量被试（被实验对象）在接触新闻节目前后对某个议题显要性认知的变化。

阿卡普尔科模型的角度二和角度四确立了个人层面议程设置研究的合理性，也由此确定了作为个人层面的"个人议程"概念的合理性。也就是说，随着社交媒体的发展，议程设置研究不仅有必要在个人层面分析媒体对受众个人的影响；而且，阿卡普尔科模型使得这种分析具备合理性和可能性。

（二）"个人议程"的两个维度

议题显要性包含人内议题显要性和人际议题显要性两个维度。人际议题显要性来自人内认知，即不管他人如何，某受众个人认为什么议题是重要的；人际议题显要性来自人际讨论，即重要的议题是个人与他人讨论程度高的议题。已有的绝大多数议程设置研究仅考察人内议题显要性，然而，社交媒体平台的发展使得个人不仅能够对相关公共事务发表看法，而且能够在社交媒体平台上与其他用户进行互动，比如转发或评论他人发表的内容。问题在于，转发或评论的内容不在人内议题显要性外延范畴之内。这也就意味着，传统的议程设置研究无力分析和解释社交媒体平台上与互动相关的内容。如果强行以此解释互动内容，则是理论的误用。本书重新界定的"个人议程"概念不仅包含人内议题显要性，还包含人际议题显要性。这意味着，"个人议程"的概念外延中可以包括社交媒体平台上的互动内容，比如转发和评论。

人内议题显要性和人际议题显要性的区分，来自议程设置概念的两种源头，即李普曼传统和帕克传统。

在对议程设置研究现代源头的认定上，麦库姆斯（2008：3）认为"李普曼是现在我们简称为议程设置思想的学术先祖……虽然李普曼没有使用议程设置这个词语，但……他总结了议程设置的思想。他认为，作为超越我们直接经验认识广阔世界的窗户，新闻媒介决定了我们对这个世界的认知地图。"然而，据麦克劳德等人（McLeod et al.，1974）的研究，议程设置概念存在两个独立的源头：一种来源于李普曼对"我们头脑中图画"形成的描述，另一种源自帕克对新闻和媒体功能的分析。代表性文献分别是李普曼（Lippmann，1922）的《公众舆论》（*Public Opinion*）一书和帕克（Park，1925）的《城市》（*The City*）一书，其中《城市》一书的核心章节《城市：对于开展城市环境中人类行为研究的几点意见》早于1915年发表于《美国社会学刊》。另外，帕克议程设置思想更为明确的表述出现于其1922年的著作《移民报刊及其控制》及其1940年的文章《新闻作为知识的一种形式》中。

帕克和李普曼思想可比较的维度颇多，从议程设置研究的角度来看，两者主要存在以下差异：

1. 李普曼视媒体为外部系统，帕克则认为媒体是共同体的组成部分

李普曼认为媒体内容是对外部世界的反映，当然在李普曼看来，这种反映很有可能是不完整和不真实的。可以肯定的是，李普曼认为媒体对外部世界的这种反映是独立于个人经验之外的，媒体是一种外部系统。而帕克是在共同体的语境下来讨论媒体（主要是报刊）的。在帕克看来，共同

体一词是指"许多个人、家庭、团体，以及习俗、制度组合在同一个地区之内，并从这种共同组合形式中形成种种联系"；共同体一词是对社会和社会集团的一种称述，"当从地理分布上来考虑社会和社会集团所含的个人和体制时，我们就把社会和社会集团称为共同体"（帕克，2012：132）。帕克认为共同体的生活由个人与体制在该地区的地理分布所决定，而媒体（报刊）是对共同体生活的反映。1922年，帕克对移民报刊的论述中体现了这种观点，他直接说道，"没有任何外文报刊如此成功地反映了这个种族（犹太人）的个人生活"（帕克，2011：78）。媒体的这种对共同体生活的反映可以从媒体内容中得到体现，在帕克这里，媒体的主要内容不是对外部世界的描述，而是"和自己相关的政治、社会和工业生活的情况"（帕克，2011：99）。与李普曼不同，帕克不认为媒体是一种外部系统，而是共同体内部的一种组成部分，"报纸作为新闻的采集者和诠释者，它的作用就是共同体功能的某种发展"（帕克，2012：84）。

2. 李普曼认为媒体的作用在于影响人们对外部世界的认知；帕克则认为媒体能够加强个人与共同体的联系，对个人和社会有导向作用

关于媒体功能和作用的探讨上，由于李普曼认为媒体内容是对外部世界的反映，因此媒体的一种重要功能是人们了解外部世界的窗口，影响人们对外部世界的认知。对外部世界的认知被李普曼称为"我们头脑中的图画"，这是媒体内容影响的结果。而帕克认为媒体是对共同体内生活的反映，因而媒体的基本功能在于加强个人与共同体的联系，他直接论述，"报纸使他们与他们的共同体——主要是他们的族群——的当下思想和当下事件建立了联系"（帕克，2011：69）。个人与共同体的联系加强可能造成两种看似截然不同的结果，即"社会认同"和"社会区隔"（帕克，2011：译序二）。社会认同促使共同体融入更大的社会环境中，而社会区隔使得某一共同体与其他共同体区隔开来。

从共同体内部来说，媒体使个人和共同体联系加强的这种功能，使得媒体内容（新闻）"对个人和社会有导向作用"（Park，1940）。帕克认为"新闻是某种使得人们交谈的事物"（Park，1940），"个人接触新闻后的一种典型反应是他想把这条新闻重复给其他人；这会导致交谈，引起更多的评论，甚至是开启一次讨论"；随着时间的推移，新闻可能变得不是"新"闻；此时，"对新闻的讨论转向对新闻所反映的议题（issues）的讨论"；

对议题的讨论通常最后达成"某种共识或集体意见——我们称之为舆论"(Park，1940)。明显地，帕克所谓的"导向"是指媒体会引导人们发起对某种新闻所反映的议题的讨论，进而由这种讨论形成舆论。

李普曼和帕克对媒体和新闻功能的表述，可以说是议程设置早期思想的集中体现。无论是李普曼的"外部世界和我们头脑中图画"的表述，还是帕克所说的导向作用，都与公众议程设置的基本假设存在相通或类似之处。从这方面说，帕克的思想确实可以作为议程设置概念的源头，只是不被麦库姆斯及其合作者关注，但被麦克劳德等人重新挖掘（McLeod et al.，1974）。

3.李普曼认为重要议题来自个人对外部世界的认知；帕克则认为重要议题来自共同体内个人与他人的讨论

如果说我们的论述只是为了确定帕克是议程设置思想的另一种源头，则没有明显意义。我们研究的目的也不是为了"复活"帕克传统。关键在于李普曼传统和帕克传统的核心差异，以及这种差异引起对"个人议题显要性"概念的重新界定。

"个人议题显要性"是议程设置研究的核心概念，即个人认为某个或某一系列议题的重要性程度。李普曼和帕克核心差异就在于对"个人议题显要性"界定的不同。李普曼认为媒体是外部系统，其作用是影响人们对外部世界的认知，即"我们头脑中的图画"，也就是说李普曼认为的议题显要性是一种来自媒体的个体认知，这是一种人内议题显要性（intrapersonal issue salience）的概念，与其他个人无关。而帕克在对新闻导向作用的分析中认为，媒体能够引起人们对新闻所反映议题的讨论。分析过程中，帕克直接使用了议题（issue）这个概念。而明显地，被讨论得越多的议题，更应该是显要议题，也就是说，议题的显要性是由人际讨论形成的。

麦克劳德等人认为麦库姆斯及其合作伙伴遵循的是李普曼的路径，采用了一种人内的概念来表示个人对议题显要性的认知，而非帕克式的人际议题显要性。其中一种证据即麦库姆斯和肖提出以下问题来测量个人议题显要性的认知："这些天你最关注的是什么？也就是说，不管政客们说了什么，你认为政府应该集中做的两件或三件主要事情是什么？"麦库姆斯和肖这种提问方式更为一般的表达是"国家所面临的问题和议题中，哪个是你个人认为最重要的"（Gadziala & Becker，1983）。这种议题显要性完全由个人独立提出。相对应还有另一种提问方式："国家所面临的问题和议题中，你和你的朋友过去一周最常讨论的是哪一个？"（Gadziala & Becker，1983）这一问题测量的是人际议题显要性。

因此，追溯到帕克，不仅是确定帕克作为与李普曼并立的议程设置思想，更为重要的是对个人议题显要性这个议程设置核心概念的重新界定。帕克的传统使得我们认识到，个人议题显要性不仅仅来源于人内认知，也可能来自人际讨论。

三、"个人议程"与"公众议程"

（一）"个人议程"与"公众议程"的异同

"个人议程"的表述为"个人议题显要性的等级排列"；"公众议程"的表述为"公众议题显要性的等级排列"。虽然两个概念具有相同的"属"，即议题显要性，但是两者在"种差"上存在明显不同。

其一，"个人议程"是一种受众个人层面的概念，不同的个人（如社交媒体中的用户）都有属于其个人的议程；而"公众议程"是一种受众总体层面的概念，全社会只存在一种议程，即公众议程。相应地，公众议程设置研究考察的是媒体议程对受众总体（公众）的影响；个人议程设置研究考察的是媒体议程对受众个人的影响。所谓的受众总体，其实是一种"平均人"。媒体议程对受众总体（公众）的显著影响，实则是对"平均人"的显著影响，而并不一定是媒体议程对大多数个人的显著影响。在个人间差异较小的情境下，媒体议程对"平均人"的显著影响确实可能等同于媒体议程对多数个人的显著影响；然而，在个人间差异较大的情况下，媒体议程对"平均人"的显著影响可能仅表示媒体议程对少部分个人的显著影响。

其二，"个人议程"包含人内议题显要性和人际议题显要性两个维度，即"个人议程"不仅关注受众的人内认知，还关注受众间的人际讨论；一个重要的议题可能是很多受众内心认为重要的议题，也有可能是很多受众相互讨论的议题。而"公众议程"概念仅包含"人内议题显要性"，测量中代表性的提问方法为"国家所面临的问题和议题中，哪个是你个人认为最重要的"（Gadziala & Becker，1983），这意味着"公众议程"概念不包含人际议题显要性的维度。

虽然"个人议程"和"公众议程"概念存在明显区别，但两者也存在相通之处。两者具有相同的"属"，这意味着"个人议程"和"公众议程"都是对受众议题显要性的概念化，两者表示的都是受众对议题重要性的认知。个人议程设置研究和公众议程设置考察的也都是媒体议程对受众议题显要性的影响，即媒体如何影响受众对议题重要性的认知。

（二）公众议程设置研究为"个人议程"的提出与界定奠定基础

"个人议程"与"公众议程"的共性使得个人议程设置研究与公众议程设置研究也具有共性，其实质考察的都是媒体对受众议题显要性的影响。"个人议程"和"公众议程"都是受众议题显要性的一种实现。在这种情况下，大量优质的公众议程设置研究为"个人议程"概念的提出与界定以及个人议程设置研究的开展奠定基础。

其一，公众议程设置研究的核心概念是"公众议程"，"公众议程"在强调受众总体的同时，也强调了受众议题显要性的合理与重要。公众议程设置研究起源于麦库姆斯和肖 1968 年开展的"查普希尔研究"。该研究考察的是，在关于什么是重要议题方面，媒体报道对犹豫未决的选民的影响。结果显示被五个议题主导的媒体议程和公众议程几乎完全一致，更确切地说关于"外交政策""法律与秩序""经济""公共福利"和"公民权利"五个议题，选民的重要性排序与前 25 天的媒体报道排序几乎完全对应。公众议程设置研究的重要贡献在于重新界定了"议题"与"议程"的概念，并提出了"公众议程"的概念。"公众议程"的概念确认了受众中存在"议程"，并且这种"公众议程"是可测量与可研究的。而作为受众议题显要性的另外一种实现，"个人议程"应与"公众议程"相类似，是可测量和可研究的。

其二，公众议程设置研究主要考察的是媒体议程对公众议程的影响；媒体议程对公众议程影响越显著，则媒体议程更可能显著影响多数的个人议程；这种情况下，提出和界定"个人议程"显得更为重要。"个人议程"概念的提出与界定以及个人议程设置研究的核心目的在于考察媒体议程对个人议程的影响，如果媒体议程几乎不可能对个人议程产生影响，则提出和界定"个人议程"概念显得毫无意义。幸运的是，"个人议程"和"公众议程"都是受众议题显要性的实现。如果媒体议程对公众议程存在显著影响，则媒体议程更可能对个人议程产生显著影响。从实际研究来看，公众议程设置的多数研究表明，媒体议程确实显著影响了公众议程。万塔和加尼姆（Wanta & Ghanem，2007）对 90 项实证研究的元分析发现，其相关系数均值达 0.53，95％的置信度下置信区间为 [0.47，0.59]，这意味着多数研究都发现了中度甚至较强的议程设置效果。迪林和罗杰斯（Dearing & Rogers，1992）对 92 项的实证分析也发现大多数（2/3）的研究支持"媒体议程设置了公众议程"这一假设。研究者也有可能发现显著的个人议程设置效果，这使得"个人议程"概念的提出和界定不仅仅是理论上的推导，还具有研究价值和现实意义。

（三）公众议程设置研究的问题使得有必要提出与界定"个人议程"概念

公众议程设置研究虽然为"个人议程"概念的提出和界定提供可能，但公众议程设置研究本身存在一些问题。公众议程设置研究的这些问题使得"公众议程"的概念可能难以适用于社交媒体平台上的议程设置研究，有必要提出和界定"个人议程"概念，并进行个人议程设置研究。

1. 社交媒体平台上，公众议程设置研究的前提难以成立

公众议程设置研究有赖于两个前提：① 同质化的媒体议程；② 独立的个人议题显要性。

同质化的媒体议程是指各种媒体报道的重要内容是相似的，以至于各种媒体对议题显要性的等级排列是高度相关的。只有在媒体议程同质化的前提下，研究者才能将几种重要媒体的议题显要性组合为复合媒体议程。此时，这种复合媒体议程与总体媒体议程高度相关。如果没有这一前提，则需要考察所有可能相关的媒体的议题显要性。各种媒体议程的高度同质性在传统媒体时代已被验证（麦库姆斯，2008：139），然而社交媒体平台上，各种媒体议程是否仍然具有高度同质性？如果答案是肯定的，则仍然可以采取传统做法，即将几种重要媒体的议题显要性作为媒体议程；如果答案是否定的，则需要考察所有媒体。互联网及社交网络是否导致媒体内容同质化并没有一致的证据，然而媒介内容的一致性是有可能降低的。在这种情况下，更为稳健的方法是考察所有媒体。考察所有媒体的可能性极

低，不过对媒体进行随机抽样，可以得到与所有媒体构成的媒体议程相类似的议题显要性频次与排序。

独立的个人议题显要性是指个人对议题显要性的认知不依赖于其他个人，任意两个个体并不共享某一议题的显要性。独立的个人议题显要性的现实意义是公众较少对新闻所含的议题进行讨论或这种人际讨论对个人议题显要性影响较小。当讨论程度和影响程度低于某个阈值时，此时研究者有意忽视其影响。在社交媒体平台上，我们难以忽视人际讨论的程度及其影响，比如在推特和微博中，以转发、评论等形式存在的人际讨论占据了相当的比例。因此，我们有必要重新考察个人议题显要性是否真的独立，如果我们承认个人议题显要性相互关联，则需要转变对公众议程设置的研究。

独立的个人议题显要性是确保公众议程概念得以测量和分析的前提。公众议程是公众中议题显要性的等级排列，是一个在受众个人层面测量，在受众总体（公众）层面分析的概念。独立的个人议题显要性使得公众议程在个人层面测量时仅关注人内议题显要性，而不关注由人际讨论而得到的人际议题显要性。一旦公众议程承认人际讨论也具有确定议题显要性的能力，则个人议题显要性的独立性前提将不存在，因为两个个体在人际讨论的情况下是可能共享某一议题的显要性的。

更为重要的是，独立的个人议题显要性提供了对公众议程分析的可能。公众议程在总体层面分析，中间存在一个必要过程：个人议题显要性加总为公众议程。由于公众议程设置研究假定了每个个体之间的议题显要性是独立的，而每个独立的个体对公众议程的确立具有同等重要性（权重），因此研究者可以通过对个人议题显要性相同权重的加总而得到总体的公众议题显要性，即公众议程。而如果承认个人议题显要性并不独立，即个人议题显要性是可能相互关联的，则意味着人际讨论也可能是确定个人议题显要性的方式。此时，个人议题显要性无法相同权重加总为总体的公众议程。人内议题显要性仍然相互独立，每个个人在人内议题显要性上的权重相等，可以相同权重加总。关键问题在于，如果人际讨论也是确定个人议题显要性的一种方式，即人际议题显要性是个人议题显要性的一个维度，那么不可避免的一个问题是：每个个人参与人际讨论的程度是有可能不同的。明显地，如果某一个人相对于另一个人参与人际讨论的程度越高、次数越多、时间越长，则该人的人际议题显要性应该是越高的。也就是说，在人际议题显要性中，每个个人的权重几乎不可能是等同的。在个人权重不相同的情况下，个人层面的议题显要性加总为公众议程时需要对每个个人进行加权后再加总，而不是直接加总。

问题在于，个人在人际议题显要性上的权重是很难获得的，因为个人参与人际讨论的程度是难以观察的和难以回忆的。如果承认个人议题显要性是可以有关联的，或者说个人议题显要性不仅仅来自人内认知，还有可能来自人际讨论；则对公众议程设置研究来说，存在一个巨大的漏洞：个人层面的议题显要性难以加总为总体层面的公众议程。此时，公众议程的概念在理论上仍然存在，但在操作上难以实现。在此情况下，我们有必要回到个人层面，直接研究媒体议程对个人议题显要性的影响。个人层面的研究有两种价值：其一，个人层面的研究可以同时考察人内议题显要性和人际议题显要性，概念更为合理；其二，个人层面的研究省去了加总这一环节，恢复了可操作性。如果综合考虑帕克和李普曼两种传统，承认个人在议题上的相互关联，认为个人议题显要性既来自人内认知，又来自人际讨论；则总体层面的公众议程设置研究将丧失其合理性，此时更为合理的研究应该是在个人层面对人内议题显要性和人际议题显要性的同时考察。

2. 公众议程设置研究忽视个体间差异，难以考察个人层面因素的影响，容易引起忽略变量偏误和生态学谬误

互联网及社交媒体的发展带来的另一个重大现实问题，即个人与个人之间的差异化越来越明显。研究者们已经通过一些概念来描述这种现象，比如受众分化，这是一种媒介接触形式的差异化；长尾效应，其实是个人兴趣的差异化；个性化新闻，其实是媒介内容接触的差异化。就新闻议题而言，个人之间的差异化主要表现为不同人对议题重要性的判断不同，这并不是说传统媒体时代不存在对议题重要性的不同判断，而是在互联网时代，这种判断的差异化程度明显高于传统媒体时代。问题的关键在于，公众议程设置无法研究和解释个人在议题上的差异性。公众议程设置其实研究的是媒体对"平均人"的议程设置效果。这种"平均人"议程设置效果忽视了个体间差异，无法考察媒体议程对不同个人的不同影响。

以议程设置机制研究而言，心理机制是其中极其重要的一环。如果要分析议程设置发生的心理机制，则很难避开个人特征的考察。而公众议程

设置研究的分析是在总体层面进行的，难以将个人层面的因素纳入考量。已有的公众议程设置效果偶发条件的研究重点考察了导向需求、议题强制性、议题抽象性和媒介接触的影响。议题强制性和议题抽象性是议题层面的差异，与个人特征无关。导向需求和媒介接触本应是个人层面的因素，但在公众议程设置研究中，导向需求和媒介接触均是一种群体特征（或子总体特征），而非个人特征；原因在于为了在总体层面进行研究，研究者依据导向需求高低将人群分为高度导向需求人群、中度导向需求人群和低度导向需求人群，然后考察在各个人群中公众议程设置效果的大小，而非将每个个体的导向需求大小作为解释变量纳入分析，关于媒介接触的研究与此类似。当然，也有少量的研究直接在个人层面测量和分析，将导向需求（Camaj & Weaver，2013）和媒介接触（Hill，1985）作为个人特征而非群体特征考察其对议程设置效果的影响，不过这种研究已经超出了公众议程设置研究的范畴。公众议程设置研究难以考察个人特征对议程设置效果的影响，使得公众议程设置研究中可能忽略个人层面的因素，造成理论的适用性和解释力成疑。

另外，公众议程设置研究的这种在个人层面的测量、在总体层面的分析可能引起生态学谬误（ecological fallacy），即"错误地认为在宏观层面成立的结论在个体层面也成立"（谢宇，2013：200）。如果总体层面存在媒介对公众的议程设置效果，我们并不能据此断定媒体对受众个人均有议程设置效果；反之，如果总体层面媒介对公众没有明显的议程设置效果，我们也不能据此而认为媒体对受众个人不存在议程设置效果。之所以出现生态学谬误，是因为研究者假定了个体与总体具有相同的行为模式，实质上，这是忽视个体差异的结果。由于忽视了个体差异，个体被一般化，个体与总体也就具有了相同的行为模式。然而，现实中，个人之间的差异是确而存在的，这也就意味着媒体可能对某些个人具有较强的议程设置效果，对某些个人可能不具备议程设置效果。此时，研究的重点是媒体对个人议程设置效果的偶发条件，而非在总体上一再重复验证媒体对公众是否仍具有议程设置效果。

综上，公众议程设置研究假定了"独立的个人议题显要性"，并由此利用加总的个人议题显要性测量公众议程，这一前提在人际讨论较少的环境中可能成立，但并非普遍情况。更为普遍的情况是"个人议题显要性相互关联",即个人议题显要性也可能来自人际讨论。同时,经典公众议程设置研究存在难以考察心理机制以及可能存在生态学谬误的问题,这些问题的根源可能是由于经典公众议程设置研究忽视了个体差异对议程设置效果的影响。明显地,个人层面的议程设置研究将会考察个体差异的影响。我们有必要在总体的公众议程设置之外,于个人层面考察媒体对个人议题显要性(包含人内议题显要性和人际议题显要性两个维度)的影响,提出和界定"个人议程"概念,而非沿用"公众议程"这一概念。

四、"个人议程"与"感知议题显要性"

(一)"个人议程"与"感知议题显要性"的异同

1974 年,麦克劳德等人提出从另一种视角看待议程设置功能,文章中,麦克劳德等人区分了三种议题显要性:① 共同体议题显要性,消息源来自媒体,由共同体成员通过对议题的讨论而确定的一种人际效果,可以通过让共同体成员回忆交谈或对交谈抽样的方式进行测量;② 个体议题显要性,消息源来自媒体,由共同体中的个人独立确定,议题重要性源自个人需求、欲望或想法,实际上是一种人内议题显要性;③ 感知议题显要性,共同体中的个人接收来自新闻媒体的讯息,然后通过各种方式确定的议题显要性(McLeod et al.,1974)。

其中,共同体议题显要性基本等同于本书中的人际议题显要性;个体议题显要性基本等同于本书中的人内议题显要性。并且,麦克劳德在文章的其他部分也采用人际与人内的区分。而"感知议题显要性"是综合考虑了人内议题显要性和人际议题显要性的概念。从这一点来看,"感知议题显要性"与"个人议程"具有相似性。"个人议程"能够从人内议题显要性和人际议题显要性双维度进行界定也得益于麦克劳德等人对"感知议题显要性"的开创性研究。

与"个人议程"和"公众议程"概念都不同的是,"感知议题显要性"概念并没有明确界定其是一个受众总体层面的概念还是受众个人层面的概念。从概念的阐述来说,"感知议题显要性"应该是一种个人概念,毕竟其指向的是共同体中的个人。然而,在麦克劳德等人文章的实证研究部分,研究者采用 6 个议题重要性的平均值作为对"感知议题显要性"的测量，即麦克劳德等人测量的是"平均人"的"感知议题显要性"。这种测量方式与"公众议程"的测量方式没有本质区别，"公众议程"的测量方式是加总，然而平均值＝加总值/样本量，其中样本量是个常数，则意味着两者一一对应。当然，"公众议程"仅包含人内议题显要性一个维度，而"感知议题显要性"包含人内提议显要性和人际议题显要性两个维度。如此，"感知议题显要性"更像是一种包含了双维度的"公众议程"。而"个人议程"非常明确地界定其为一种个人层面的概念，不对个人议题显要性进行加总或求平均值。

　　如果说"个人议程"和"感知议题显要性"在概念层面上只是有差异的可能性，那么"感知议题显要性"的一种限定，则使得"感知议题显要性"与"个人议程"有明显差异。"感知议题显要性"的这种限定为其信息来源必须是新闻媒体，其他信息源影响而成的议题显要性不在"感知议题显要性"的考察范围之内，如亲身经历。而"个人议程"概念与"公众议程"概念在这点上是相同的，并不大在议题显要性的来源上做严格限定。

　　（二）"感知议题显要性"使得双维度的"个人议程"概念的提出和界定成为可能

　　"感知议题显要性"概念及其研究的最主要贡献在于追溯议程设置概念的帕克传统和李普曼传统，创造性地界定了人内议题显要性和人际议题显要性两个维度。人内议题显要性和人际议题显要性双维度界定，使得"个人议程"概念能够涵括两个维度，而非仅包含人内议题显要性一个维度。

　　从研究者掌握的文献来看，"感知议题显要性"概念由麦克劳德等人（1974）提出之后，除 Gadziala 和 Becker（1983）有所发展之外，其他研究者基本没有继承和沿用这一概念。然而，这并不意味着"感知议题显要性"这一概念没有价值，概念所揭示的人内议题显要性和人际议题显要性不重要。人内议题显要性和人际议题显要性的区分，特别是对人际议题显要性的不重视是时代所限。20 世纪七八十年代，正是电视占据主流的年代，受众更多的是通过电视接收讯息，而难以通过电视传达讯息、发表观点。此时，研究者更为关注的是受众通过电视观看了什么样的内容，这些内容是否影响受众对议题重要性的认知。受众个人间的讨论，不在这个理论逻辑之内，且由于其难以测量，故而为研究者所忽视。

然而，随着互联网，特别是社交媒体的发展，受众不仅能够接收专业媒体的讯息，也能够如媒体般发送讯息、发表观点，并且与其他受众互动。这种与其他受众的互动，实则是一种人际交谈，也体现于社交媒体平台中，占据相当比例，且与受众发布的原创内容一起，构成了受众中的议题显要性。"公众议程"的概念由于缺乏人际议题显要性的维度，无法测量和解释社交媒体平台的互动内容。此时，由麦克劳德等人于1974年区分的人内议题显要性和人际议题显要性恰恰能够涵括社交媒体平台上的两类内容，并能够以之对人内议题显要性和人际议题显要性进行操作化。

（三）媒介环境的变化使得"感知议题显要性"难以适应，有必要提出和界定"个人议程"概念

"感知议题显要性"概念在提出40多年后终于具备了应用价值。然而，"感知议题显要性"不仅包含人内议题显要性和人际议题显要性两个维度，而且限定了信息来源为新闻媒体。也就是说，实际具备应用价值的是"感知议题显要性"对议题显要性两个维度的区分，而其对信息来源的限定使得"感知议题显要性"概念难以适用于社交媒体平台。

"感知议题显要性"的这一限定可能是其难以为研究者沿用的关键所在。"个人议程"概念提出与界定之前，研究者主要沿用的是"公众议程"概念。而"公众议程"概念并没有限定其信息来源必须是新闻媒体。一种证据在于，公众议程设置的偶发条件研究中关注了议题强制性的影响（Zucker，1978）。议题强制性区分有直接经验的议题和无直接经验的议题。而新闻媒体的报道属于无直接经验；有直接经验的议题，其信息来源并不是媒体报道，而是亲身经历。也就是说，公众议程设置研究中，受众的信息来源有可能是多样化，但研究关注的是新闻媒体这种信息来源对受众议题显要性的影响。

类似地，"个人议程"概念也不应限定信息来源。"个人议程"概念初始目的是为适应媒介环境的变化而提出的。20世纪七八十年代以来，媒介环境发生了剧烈变化，变化体现于各个方面。这些变化中的两种变化与"个人议程"的概念直接相关。其一，媒介形式越来越多样化；其二，受

众也逐渐具备发送信息的可能。这两种变化导致一种状况，即受众的信息源可能来自多种形式的媒介，甚至来自其他受众，当然还有亲身经历。在这种情况下，如果将"个人议程"的信息来源限定为新闻媒体，那明显是不合理的。如此，"感知议题显要性"也就不具备对"个人议程"替代的可能。媒介环境的变化使得"感知议题显要性"概念的解释力有限，也无法满足本书研究的需求，故而提出和界定"个人议程"的概念显得尤为必要。

五、"个人议程"与"个人数据"

（一）"个人议程"与"个人数据"的异同

"个人数据"（individual data）并不是一个严格的理论概念，它代指一类研究以及这类研究对受众议题显要性的界定。"个人数据"也可称为"个人层面"的研究（Shehata & Strömbäck，2013），它指代的是在公众议程设置的框架下进行的个人层面的研究。

我们已知，公众议程设置研究是一种总体层面的研究，"公众议程"也是一种受众总体议程。这种总体层面的研究使得研究者在考察个人特征对议程设置效果影响时出现困境。其原因在于每一受众都具有不同的个人特征，而公众议程只有一种，难以对应。因此，多数研究者在考察个人特征的影响时，一般是依据个人特征进行有限分组，进而考察组间议程设置效果的差异。当然，这种分析是不够精确的。不过，"公众议程"是一种在个人层面测量，在总体层面分析的特殊概念，是由人内议题显要性加总而得。由于含有这种特性，一小部分研究者在分析时，不对人内议题显要性进行加总，而是直接考察个人特征对人内议题显要性的影响。这种研究即为"个人数据"的研究。

可以发现，"个人数据"对受众议题显要性的界定是"个人层面的人内议题显要性"。如果将"个人数据"作为一种概念，那么它是一种受众个人层面的概念，是对"公众议程"概念的背离；从概念维度上说，"个人数据"仅包含人内议题显要性一个维度，不包含人际议题显要性的维度。从"个人数据"操作化的整个过程来看，"个人数据"并没有完全脱离"公众议程"的范畴，将人内议题显要性加总为"公众议程"，人内议题显要性不加总则为"个人数据"。

如此，不考虑具体研究，仅从概念而言，"个人议程"与"个人数据"的区别在于："个人议程"包含人内议题显要性和人际议题显要性两个维度，而"个人数据"仅包含人内议题显要性一个维度。当然，"个人议程"与"个人数据"相同之处在于两者都是对受众个人议题显要性的实现。

（二）"个人数据"研究为个人层面的议程设置研究提供案例

"个人数据"研究对"个人议程"概念的提出与界定的最大贡献在于提供了个人层面议程设置研究的现实案例。现有文献来看，议程设置"个人数据"的研究可以追溯到埃布林等人（Erbring et al.，1980）关于媒介接触对议程设置效果影响的分析。"感知议题显要性"虽然在内涵上并没有限定是个人层面的概念还是总体层面的概念，但麦克劳德等人测量"感知议题显要性"时加入了求平均值的过程，使得其实质上更偏于一种总体层面的概念。在理念上为个人层面议程设置研究提供合理性的是阿卡普尔科模型，"个人议程"作为一种个人层面概念的理念合理性也来源于此。不过阿卡普尔科模型毕竟是一种理念中的模型，并未为个人层面的议程设置研究提供现实的合理性。而"个人数据"研究恰恰弥补了阿卡普尔科模型的这一缺陷。

现有的议程设置"个人数据"研究主要分布于两个方面，一个方面是议程设置效果的个人条件研究，如个人的导向需求、媒介接触对议程设置效果的影响；另一方面是议程设置的后果，主要研究议程设置效果对个人态度和行为的影响。

在关于议程设置效果的个人条件方面，媒介接触是其研究重点。埃布林等人（Erbring et al.，1980）利用个体层面数据考察了媒介接触和其他个人特征对议程设置效果的影响，研究者在三个议题（失业、犯罪和政府信任）中的两个议题上发现个人的报纸接触对议程设置效果有显著影响（失业：$\beta=0.15$，$Sig.<0.01$；政府信任：$\beta=0.10$，$Sig.<0.01$）；但研究者没有发现性别和年龄的显著影响。希尔（Hill，1985）的研究则关注了不同种类的媒介接触对电视新闻议程设置的影响。研究者询问了受访者对 59 个政治和社会议题的感兴趣程度（4 点量表，非常感兴趣→非常不感兴趣），研究发现公众对纸质媒体的接触程度将显著影响电视新闻的议

程设置效果（$\beta=0.06$，$Sig.$ <0.1）；而单独观看新闻节目并不会显著影响电视新闻的议程设置效果。媒介接触之外，罗斯勒（Roessler，1999）研究了人际交流对个人感知政治议题的影响，并由此提出"个人议程设计"（Individual Agenda-Designing）模型；在该研究中，研究者测量议题重要性时，测量了受访者对9个议题重要性的认知（5点量表，个人认为非常重要→个人认为非常不重要），后续分析中，按照个人对每个议题重要性打分，形成个人议题重要性排序。

议程设置后果与个人层面的研究方面，古尔帕德（Ghorpade，1986）关于议程设置效果对投票影响的研究中，采用了个人数据。研究发现选举广告的显要性会影响公众显要性，公众显要性将显著影响投票行为。为了使公众显要性和投票行为相对应，研究者询问受访者是否会投票，如果会投票，则询问受访者将投哪位候选人以及投该候选人的原因，原因编码与公众议题显要性对应。穆恩（Moon，2013）在个人层面的研究则发现议程设置效应会引发个人对候选人强烈的态度倾向，这种态度倾向继而引起多种政治参与，如投票、讨论、参会、捐赠等。

另有一部分研究同时在总体和个人两个层面对议程设置效果做了研究。茨法蒂（Tsfati，2003）同时利用了总体数据和个人数据以检验受众的怀疑是否会影响议程设置效果。总体数据层面，研究发现持怀疑的人群中的议程设置效果要明显弱于不持怀疑人群中的议程设置效果。而在个人数据层面，研究发现人们的怀疑将显著影响到某个议题能否成为显要议题。而谢哈塔和斯特洛贝克（Shehata & Strömbäck，2013）的研究则是在总体和个人两个层面考察传统媒体的议程设置效果。研究表明，在总体层面和个人层面，传统媒体仍然具备议程设置效果，但这种效果被多样化的在线新闻媒体弱化。

（三）"个人数据"难以适用于社交媒体，有必要提出和界定"个人议程"概念

虽然"个人数据"研究为个人层面的议程设置提供了真实的研究案例，但"个人数据"概念相关的个人层面研究与"个人议程"相关的个人层面研究存在明显区别。"个人数据"相关的个人层面议程设置研究主要是为了检验个人特征（如媒介接触）对议程设置效果的影响，个别研究涉

及议程设置效果对个人态度、行为的影响；而"个人议程"相关的个人层面议程设置研究的首要目的是考察媒体议程对受众个人议题显要性的影响。虽然"个人数据"也会涉及对受众议题显要性的界定，但这种界定的重要性并没有体现于"个人数据"的研究中。也就是说，"个人数据"研究本身注重的并不是议程设置过程本身，而是议程设置效果的偶发条件。偶发条件的研究当然也具有相当的重要性，本书后续部分也会涉及。然而，偶发条件的研究要以媒体议程对受众议题显要性的影响研究为前提。说到底，偶发条件是对议程设置效果发生与否的一种解释。

更为重要的是，在社交媒体平台上，只含有人内议题显要性一个维度的"个人数据"概念难以适应研究的需要。社交媒体平台的互动内容，如转发与评论，难以为人内议题显要性所涵括。如以"个人数据"为媒体议程的因变量，则研究结果很有可能是不准确的，结论可信度不高。因此，随着社交媒体的发展，"个人议程"概念的提出与界定，以替代"个人数据"甚至是"公众议程"和"感知议题显要性"，则成为必然。

反之，不仅社交媒体的发展需要提出和界定"个人议程"概念，而且社交媒体为"个人议程"及个人议程设置研究提供研究平台。

社交媒体（social media），也译为"社会化媒体""社会性媒体"。常被引用的社交媒体定义来自卡普兰和海伦（Kaplan & Haenlein, 2010），即社交媒体是指"在 Web 2.0 的理念和技术基础上，用户可以进行内容生成和内容交换的一类互联网媒体"。社交媒体最重要的特征是"互动性"和"用户生产内容"（UGC）（田丽、胡璇，2013）。

本书研究基于推特而进行，推特作为典型的社交媒体，具备"互动性"和"用户生产内容"的特征；这两项特征为"个人议程"的测量奠定基础。个人议程的基本概念为"个人议题显要性（人内议题显要性和人际议题显要性）的等级排列"。因而在具体研究中，需要测量个人在人内议题显要性和人际议题显要性上的频次与等级排列。传统抽样调查下，研究者测量这两种议题显要性是分别询问受访者"不管别人怎么说，你个人认为哪些问题重要，并排序"，以及"你与别人的交谈中，重要的问题有哪些，并排序"。这种自我报告式的数据已被查菲等诸多研究者质疑，存在回忆不准确且难以准确排序等问题（Chaffee & Schleuder, 1986）。社交媒体上用户留下的痕迹并不是自我报告式数据，准确程度更高，不存在回忆错误的问题；而且社交媒体能够较好地测量人内议题显要性和人际议题显要性。社交媒体的重要特征为"用户生产内容"，也就是说这些内容中多数来自普通用户。以推特为例，普通用户可能发表多条推文，每条推文涉及某种或某几种议题，计算某一段时间内该用户发表的所有推文涉及的议题及其频数，并对涉及议题多少进行排序，可以得到个人议程。而且，社交媒体具有"互动性"，互动性即意味着用户不仅自身发表内容，而且与其他用户互动。同样以推特为例，推特用户不仅发表原创推文，还会转发或评论其他用户的推文。原创推文所涉及的议题数及排序是对人内议题显要性的较好测量；而转发和评论是对人际议题显要性的较好测量。也就是说，推特平台上不仅可以准确测量人内议题显要性，还能够测量人际议题显要性，进而形成个人议程。

后续的研究者将社交媒体视为一种平台，如斯科特（Scott，2007）视社交媒体为一种在线平台。社交媒体作为一种平台时，它同时具备了媒体性和社会性（游恒振，2007），即社交媒体既是一种媒体平台也是一种社会平台。换言之，社交媒体上既包含了专业的新闻媒体，也包含了普通用户。实际情况也确实如此，如推特平台不仅有普通用户，也有媒体账号。这种同时包含媒体和受众的平台为个人议程设置研究提供了便利。个人议程设置研究两个核心概念为：媒体议程和个人议程。由于推特平台同时包含媒体和受众，这就使得两种议程均可在推特平台上得到较好测量。

总的来说，"个人议程"与"公众议程""感知议题显要性""个人数据"是四种相互关联又相互区别的概念。四个概念之间的关系如图 3 - 2 所示，"公众议程"是一种总体层面仅包含人内议题显要性的概念；"感知议题显要性"是一种包含人内议题显要性和人际议题显要性两个维度的概念，概念本身没有限定是总体层面还是个人层面，实际研究中倾向于总体层面；"个人数据"仅在个人层面包含人内议题显要性一个维度；而"个人议程"是一种个人层面包含人内议题显要性和人际议题显要性两个维度的概念。

四种概念均在一定程度上实现了对受众议题显要性的概念化和测量。然而，社交媒体的发展，普通用户（受众）也有了类似于媒体向大众发送信息的功能，个人的重要性被凸显；且社交媒体平台上的内容不仅包含代

	总体层面	个人层面
人内议题显要性	公众议程 Public Agenda	个人数据 Individual Data
人内议题显要性 + 人际议题显要性	感知议题显要性 Perceived Issue Salience	个人议程 Individual Agenda

图 3 - 2   受众议题显要性的四种概念

表人内议题显要性的原创内容，也包含代表人际议题显要性的互动内容，如转发和评论。在这种情况下，"个人议程"是相对其他三种更为适合社交媒体上议程设置研究的概念。而且，社交媒体的发展也为"个人议程"及个人议程设置研究提供了良好的研究平台。因此，本书在考察媒体议程对受众个人议题显要性影响时，提出和界定了"个人议程"概念。

第二节 社交媒体个人议程设置的核心问题

相对于公众议程设置研究，"个人议程"概念的提出使得在个人层面考察媒体议程对受众的人内议题显要性和人际议题的影响成为可能，这类研究称为"个人议程设置研究"。而社交媒体为个人议程设置研究提供良好的研究平台，本研究将在公众议程设置研究的基础上，分析媒体议程对个人议程的影响以及个人议程设置效果的影响因素。

一、媒体议程对个人议程的影响

公众议程设置研究可以为本研究在社交媒体平台上进行个人议程设置研究提供了借鉴。社交媒体上的议程设置研究应首先考察媒体议程对公众议程的影响，基本假设为：媒体议程显著影响公众议程。社交媒体上的公众议程设置研究与个人议程设置研究具有相同的自变量，因变量虽然不同，但个人与总体公众都属于受众范畴，描述的都是媒体对受众议题显要性认知的影响。这意味着如果本研究验证了媒体议程影响公众议程的假设，则社交媒体上的媒体议程与个人议程也可能是存在显著相关的。

虽然社交媒体公众议程设置基本假设研究可以为个人议程设置研究提供借鉴，但是社交媒体个人议程设置研究具有其独特内涵。

个人议程设置研究探究媒体议程对个人议程的影响；而公众议程设置研究基本假设的表述为：媒体议程显著影响公众议程。理论上，两者的差异在于个人议程与公众议程的差异，前文已清晰表述，此处不再赘述。在实际研究中，两者的主要差异表现在以下两个方面。

其一，公众议程设置研究是媒体议程对一种公众议程的影响；而个人议程设置研究是媒体议程对多种个人议程的影响。当社交媒体平台上的普通用户数（样本量）为 N 时，仅存在一种公众议程，却存在 N 种个人议程。因此，我们检验社交媒体上媒体议程对个人议程的显著影响时，显然并不是为了验证媒体议程对所有的个人议程都存在显著影响，媒体几乎不可能影响所有用户。因此，我们在进行媒体议程对个人议程影响的研究时，真正应该检验的是：媒体议程是否显著影响大多数的个人议程。

其二，公众议程设置研究中存在公众议程影响媒体议程的可能；然而在社交媒体个人议程设置研究中，个人议程几乎不可能影响媒体议程。个人议程中的个人是指社交媒体上的普通用户，普通用户作为一种整体时确实可能影响媒体议程。然而，作为个人的普通用户其影响力有限，他（她）可能为媒体提供关于某个议题的消息来源，但很难影响媒体的整体议程。当然，具备强大影响力的意见领袖个人是有可能影响媒体议程的，但本研究中排除了意见领袖的作用，仅研究作为个人的普通用户。这就使得媒体议程对个人议程的影响研究缺少检验影响方向的必要性，只需要验证媒体议程与个人议程存在显著相关，即表示媒体对该用户具有显著的个人议程设置效果。

综上，社交媒体个人议程设置研究是基于公众议程设置研究的，因此首先需要分析媒体议程对公众议程的影响。更为重要的是，社交媒体个人议程设置研究需要回答媒体议程能否影响大多数的个人议程。因此社交媒体个人议程设置的基本理论问题包括：

RQ1a：社交媒体上的媒体议程能否显著影响公众议程？

RQ1b：社交媒体上的媒体议程能够显著影响多少个人议程？

二、个人议程设置效果的影响因素

媒体议程和个人议程关系的考察得出的是个人议程设置效果的强度。在这种情况下，必然存在有的个人议程设置效果强，有的个人议程设置效果弱，基于此，我们可以考察媒体对个人影响的差异。更为重要的是，我们需要考察造成这种差异影响的原因，即个人议程设置效果的影响因素。

本书研究在推特平台上进行，将主要考察个人特征对个人议程设置效果的影响。议程设置研究史上，研究者一般考察了三类因素对议程设置效果的影响，即宏观条件、议题性质和个人特征（Kosichi，1993）。一方面，公众议程设置难以考察个人特征的影响，在个人议程设置却是可行的。公众议程设置研究曾试图分析过个人特征对议程设置效果的影响（Lasorsa & Wanta，1990），比如考察个人的媒介接触对议程设置效果的影响，然而实际研究中，研究者并非将媒介接触视为连续的数值型变量，而是依据媒介接触程度将受众分为媒介接触程度高的部分和媒介接触低的部分，然后分别考察在这两部分受众中的议程设置效果。此时，媒介接触这种个人特征实际上成为一种群体特征或子总体特征，其根本上无法考察个人之间的差异。然而，对应个人议程设置研究来说，其目标变量（个人议程）本身即是以个人为单位，每个个体均有其个人议程，这意味着每个人的议程设置效果不同，此时考察连续的而非离散的个人特征的影响成为可能。另一方面，个人议程设置研究难以考察宏观条件和议题性质的影响。本研究主要关注的宏观条件为时间条件。以推特平台的研究为例，如果要考察个人议程设置效果的时间条件，则需要将 2015 年全年的个人议程细分为月议程、周议程甚至是日议程。然而，相当一部分推特用户全年发表的推文是十分有限的，如果细分至每日，则很多日议程可能完全没有数据，无法进行分析。而如果只考虑那些发表推文多的用户，则容易造成样本的偏差。议题性质的考察与之类似，其关键在于每个议题随时间的变化而变化。在公众议程设置研究难以考察个人特征，而个人议程设置研究难以考察时间条件和议题性质的情况下，本研究将个人议程设置效果的影响因素集中于个人特征则是合理且必然的。

值得注意的是,本研究在推特平台上进行,我们在选取影响个人议程设置效果的个人特征时,需要考虑到推特平台的特性及其测量。本研究中将主要考察四种个人特征,即用户影响力、用户活跃度、推特采纳时间以及文本长度。

用户影响力是指"一个用户对其他用户产生影响的可能性"(刘志明、刘鲁,2011)。某用户的影响力越强,意味着他更可能影响其他用户,然而尚未发现有研究表明影响力高的用户是否更容易受到媒体账号的影响。明显,这是一个值得研究的问题,如果结论确实如此,那么媒体账号可以通过高影响力的用户进而影响到其他用户,这些高影响力用户就成为议程设置效果的中介者。用户活跃度是指用户"参与话题讨论的积极性(程度)"(丁雪峰,等,2010)。用户活跃度越高,参与话题讨论越积极,高活跃度的用户可能意味着对某个公共问题的高兴趣,媒体账号是否更容易影响这类高活跃度的用户对公共问题重要性的认知是一个重要的研究问题。文本长度指的是用户发表的所有推文/博文的平均字符数,这一概念也是在社交媒体时代才逐渐为研究者所重视,有研究表明一定长度的字符数有助于吸引阅读(Zhao et al.,2016),然而文本长度能否影响议程设置效果仍有待研究。采纳时间指的是用户使用该社交媒体的早晚,或者说已使用时间的长短。按照创新扩散理论,采纳时间的早晚意味着创新性的高低,而具有高创新性的用户更愿意接收媒体讯息,更愿意参与改变。然而创新性与议程设置效果的关系有待进一步研究。

社交媒体上个人议程设置效果的影响因素与公众议程设置效果因素相联系,后续研究需要分别考察宏观条件、议题性质和个人特征的影响。由此,我们提出本书研究的第二组核心研究问题:

RQ2a:宏观条件和议题性质对社交媒体上公众议程设置效果是否有显著影响?

RQ2b:个人特征对社交媒体上个人议程设置效果是否有显著影响?

三、意见领袖的作用

除了媒体与普通用户,社交媒体上还存在另一种重要的主体,即"意见领袖"。

意见领袖的概念最早由拉扎斯菲尔德等人在对1940年的总统选举研究中提出的。在当年的研究中，研究者发现，"在每个领域和每个公共问题上，都会有某些人最关心这些问题并且对之谈论得最多"（拉扎斯菲尔德，2012：43）；这些人被研究者称为"意见领袖"。在拉扎斯菲尔德看来，意见领袖是"一些看起来对议题持有兴趣并且擅长表达的选民，他们不仅能够给出政治性的建议，甚至还竭力改变其他人的想法"（拉扎斯菲尔德，2012：8）。归纳起来，意见领袖是指"在信息传递和人际互动过程中少数具有影响力、活动力的人"（刘志明、刘鲁，2011）。研究的初始，意见领袖只存在于总统选举和政治活动中，后来扩展至多种议题中，卡茨和拉扎斯菲尔德（2016）在《人际影响》一书论述了四类意见领袖：日用品购买领袖、时尚领袖、公共事务领袖以及电影观看领袖。

意见领袖研究中的一个关键问题是意见领袖的测量和识别。卡茨和拉扎斯菲尔在《人际影响》一书中，论及意见领袖时，强调了生命周期、兴趣、合群性以及社会地位的影响。卡茨在1957年的一篇文章中，说明了识别意见领袖的三种特征：个性、能力和社会地位（Katz，1957）。1971年，罗杰斯在《创新的传播》一书中，将拉扎斯菲尔德等人的两级传播论，扩展为多级传播论；同时，罗杰斯在该书中从人口特征、个人特征、媒介接触以及社会背景等多方面对意见领袖进行了界定。

随着互联网和社交媒体的发展，社交媒体中的意见领袖识别成为研究重点。其中，用户的影响力成为识别意见领袖的关键。在对推特的研究中，研究者较多使用粉丝数量和转发数量来衡量用户影响力（Kwak et al.，2010），而查等人（Cha et al.，2010）的研究采用了入度、转发量和提及量三个指标。在另一些研究中，用户活跃度是识别意见领袖的重要指标，比如丁汉青等人识别SNS意见领袖时即包含"活跃性"；而刘志明和刘鲁则同时利用用户影响力和用户活跃度来识别意见领袖。

作为社交媒体上的重要主体，意见领袖极有可能影响个人议程设置（媒体议程与个人议程的关系）过程。在这一过程中，社交媒体上的意见领袖议程有可能与媒体议程存在复杂关系，可能影响公众议程，也可能直接影响个人议程。因此，本书研究还有一个重要研究问题：

RQ3：意见领袖在个人议程设置过程中起到什么样的作用？

第四章

方法与路径

第一节　数据来源

本书研究数据为推特平台的抽样数据，媒体内容和受众内容存在于同一个平台，弥补了传统议程设置研究中媒体内容分析与受众调查割裂的问题。同时，数据的整体性与代表性使得本书研究结果更具推广性与解释力。

一、数据获取方法

本书研究推特数据来自复旦大学自然语言处理实验室，原始数据获取通过推特开放接口而得，数据抓取时间为 2015 年 10 月至 2016 年 3 月。数据抓取规则如下：① 用户 ID 抓取。研究者首先随机选择 10 个种子用户，然后抓取这 10 个用户关注账号的 ID，再抓取关注账号所关注的账号 ID，不断迭代，共抓取用户 ID 数 4 067 480 个。② 抽样。研究者对已抓取的约 400 万用户 ID 进行抽样，按 6％的比例随机抽取了244 252 个用户 ID。③ 推文抓取。研究者按照抽样后的用户 ID 文件对用户的推文数据进行抓取，共获得推文 344 758 679 条，平均每位用户 1 411.49 条推文。

所得数据的时间跨度为 2006 年 3 月至 2016 年 3 月，由于本研究的目的是考察一段时间内推特媒体能否影响推特普通用户对公共问题重要性的认知，并非为了考察 10 年内推特平台上议程设置效果的变迁。10 年的分析中可能存在议题过于分散的问题，加之前几年推特用户量有限，代表性不足。故此，我们选取数据中最近完整的一年，即 2015 年的全年推文作为本研究的数据，共含推文 71 771 616 条。

二、字段特征

每条推文至少含有 65 个字段，分为两部分：推文字段和用户字段。主要的推文字段和用户字段如表 4-1 所示，其中最为重要的几个字段有推文内容、点赞数、转发数、粉丝数、朋友数、推文数等。

表 4-1　主要的推文字段和用户字段

	推 文 字 段		用 户 字 段	
	字 段 名	含　义	字 段 名	含　　义
1	text	推文内容	verified	是否认证
2	favorited	是否被点赞	description	用户描述
3	favorite_count	点赞数	followers_count	粉丝数
4	retweeted	是否被转发	friends_count	朋友数
5	retweet_count	转发数	statuses_count	推文数
6	source	推文来源	listed_count	参与话题数
7	geo	地理位置	name	用户名
8	in_reply_to_status_id	转发的推文 ID	screen_name	显示用户名
9	lang	推文语言	lang	用户语言
10	created_at	推文创建时间	created_at	账号创建时间

本研究的数据具有两个明显的特点。其一，整体性，以往的议程设置研究一般针对一个领域（如选举）或某一个议题而进行，而本研究的数据是一种全年全平台的抽样数据，这使得本研究具有覆盖所有领域或所有议题的可能。当然，只有具有较高比例的议题才能进入本研究的考察范畴。其二，代表性，本研究的数据并非对推特的主观取样，而是在形成用户 ID 库的基础上的随机抽样；虽然并不是严格的简单随机抽样，却是对简单随机抽样的一种趋近，应具备对推特平台较好的代表性，这也将使得本研究结果具备一定的可推广性。

第二节 概念测量

本书研究的概念测量主要针对社交媒体上的四种议程（媒体议程、公众议程、意见领袖议程和个人议程）和三类影响因素（宏观条件、议题性质和个人特征）。我们在宏观条件中主要考虑了时间条件对公众议程设置的影响，对时间条件的测量较为简单，此处不再详述。

一、四种议程的测量

社交媒体上的媒体议程、公众议程、意见领袖议程和个人议程是本研究的四个核心概念。社交媒体公众议程设置考察的是媒体议程对公众议程的影响；社交媒体个人议程设置考察的是媒体议程对个人议程的影响。在测量四种议程之前，需要明确两个概念，即议题和议程。本研究中的议题是指"具有冲突性且被披露的社会公共问题"；议程是指"某个时点上议题显要性的等级排列"。

社交媒体上的媒体议程是指"某个时点上媒体报道中的议题显要性的等级排列"。本研究所涉及的媒体是指专业的媒体组织，不包括个人账号或"自媒体"。推特平台的分析中，本研究在识别媒体账号时主要基于用户的自我描述和是否被推特官方认证；用户自我描述中含有与新闻媒体相关的词汇[1]并被推特官方认证的账号为媒体账号。媒体议程的测量主要基于媒体账号对某一议题的报道数量。研究中我们先计算每个媒体对相关议题报道的频数，然而对所有被纳入分析的媒体进行累加，对累加数据进行排序或排秩，得到媒体议程。

社交媒体上的公众议程与个人议程是两个既存在明显关联也存在显著区别的两个概念，对这两个概念的测量需要先操作化人内议题显要性和人际议题显要性。人内议题显要性和人际议题显要性是个人议题显要性的两个维度，人内议题显要性是"来自人内认知的显要性"；人际议题显要性

---

[1] 词汇包括：News，Television/TV，Newspaper，Radio，Cable，Broadcast，Magazine，Journal，Media，Journalism，Press 等（不区分大小写）。

是"来自人际讨论的显要性"。在推特平台上，人内个体认知主要体现于用户发表的原创推文，而人际讨论主要体现于用户的转发和评论。因此，人内议题显要性操作化为"某一用户发表的原创内容中涉及各议题的频数及其排序"；人际议题显要性操作化为"某一用户的转发或评论中涉及各议题的频数及其排序"。

社交媒体上的公众议程是指"社交媒体公众中的议题显要性的等级排列"；社交媒体上的个人议程是指"社交媒体个人中的议题显要性的等级排列"。公众议程并不考虑人际议题显要性，公众中的议题显要性其实是人内议题显要性的加总。个人议程同时考虑人内议题显要性和人际议题显要性，是一种个人层面的研究，不进行累加。如图 4-1 所示，根据人内议题显要性和人际议题显要性的操作化定义，我们在测量公众议程时，先测量每个用户发表的原创推文中涉及各议题的频数，然后将每个用户的频数累加为总体数据，形成一个公众议程。我们在测量推特个人议程时，先分别测量一个用户发表的原创推文中涉及各议题的频数和该用户的转发与评论中涉及各议题的频数，将这两种频数相加，形成多个个人议程。

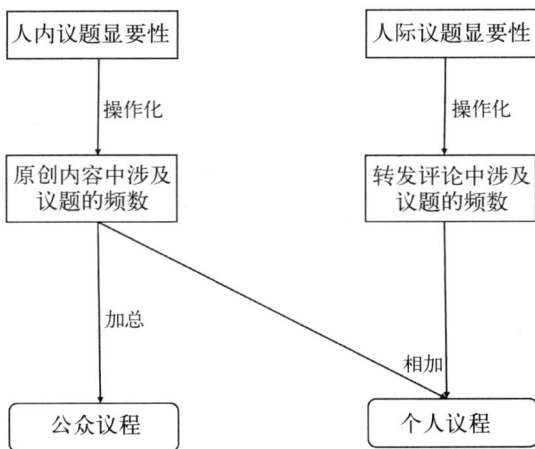

图 4-1　推特公众议程和推特个人议程的测量

社交媒体中的意见领袖议程是由意见领袖发表的推文构成的议程。我们参照刘志明和刘鲁（2011）的研究，认为意见领袖是"特别活跃"，且具有"极大影响力的用户"。识别意见领袖时，我们综合考虑用户影响力和用户活跃度，本研究测量用户影响力时采用了"粉丝数"和"转发数"两个指标，测量用户活跃度时采用了"推文数"和"参与话题数"两个指标，并且这四个指标权重应该近似。应用这一算法，我们取权重前 5％的推特用户为推特意见领袖，共得意见领袖 3 805 位。由 3 805 位意见领袖发表的推文构成了本研究的意见领袖议程。

二、议题性质的测量

议题性质是影响公众议程设置效果的重要因素。本研究将主要考察两类议题性质的影响，即议题强制性和议题抽象性。

议题强制性是指"公众对议题直接经验的多少"（Zucker，1978）。公众有直接经验的议题称为强制性议题；公众难以亲身体验的议题称为非强制性议题。以往的议程设置研究中，研究者一般将议题强制性操作化为一个二分变量，其取值为"强制/非强制"。明显地，以其定义而言，议题强制性应该是一种连续统一体，故本研究分 10 级对议题的强制性程度进行打分，因此，议题强制性的取值范围为 [1，10]，且本研究假定议题强制性每两个相邻取值的间隔相等，即将议题强制性操作化为一种连续的数值型变量。为与以往研究对照，我们将取值范围 [1，5] 的议题界定为非强制性议题；取值范围为 [6，10] 的议题界定为强制性议题。

议题抽象性是指"公众理解议题的程度"（Yagade & Dozier，1990）。容易被公众理解的议题称之为具体议题；难以被公众理解的议题称之为抽象议题。与议题强制性类似，从定义上看，议题抽象性应操作化为连续的数值型变量，然而已有研究一般将其操作化为一种二分的类别型变量，取值为"抽象/具体"。为体现其定义的连续性，本研究也将对所研究议题的抽象性程度进行 10 级打分，得分越高，抽象性程度越高。其中，议题抽象性程度取值为 [1，5]，则界定为具体议题；议题抽象性程度取值为 [6，10]，则界定为抽象议题。

三、个人特征的测量

本研究涉及以下个人特征：用户影响力、用户活跃度、文本长度、采纳时间。

　　用户影响力是指"一个用户对其他用户产生影响的可能性"（刘志明、刘鲁，2011）。在对推特的研究中，研究者一般采用用户的粉丝数和用户推文的转发数来衡量用户影响力（Kwak et al.，2010）。这是一种较为成熟的测量方案，本研究将沿用这一方案。用户的粉丝数是指其他用户关注该用户的数量；用户的转发数是指某一用户发表的所有推文的平均转发数量。根据夸克等人（Kwak et al.，2010）的研究，粉丝数和转发数应具有同等重要性。不过粉丝数和转发数可能存在量纲上的差异，因此粉丝数和转发数经归一化之后相加得到用户影响力，即"用户影响力＝（归一化的粉丝数＋归一化的转发数）/2"。

　　用户活跃度是指用户"参与话题讨论的积极性（程度）"（丁雪峰，等，2010）。因推特用户活跃度的研究较少，我们借鉴对微博及其他社交媒体上的活跃度研究。比如丁汉青等人（2010）的研究认为"活跃性"应包含"一级发帖数""二级发帖数"和"发帖频率"三个指标。而刘志明和刘鲁（2011）认为微博用户活跃度应包含四个指标，即"发表微博数量""自回帖行为""回复他人帖子数"以及"活跃天数"。对推特用户的活跃度测量可以参考的是"发帖数"或"发表微博数量"，在推特中为发表"推文数"；其他几个指标并不适用于推特。另外，推特存在一个名为"参与话题数"的指标，而用户活跃度考察的即是参与话题讨论的积极性程度，因此"参与话题数"这一指标应纳入对推特用户活跃度的测量。"参与话题数"是指用户发表的推文中含有推特话题的数量，推特中的话题以"♯"为标识。"参与话题数"可以直接测量用户活跃度，而"推文数"是用户活跃度研究中的核心指标，因此这两个指标也应具有同等重要性。类似地，"推文数"和"参与话题数"可能存在量纲上的差异，须归一化之后相加，即"用户活跃度＝（归一化的推文数＋归一化的话题数）/2"。

　　文本长度是一种平均概念，指的是某一用户发表的所有推文的平均字符数，是一种个体特征，而非文本特征。文本长度从测量上说是较为简单的，我们先计算某一用户的某一条推文的字符数，然后平均字符数即得。

　　推特采纳时间是用户第一次使用推特时间的早晚，或者说是已使用推特时间的长短。据创新扩散理论，采纳时间的不同是用户面对推特这一创新时的创新性的不同，罗杰斯（2016：197）按创新性将用户划分为 5 类：创新先驱者、早期采用者、早期大众、后期大众和落后者。采纳时间越早，越可能是创新先驱者；采纳时间越晚，越可能是落后者。本研究测量推特采纳时间的方法是测量用户已使用推特时间的长短（单位：日）。由于我们的数据分布于 2015 年全年，无法根据一条推文来确定已使用推特的时间；我们先计算每条推文创建时间与该用户的账号创建时间的间隔，然后计算该用户所发的所有推文的平均间隔（单位：日），即为推特采纳时间。

第三节 数据分析

本书的数据分析主要包括两部分，第一部分是利用文本挖掘和主题建模技术对推特中的议题进行识别；第二部分是利用交叉时滞相关分析、工具变量等统计技术对媒体议程、个人议程、公众议程和意见领袖议程的关系进行分析。

一、文本挖掘与主题建模

（一）文本挖掘技术的优势

社交媒体上的个人议程设置研究也面临方法上问题，传统的"媒体内容分析＋受众抽样调查"变得不再适用。社交媒体上对媒体和受众的分析均基于文本，受众抽样调查变得没有必要，而传统的内容分析本身就面临问题：① 研究者虽然通过各种方式尽可能地排除内容分析的主观性，但这种主观性一直存在（彭增军，2012），并且有可能影响研究结果；② 内容分析法难以对大规模文本进行有效的处理和分析。

令人可喜的是，大数据文本挖掘技术（如主题建模技术和情感分析技术）的发展使得对大规模文本的自动化分析成为可能。文本挖掘是从大量文本的集合或语料库中抽取事先未知的、可理解的、有潜在使用价值的模式和知识（Feldman & Dagan，1995）。文本挖掘技术具有以下特征。

（1）能够处理大规模的数据。社交媒体平台上的数据量巨大，数以亿计或达 TB 级。本研究中推特数据的原始数据量为 3.4 亿条推文，传统的内容分析法无法对此进行分析。然而，借助大规模、分布式的文本挖掘技术，对大规模数据的处理成为可能。

（2）针对文本。文本是一种非结构化的数据，而文本挖掘技术和算法是针对文本而研发的，大致可以分为两类：一类是借鉴结构化数据的分析方法，将非结构化的文本数据结构化后进行处理；另一类是直接处理非结构化的文本数据。无论如何，文本挖掘能够从文本中抽取出潜在语义和知识。

（3）自动化。文本挖掘算法是机器学习技术的一种，它应用算法自动地对文本进行分类或聚类，算法运行过程中，并不需要人工参与，可以大幅度地节省人力、物力。

（4）客观。由于算法运行过程中不需要人工参与，自然这一过程也就别除了人工编码的主观性。特别是无监督的文档聚类算法中，几乎没有人工参与的痕迹，因此其客观性明显高于传统内容分析。

（二）主题建模技术应用于议程设置研究

文本挖掘主要包括文本分类和文档聚类两类技术，其中主题建模技术即属于文档聚类技术。本研究将应用主题建模技术对推特中的议题进行识别。主题建模技术是一种潜在语义分析技术，在词条与文档之间生成一些潜在语义（主题），每个主题对应许多词的概率分布，同时每个主题体现于多个文档中。主题模型的基本思想认为"文本是由多个主题混合而成的，而主题是特征词上的一种概率分布，即每篇文本是主题的混合分布，而每一个主题是一组特征词的混合分布"（王燕鹏，2017）。说到底，主题模型是对文档相似度的一种衡量。传统的对文档相似度的检测方法（如 TF - IDF、K - Means 聚类）是用特征词来表示文档，文档的相似性的大小取决于两个文档共同出现的特征词的多少。然而 TF - IDF 和 K - Means 聚类的方法没有考虑特征词背后的语义关联，即两个文档存在很少或没有共同出现的词时，也可能相似度极高。比如以下两个文档：

D1："2009 年 5 月 18 日，美国享有盛名的哈佛大学发生枪击案。"

D2："几天后，波士顿警察加强巡逻。"

如果从 TF - IDF 或 K - Means 聚类的角度看，由于 D1 和 D2 没有共现的特征词，这两个文档应该不相关。然而，从语义上看，这两个文档明显存在关联。而对语义的挖掘，主题模型是一种利器；可以说，"社会治安"这一主题同时出现在文档 D1 和 D2 中，所以，D1 和 D2 应该相关。

相对于 TF - IDF 或 K - means 聚类以特征词表示文档，主题模型是以主题表示文档的。文档是主题的概率分布，而主题是特征词的概率分布，主题其实是一种潜在语义。文档、特征词和主题的关系可表示如下：

$$P(特征词 \mid 文档) = \sum_{主题} P(特征词 \mid 主题) \times P(主题 \mid 文档)$$

式中，P（特征词 | 文档）表示文档中特征词出现的概率，P（特征词 | 主题）表示主题中特征词出现的概率，P（主题 | 文档）表示文档中主题出现的概率。

议题更趋近于一种语义，而非简单的不同类别的事件或问题。明显地，TF - IDF 和 K - Means 聚类的方法并不适用于识别作为语义的议题，而主题建模能够识别潜在语义，是进行议题识别的较好方法。实际上，已有研究者将主题建模技术用于识别议题。比如，裴勇焕等人（Bae et al.，2014）就利用主题建模技术识别推特议题，并对每日议题进行可视化，实验数据为 2013 年韩国推特中的近 1.5 亿条推文。遗憾的是，裴勇焕等人的研究并没有对主题建模的结果做出评价。格里默（Grimmer，2009）采集了美国众议院议员发布的超过 64 000 篇的新闻稿，应用主题建模技术对新闻稿的议程进行识别。该研究识别了包含"外交政策""能源""健康"等议题在内的 44 种议题。更为重要的是，通过与专业的人类编码员的对比，研究发现主题建模所得的结果要优于人类编码结果。另外，据洪和戴维森（Hong & Davison，2010）的研究，推特上的主题建模的平均准确率为 82.91%，最高准确率为 95.83%。研究者通过调整参数，一般来说准确率可以超过 90%，基本上满足研究所需。也就是说，在推特中利用主题建模识别议题不仅具有较高的准确度，而且其结果要优于人类编码。由于具备这些优势，主题建模技术是能够应用于推特等社交媒体上的议题识别的。

（三）本研究的主题建模过程

本研究将应用 LDA（latent dirichlet allocation）主题建模技术对推特中的议题进行识别。主题建模过程中的数据预处理和处理主要基于 Python

语言，工具为 MongoDB 和 GraphLab。主题建模和议题识别的具体步骤如下。

（1）利用 MongoDB 存储数据。MongoDB 是一种基于分布式文件存储的数据库，可以存储比较复杂的数据，是大规模数据存储和处理的良好依托。本研究的原始数据超过 3 亿条，未压缩情况下数据量达 TB 级，普通关系型数据库（如 MySQL）难以存储和处理；而使用 MongoDB 可以较为方便地对本研究数据进行存储、查询以及初步的处理。通过查询的方法，从超过 3 亿条的原始数据中抽取出 2015 年的数据，并去除非英文推文，得到超过 7 000 万的分析数据，精确值为 71 771 616 条。

（2）数据预处理。数据预处理是为正式的 LDA 建模做准备，主要工作是分词和将文档转换为词袋，如图 4-2 所示，词袋中的词没有先后顺序之分，只有词及其权重。完成文档到词袋的转换之后，还需要对词袋做进一步处理，如去停止词（stopwords），这些词没有实际意义，会干扰 LDA 建模，如图 4-2 中，the、at 之类的词即为停止词，需要排除。对推特的分析中，本研究将识别 100 个议题，考虑到需要测量推特个人议程，如果某一用户 2015 年发表推文少于 100 条，则可能造成估计的偏差，故将发表推文少于 100 的用户排除。因此，最后进入 LDA 建模的推文总数为70 004 675 条，账号总数 79 077 个。

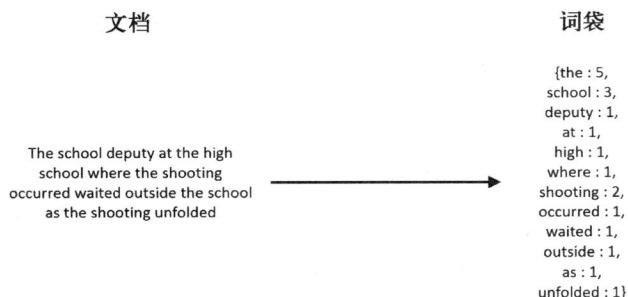

文档　　　　　　　　　　　　　　　　　词袋

The school deputy at the high
school where the shooting
occurred waited outside the school
as the shooting unfolded

{the : 5,
school : 3,
deputy : 1,
at : 1,
high : 1,
where : 1,
shooting : 2,
occurred : 1,
waited : 1,
outside : 1,
as : 1,
unfolded : 1}

图 4-2　文档转换为词袋示意图

（3）LDA 建模与调参。数据预处理后，进入正式的建模与调参阶段。本研究进行 LDA 建模的工具包是 GraphLab 2.1（由 Python 调用），建模时先随机选取 10%（约 700 万）的数据建立模型，然后利用模型预测约7 000 万条推文所对应的主题。经过不断调参，最后确定的 LDA 模型的基本参数如下：α（alpha）＝0.1；β（beta）＝0.1；主题数＝100；求解方法为吉布斯采样（Gibbs sampling）；迭代次数＝100。

（4）议题识别与命名。对推特的研究中，主题建模所得的 100 个主题并不是每个主题都将纳入我们的考察范围，须考虑以下两种情况：① 存在一些意义不明的主题，这些主题无法被命名，当然也就无法被理解和分析；② 本研究的核心研究对象是议题，而根据我们对议题的定义，议题是"在重要性上有冲突且已被披露的社会问题"，即意味着议题必须是被披露的公共问题，如果是私人问题，则不在本研究的考察范围之内。主题建模所得的一些主题，如关于穿着、家庭关系，基本不具备公共性。议题的命名需要剔除意义不明的主题和私人问题。

（四）议题命名

已有不少研究者采用主题建模的方法以识别议程或议题（如 Bae et al.，2014），并且有研究者通过与专业的人类编码的对比发现主题建模的结果优于人类编码结果（Grimmer，2009）。据 Hong 和 Davison（2010）的研究，推特上的主题建模的平均准确率为 82.91％，最高准确率为95.83％。研究者通过调整参数，一般来说准确率可以超过 90％，基本上满足研究所需。这些研究表明，通过主题建模识别议题是可行和可信的。

为了使得主题建模的结果与议题的概念相契合，研究排除与议题相冲突的主题建模结果，比如"家庭关系"等私人问题，最后得到 36 个议题，如表 4-2 所示。

本研究对议题的命名综合考虑了主题建模结果（见附录 1）与已有文献。本研究所选取的已有国外文献都在 2015 年前后（2014～2017 年），这与本研究采用 2015 年的数据基本契合。命名依据的 8 种文献，其中两种来自调查机构，盖洛普（Gallup，2017；文献［1］）和皮尤（Pew，2015；文献［2］）；其他 6 种均为学者的研究，分别来自戈多（Godeaux，2014；文献［3］）、郭和瓦戈（Guo & Vargo，2015；文献［4］）、罗格斯塔（Rogstad，2016；文献［5］）、温纳（Wenner，2014；文献［6］）、张和李（Jang & Lee，2014；文献［7］）以及班提玛罗迪斯等人（Bantimaroudis，2014；文献［8］）。

表 4‐2　本研究的议题命名与文献依据

排序	本研究议题命名	相关议题与文献来源
1	健康问题	健康 [5]；健康花费 [2] [3]；医疗保健 [1] [4]
2	恐怖主义	恐怖主义 [1] [2] [3] [4] [5]
3	税收问题	税收 [1] [4]；税制改革 [2] [3]
4	种族问题	种族问题 [1] [3]；种族关系 [2]
5	全球贸易	全球贸易 [2] [3]；国际贸易 [1]
6	气候变化	气候变化 [3] [5]；全球变暖 [2]
7	政府活动	对政府不满 [1]；政治活动 [4]
8	性别问题	性别歧视 [3]；性别平等 [5]
9	教育问题	教育 [1] [3] [4] [5]
10	社交媒体	媒体 [1]；媒体与网络 [4]
11	就业问题	失业与就业 [1]；失业 [3]
12	自然灾害	自然灾害 [3]；灾难 [4]
13	能源问题	能源 [1]；能源消耗 [3]
14	犯罪问题	犯罪 [1] [3] [5]
15	治安问题	社会治安 [1] [2]
16	政治争论	党派之争 [3]
17	动物问题	动物福利 [5]
18	商界领袖	华尔街 [3]
19	城市问题	基础设施 [4]
20	交通问题	交通 [2]
21	民族问题	民族问题 [1]
22	难民问题	难民 [1]
23	商业技术	前沿技术 [1]
24	收支问题	收入问题 [1]
25	司法问题	司法系统 [1]
26	体育赛事	体育 [6]
27	气象状况	天气 [5]
28	总统选举	选举 [1]
29	医学研究	药物 [2]
30	宗教问题	宗教 [4]
31	流行音乐	流行音乐 [7]；文化产品 [8]
32	游戏问题	文化产品 [8]
33	影视明星	文化产品 [8]
34	演艺活动	文化产品 [8]
35	太空探索	
36	移动设备	

注：[1] [2] [3] [4] [5] [6] [7] [8] 分别为制表时参考的文献。

如表 4-2 所示，本研究绝大多数议题已在所列的 8 种文献中有所涉及。有些议题或类似议题在多种文献中出现，比如"恐怖主义"这一议题出现在 5 种文献中。对于这些明显出现在已有文献中的议题，结合主题建模的结果，对其命名基本没有争议。然而，有些议题虽然在已有文献中出现，但相关性有限。比如"城市问题"，文献［4］考察了"基础设施"，与"城市问题"相关，但相关性不高。此时，议题的命名将主要依据主题建模的结果。另外，"流行音乐""演艺活动""影视明星"和"游戏问题"在其他的议程设置研究中涉及的可能性较低；然而，有研究者提出了与"政治议程设置"相对应的"文化议程设置"，并将"文化产品"作为其主要考察对象（Bantimaroudis，2014）。音乐、演艺活动、影视和游戏均属于"文化产品"的范畴，并在推特上有相当的讨论，故而分别将其命名为"流行音乐""演艺活动""影视明星"和"游戏问题"。有两个议题，即"太空探索"和"移动设备"在 8 种文献中没有涉及。实际上，推特平台上一直存在对"航天""宇航""空间站""卫星"等问题的讨论，只是较少进入议程设置研究者的视野。而"移动设备"是近年来新兴的一种议题，相关研究特别是议程设置研究比较罕见。因此，"太空探索"和"移动设备"的命名主要依据的是主题建模的结果。

二、统计分析与建模

（一）从斯皮尔曼秩相关到皮尔逊相关

皮尔逊相关（Pearson's r）又称皮尔逊积矩相关，考察的是两个连续的数值型变量的线性相关程度。假定两个数值型变量 X 和 Y，则皮尔逊相关系数 r 为：

$$r = \frac{\sum_{i=1}^{n}(X_i - \bar{X})(Y_i - \bar{Y})}{\sqrt{\sum_{i=1}^{n}(X_i - \bar{X})^2}\sqrt{\sum_{i=1}^{n}(Y_i - \bar{Y})^2}}$$

其中，n 为样本量，X_i 和 Y_i 是两个变量的观测值，$\bar{X}$ 和 $\bar{Y}$ 是两个变量的样本均值。皮尔逊相关系数 r 的取值范围为 $[-1, 1]$，$r > 0$ 时，X 与 Y

正相关，r 越趋近于 1，相关系数越大；$r < 0$ 时，X 与 Y 负相关，r 越趋近于 -1，负相关性越强。

本研究中，皮尔逊相关分析主要应用于考察社交媒体上媒体议程和公众议程的相关程度以及考察媒体议程对个人议程的影响程度（个人议程设置效果）。对个人议程设置效果更为合理的考察应该通过 OLS 回归，不过当 OLS 回归模型只有一个自变量（媒体议程）时，该自变量的标准化回归系数与两个变量的皮尔逊相关系数等同；且皮尔逊相关系数计算简单，因此本研究利用皮尔逊相关系数，以衡量个人议程设置效果。

而对于媒体议程和公众议程相关程度的考察，传统研究中多以斯皮尔曼秩相关系数衡量之。皮尔逊相关和斯皮尔曼相关的最大差异在于对数据类型的限定，皮尔逊相关分析中涉及的变量必须是连续的数值型变量，而斯皮尔曼相关只需要排序或排秩信息。然而在对传统媒体的研究中，研究者很难获得媒体议程中各议题的绝对频数。其中一种原因在于传统媒体内容分析中分析单位的权重并不相同。比如对报纸的内容分析，其基本分析单位一般为篇，然而每篇报道本身就存在字数的差异，不同版面的报道以及同一版面不同位置的报道具有不同的重要性。研究者很难确定每篇报道的绝对权重，也就很难获得一个议题的绝对权重，而斯皮尔曼相关系数限制较少，不需要精确的频数，因此经常被研究者采用。不过在对社交媒体的研究中，研究者更多地采用了皮尔逊相关系数（Cheng & Chan，2015）。每条推文理论上具有相似的重要性，分析单位权重的一致，使得我们可以获得每一用户涉及某一议题的绝对频数，因此，皮尔逊相关系数成为更为合理的统计量。

（二）交叉时滞相关

交叉时滞相关（cross-lagged correlation analysis）是议程设置研究中用以考察关系方向（媒体议程影响公众议程还是公众议程影响媒体议程）的经典方法，一般与罗泽尔-凯贝尔基线（Rozelle-Campbell baseline）相配合。令 X 为媒体议程，Y 为公众议程，1 为前一时间段，2 为后一时间段，P 为相关系数。如图 4-3 所示，同一时间段不同议程之间的相关称为"同步相关"，即 PX_1Y_1 和 PX_2Y_2；同一议程的不同时间段的相关称为"稳定相关"，即 PX_1X_2 和 PY_1Y_2；不同议程不同时间段的相关称为"交叉相关"，即 PX_1Y_2 和 PY_1X_2。交叉时滞相关分析的重点在于"交叉相关"，如果 $PX_1Y_2 > PY_1X_2$，则说明更可能是媒体议程影响公众议程，而非公众议程影响媒体议程。

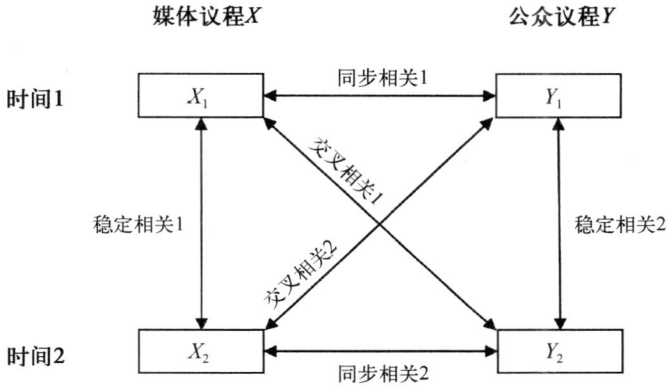

图 4-3 交叉时滞相关分析示意图

显然，简单的"交叉相关"的比较没有考虑"稳定相关"和"同步相关"的影响，罗泽尔-坎贝尔基线的计算正是基于这样一种考虑。罗泽尔-坎贝尔基线的计算式为：

$$\text{R-C baseline} = [(PX_1Y_1 + PX_2Y_2)/2]$$
$$\{[(PX_1X_2)^2 + (PY_1Y_2)^2]/2\}^{1/2}$$

在交叉时滞方向相关系数（PX_1Y_2 或 PY_1X_2）显著的前提下，如果 $PX_1Y_2 > \text{R-C baseline} > PY_1X_2$，则说明媒体议程（$X$）影响公众议程（$Y$）；如果 PY_1X_2 未达显著，则只需 $PX_1Y_2 > PY_1X_2$ 且 $PX_1Y_2 > \text{R-C baseline}$。相反，如果 $PY_1X_2 > \text{R-C baseline} > PX_1Y_2$，则说明公众议程（$Y$）影响媒体议程（$X$）。如果 $PX_1Y_2 > \text{R-C baseline}$ 且 $PY_1X_2 > \text{R-C baseline}$，则意味着媒体议程（$X$）和公众议程（$Y$）的相互影响。

（三）OLS 回归

OLS（Ordinary Least Square）回归，是利用最小二乘估计法对参数进行估计的一种常用回归分析技术。OLS 回归是用于考察一个或多个自变量对因变量是否有显著影响的统计技术，数学表达式可为：

$$Y = \beta_0 + \beta_1 X_1 + \beta_2 X_2 + \cdots + \beta_k X_k + \epsilon$$

式中，X_1，X_2，$\cdots$，X_k 为影响因变量 Y 的自变量，β_1，β_2，$\cdots$，β_k 为回归系数，表示各自变量的斜率，常数 β_0 表示截距，ϵ 为误差项。

　　本研究主要应用 OLS 回归考察个人特征对个人议程设置效果的影响。议题强制性和议题抽象性操作化为数值型变量时，也可应用 OLS 回归分析考察两种议题性质对公众议程设置效果的影响。媒体议程对个人议程的影响程度分析也应构建 OLS 回归模型，不过由于其标准化回归系数等同于皮尔逊相关系数，故以皮尔逊相关系数取代之。

（四）工具变量法与时间序列回归

　　在考察媒体议程对公众议程影响时很有可能会遇到内生性的问题。内生性问题可能来源于：① 解释变量和被解释变量互为因果或反向因果；② 忽略重要变量；③ 测量误差（王存同，2017：43）。而媒体议程和公众议程是有可能存在相互影响的，这就导致内生性问题，而内生性问题导致 OLS 模型中的正交假定不成立；正交假定不成立则意味着如果应用 OLS 回归模型考察推特媒体议程对推特公众议程的关系时，参数估计是有偏差的。

　　研究者一般利用工具变量法或倾向值分析对内生性问题进行校正处理。本研究将应用工具变量法考察媒体议程对公众议程的影响，采用的估计方法为 2SLS（Two Step Least Square），即两阶段最小二乘法。2SLS 回归的步骤为：

　　第一阶段，以内生解释变量 X 对工具变量 Z 做回归，即

$$X = \alpha_0 + \alpha_1 Z + \epsilon_1$$

　　第二阶段，以被解释变量 Y 对第一阶段回归所得 X 的估计值做回归，即

$$Y = \beta_0 + \beta_1 \bar{X} + \epsilon_2$$

其中 $\bar{X}$ 为 X 的估计值，ϵ_1 和 ϵ_2 均为误差项。

　　2SLS 回归的一个关键在于找到合适的工具变量，一个有效的工具变量应满足有效性条件（工具变量与内生解释变量高度相关）和外生性条

件（工具变量与被解释变量不相关）。时间序列回归自罗杰斯和迪林（Rogers & Dearing，1990）应用于艾滋病议题的研究后，成为确定设置方向和时滞的重要方法。不过本研究已经应用交叉时滞相关进行影响方向和时滞的分析，本研究将主要应用时间序列回归（主要是一阶自回归）以配合 2SLS 回归寻找和确定工具变量。

第五章

推特公众议程设置

第一节　推特上的媒体议程与公众议程

推特媒体议程与推特公众议程是本书的四个核心变量中的两个。推特公众议程设置研究主要考察的是推特媒体议程与推特公众议程的关系。下文我们将首先描述两种议程的基本状况，然后分析两种议程的关系。

一、基本描述

本书研究的推特媒体议程由 2 817 个媒体账号、1 530 970 条推文组成；推特公众议程共由 72 344 个账号、10 739 597 条推文组成。需要说明的是，我们所说的媒体指的是专业的媒介组织，不包含个人或自媒体。

如表 5-1 所示，可以发现推特媒体议程最为关注的议题是"体育赛事"，占比 8.68%；另外，还有 2 个议题占比超过 5%，即"流行音乐"（6.80%）和"教育问题"（5.83%）。推特媒体议程中，占比最低的是"气象状况"议题，仅为 0.85%；另外，"商业技术"议题占比也低于 1%，为 0.90%。

推特公众议程最为关注的议题也是"体育赛事"，占比 6.95%；超过 5% 的议题还有"社交媒体"和"交通问题"，分别占比 6.58% 和 5.29%。推特公众关注度最低的议题是"移动设备"，为 1.33%；"司法问题"关注度稍高于"移动设备"，占比 1.39%。

表 5 - 1 推特媒体议程与推特公众议程对比

议 题	媒 体 议 程			公 众 议 程			排序差异
	频数	占比/%	排序	频数	占比/%	排序	
气象状况	13 014	0.85	36	360 347	3.36	9	27
政府活动	50 800	3.32	10	191 392	1.78	31	21
全球贸易	47 938	3.13	14	170 245	1.59	33	19
恐怖主义	62 941	4.11	7	211 526	1.97	24	17
难民问题	19 183	1.25	30	279 387	2.60	14	16
教育问题	89 206	5.83	3	247 303	2.30	18	15
城市问题	18 693	1.22	31	260 187	2.42	17	14
演艺活动	25 187	1.65	24	316 379	2.95	11	13
宗教问题	20 257	1.32	29	266 375	2.48	16	13
税收问题	62 259	4.07	8	224 760	2.09	21	13
气候变化	41 608	2.72	17	485 470	4.52	6	11
太空探索	40 412	2.64	18	373 432	3.48	7	11
健康问题	25 988	1.70	23	311 937	2.90	12	11
治安问题	74 413	4.86	4	277 566	2.58	15	11
收支问题	48 119	3.14	13	213 855	1.99	23	10
动物问题	25 987	1.70	22	304 464	2.83	13	9
就业问题	16 310	1.07	34	205 854	1.92	25	9
影视明星	31 314	2.05	21	193 125	1.80	30	9
政治争论	48 876	3.19	12	227 055	2.11	20	8
司法问题	21 558	1.41	27	149 770	1.39	35	8
游戏问题	46 490	3.04	15	370 164	3.45	8	7
交通问题	51 163	3.34	9	567 630	5.29	3	6
商界领袖	44 254	2.89	16	214 518	2.00	22	6
自然灾害	31 630	2.07	20	202 565	1.89	26	6
移动设备	17 166	1.12	32	142 879	1.33	36	4
社交媒体	72 619	4.74	5	706 866	6.58	2	3
流行音乐	104 138	6.80	2	495 544	4.61	5	3
能源问题	23 208	1.52	25	199 068	1.85	28	3
总统选举	66 733	4.36	6	531 873	4.95	4	2
种族问题	49 332	3.22	11	327 806	3.05	10	1
医学研究	22 321	1.46	26	202 813	1.89	27	1
性别问题	20 741	1.35	28	198 190	1.85	29	1
犯罪问题	16 648	1.09	33	174 233	1.62	32	1
商业技术	13 752	0.90	35	157 844	1.47	34	1
体育赛事	132 958	8.68	1	746 571	6.95	1	0
民族问题	33 754	2.20	19	230 604	2.15	19	0
总 计	1 530 970	100.0		10 739 597	100.0		

二、议程对比

推特媒体议程与推特公众议程具有较强的一致性，这体现在两者议题显要性排序差异较小。媒体议程和公众议程在两个议题（"体育赛事"和"民族问题"）上排序完全一致，在其中 21 个议题上排序差异小于 10。媒体议程和公众议程中显要性最高的议题都是"体育赛事"，分别占 8.68% 和 6.95%；两种议程中，"犯罪问题"和"商业技术"的显要性都较低，[①] 均在 1% 左右。

推特媒体议程与推特公众议程具有较高的一致性并不意味着两者没有差异，比如"气象状况"在两种议程中的显要性差异极大。在媒体议程中，"气象状况"是报道程度最低的议题，但在公众议程中，"气象状况"排名第 9，是公众较为关注的一个议题。与此相反的是"政府活动"，媒体报道较多（排名第 10），但公众并不太关注该议题（排名第 31）。

第二节　推特上媒体议程与公众议程的关系

推特公众议程设置的基本假设为：推特媒体议程能够显著影响推特公众议程。对推特公众议程设置效果的考察可分两步进行：① 验证关系强度，即考察推特媒体议程与推特公众议程是否存在显著相关；② 验证关系方向，即考察是推特媒体议程影响了推特公众议程，还是推特公众议程影响推特媒体议程。

一、整体议程层面的关系强度

整体议程层面的相关分析考察的是推特整体媒体议程和推特整体公众

---

① "犯罪问题"和"商业技术"显要性较低，并不意味着这两个议题受到媒体或公众的关注程度低；显要性较低是相对高显要性的议题而言的，但显要性较低的议题受到的关注程度要远高于未被披露的社会问题。

议程的相关程度。整体议程分析指的是需要分析包含议程中的所有议题，这种整体议程是发生在一段时间内的。本书的数据是对推特 2015 年的全平台抽样，因此最大时间段为 2015 年全年，由 2015 年全年数据所得的媒体议程和公众议程的相关系数我们称之为"总体相关系数"。为了更精确和细致地考察整体议程层面的关系强度，我们将进一步考察两者（推特媒体议程和推特公众议程）每月的关系强度和每日的关系强度。

（一）总体相关系数

总体相关系数考察的是 2015 年全年的推特媒体议程和推特公众议程的相关程度，包含 36 个议题，涉及 2 817 个媒体账号、72 344 个普通用户账号。

经相关分析发现，2015 年全年推特媒体议程与推特公众议程的皮尔逊相关系数为 0.622（$Sig. < 0.001$），斯皮尔曼秩相关系数为 0.462（$Sig. < 0.01$）。两种指标都表明，推特媒体议程和推特公众议程在总体上存在显著相关，两种议程存在较高的一致性。以往的研究在两者关系的结果上有所争议，有的研究发现两者相关性程度低，甚至呈现负相关（如Frederick，2015）；有的研究在部分议题上发现了两者的一致性（如Vargo，2011）。本书之所以能够发现媒体议程和公众议程的一致性，原因可能在于：① 传统的公众议程设置研究极少有关于一段时间内社会总议程的研究，这种社会总议程的研究包含这一段时间内媒体报道或公众关注的所有议题；一般而言，所谓的整体议程其实是社会某个领域或某一部分的整体议程，而非社会总议程，比如选举；本书是对推特的全平台抽样，虽然与社会总议程仍然存在差距，但考察的是推特总议程，而非推特平台的某一部分内容；这也就意味着，推特媒体议程和推特公众议程虽然在某些事件、议题或领域中可能并不一致，但在总体上很有可能是一致的。② 在对推特的议程设置研究中，研究者考察的一些问题不是议题，而是私人问题，如饮食、情感；这些不具备或极少具备公共性的私人问题本不在议程设置的研究范围之内，私人问题不是议题，媒体也很少具备对这些私人问题设置议程的能力。如果将私人问题纳入分析，很可能降低推特媒体议程和推特公众议程的一致性。

（二）每月相关系数

推特媒体议程与推特公众议程在总体数据（全年数据）上的显著相关并不意味着两者在全年的任意一个时段均存在显著相关。为了更为精确地考察两种议程的关系强度，我们将首先考察两者是否在 2015 年的每个月份中均保持显著相关，结果如图 5-1 所示。

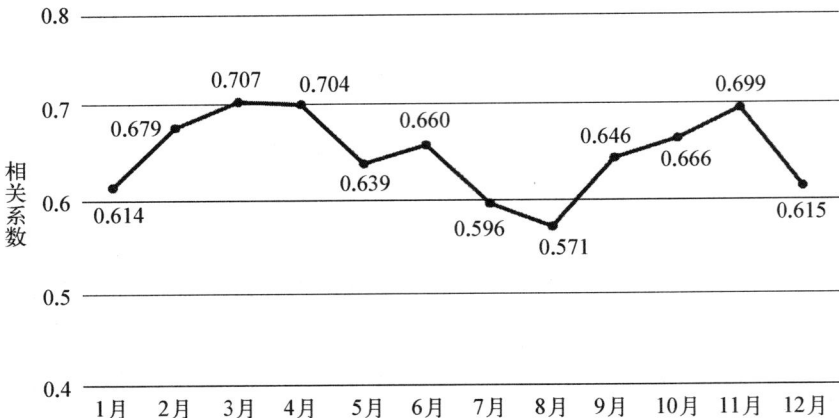

图 5-1　媒体议程与公众议程在 2015 年各月份上的相关系数

经皮尔逊相关分析，2015 年中每月推特媒体议程和推特公众都有 $Sig. < 0.001$，取值范围为 [0.571, 0.707]，极差为 0.136，变异系数 $CV = 6.83\%$。应该说，这是一种小范围的变动，各月中两种议程的相关系数差异不大，且均达显著。即 2015 年的每月中，推特媒体议程和推特公众议程均保持了显著相关。

（三）每日相关系数

前文的分析已然表明，推特媒体议程与推特公众议程在 2015 年以及 2015 年的每个月份中均具有较高的一致性。此处，我们进一步细分时间段，考察两种议程在每日中是否仍然具有一致性，结果如图 5-2 所示。经皮尔逊相关分析，2015 年中两种议程每日的相关系数取值范围在 [0.386, 0.912]，相关系数均值为 0.656，极差为 0.526，远大于月相关系数极差（0.136）；变异系数为 12.51%，远大于月变异系数（6.83%）。也就是说，媒体议程和公众议程在每日中的一致性有相当的变化和差异，个别日内，两种议程的显要性及其排序几乎完全一致，如 12 月 25 日；而在有些日子中，两种议程还是存在一定的差异，如 1 月 6 日和 8 月 1 日。然而，相关系数最低的 1 月 6 日，$r = 0.386$，仍然在 $\alpha = 0.05$ 的水平下达到显著。这就意味着，2015 年全年的每一天中，推特媒体议程和推特公众议程都保持了显著相关。

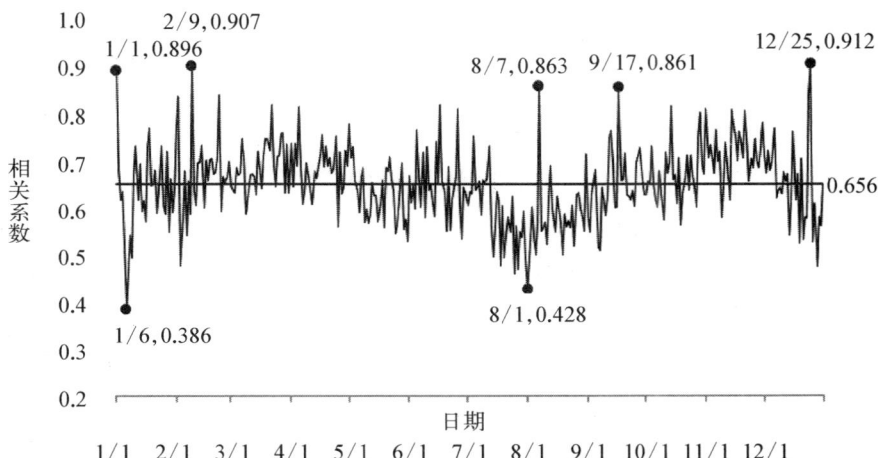

图 5-2　媒体议程与公众议程在 2015 年每日中的相关

与每月中两种议程的相关系数相比，每日中的相关系数更可能趋于极端化。其中 1 月 6 日相关系数低至 0.386；而 12 月 25 日两种议程的相关系数达 0.912；而另外四个日子（1 月 1 日、2 月 9 日、8 月 7 日和 9 月 17 日）中，两者相关系数也在 0.85 以上。虽然都是高度相关，但具体情形差别极大。2 月 9 日，媒体议程和公众议程都高度强调"游戏问题"这一议题；媒体议程中，排名第一的"游戏问题"占比 15.44%，几乎是第二议题"体育赛事"（8.25%）占比的两倍；2 月 9 日的媒体议程中"游戏问题"也几乎是全年总体最高议题（8.68%）的两倍；而"游戏问题"在全年总体媒体议程中占比 3.04%（排名 15），不到 2 月 9 日的 1/5；2 月 9 日的媒体议程变异系数①（103.20）远高于全年总体媒体议程变异系数（61.87）；公众议程与媒体议程类似。两种议程高度相关的其他四个日期也存在类似现象。这意味着媒体议程和公众议程的高相关，很大程度上是通

————————
① 此处变异系数越高，意味着媒体和公众对某一个或几个议题的讨论的程度越集中。

过媒体与公众共同强调或关注同一议题而形成的。并且，这种高度相关很有可能是媒体通过高度强调一个议题，忽略其他议题，进而影响到公众的感知。

二、单个议题层面的关系强度

上文分析得出，推特媒体议程和推特公众议程在整体议程层面存在显著相关，两种议程具有较高的一致性。然而，两种议程在整体议程上显著相关并不意味着在所有单个议题上均呈现显著相关。对两种议程关系强度的分析还需要考察两种议程在单个议题上的相关。

与整体议程层面的分析将议题视为个案不同，本书中个案按日期划分，2015 全年共有 365 个个案；分析中以媒体议程中的议题与公众议程中的对应议题为变量，进行皮尔逊相关分析，结果如表 5-2 所示。可以发现，$\alpha = 0.05$ 时，推特媒体议程和推特公众议程在其他所有议题上均呈现显著相关，并且两者在"税收问题"上相关系数达 0.941，如图 5-3 所示，两种议程几乎完全一致。也就是说，推特媒体议程与推特公众议程在绝大多数议题上存在一致性，两种议程在单个议题层面也具有较强的相关程度。

表 5-2   推特媒体议程与推特公众议程中的单议题分析 （$n=365$）

排序	议　题	相关系数	排序	议　题	相关系数
1	税收问题	0.941***	14	太空探索	0.655***
2	自然灾害	0.823***	15	能源问题	0.645***
3	健康问题	0.820***	16	体育赛事	0.637***
4	移动设备	0.803***	17	种族问题	0.632***
5	教育问题	0.795***	18	演艺活动	0.630***
6	流行音乐	0.787***	19	游戏问题	0.628***
7	政府活动	0.773***	20	性别问题	0.625***
8	恐怖主义	0.734***	21	难民问题	0.619***
9	全球贸易	0.731***	22	宗教问题	0.606***
10	治安问题	0.726***	23	收支问题	0.605***
11	影视明星	0.713***	24	总统选举	0.584***
12	民族问题	0.697***	25	犯罪问题	0.580***
13	商界领袖	0.667***	26	交通问题	0.574***

续表

排序	议　题	相关系数	排序	议　题	相关系数
27	司法问题	0.539**	32	就业问题	0.513**
28	医学研究	0.531**	33	气象状况	0.511**
29	动物问题	0.531**	34	气候变化	0.499**
30	商业技术	0.520**	35	社交媒体	0.404*
31	城市问题	0.513**	36	政治争论	0.392*

注：* $P<0.05$；** $P<0.01$；*** $P<0.001$。

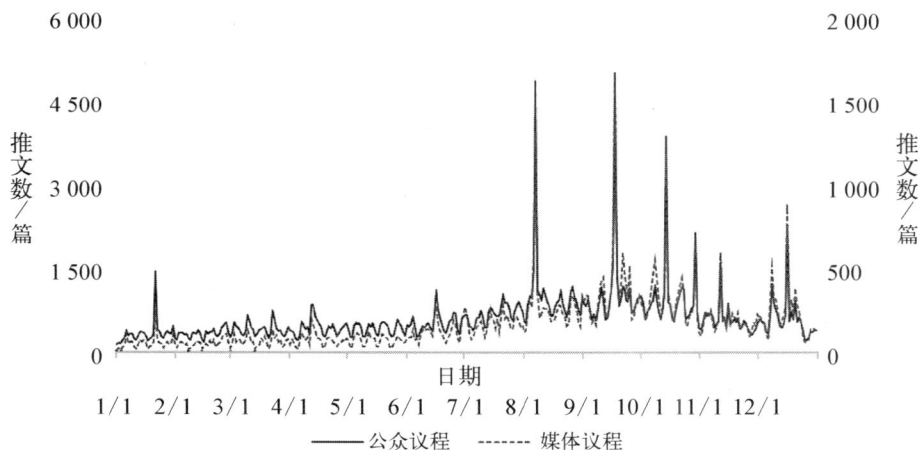

图 5-3　"税收问题"随日期的变化趋势

综上，整体议程层面，推特媒体议程和推特公众议程在全年数据、每月数据和每日数据中均呈现显著相关；单个议题层面，两种议程在绝大多数议题上均呈现显著相关。据此，我们可以确证：推特媒体议程和推特公众议程显著相关。

三、整体议程层面的关系方向

（一）交叉时滞相关

传统公众议程设置研究一般采用交叉时滞相关（cross-lagged correlation）来确定整体层面媒体议程与公众议程的关系，即关系方向分析与时滞分析相结合。公众议程设置研究中，交叉时滞相关一般与罗泽尔-坎贝尔基线（Rozelle-

Campbell baseline) 配合运用。令 X 为媒体议程，Y 为公众议程，1 为前一时间段，2 为后一时间段，P 为相关系数，则罗泽尔-坎贝尔基线的计算方法为：

$$R\text{-}C\ baseline = [(PX_1Y_1 + PX_2Y_2)/2]\{[(PX_1X_2)^2 + (PY_1Y_2)^2]/2\}^{1/2}$$

其中，PX_1Y_1 和 PX_2Y_2 统称"同步相关"，即同一时间段不同议程的相关；PX_1X_2 和 PY_1Y_2 统称"稳定相关"，即同一议程不同时间段的相关；另外，PX_1Y_2 和 PY_1X_2 统称"交叉相关"，即前一时间段的媒体议程和后一时间的公众议程，或前一时间段公众议程与后一时间段媒体议程的相关。在交叉时滞方向相关系数（PX_1Y_2 或 PY_1X_2）显著的前提下，如果 $PX_1Y_2 > R\text{-}C\ baseline > PY_1X_2$，则说明媒体议程（$X$）影响公众议程（$Y$）；如果 PY_1X_2 未达显著，则只需 $PX_1Y_2 > PY_1X_2$ 且 $PX_1Y_2 > R\text{-}C\ baseline$。相反，如果 $PY_1X_2 > R\text{-}C\ baseline > PX_1Y_2$，则说明公众议程（$Y$）影响媒体议程（$X$）。如果 $PX_1Y_2 > R\text{-}C\ baseline$ 且 $PY_1X_2 > R\text{-}C\ baseline$，则意味着媒体议程（$X$）和公众议程（$Y$）相互影响。

据 Vargo（2011）的研究，推特上议程设置的时滞极短，甚至没有时滞。基于此，我们将首先以日为单位考察推特议程设置的时滞，即考察前一日推特媒体议程与后一日推特公众议程的相关系数（PX_1Y_2）是否大于前一日推特公众议程与后一日推特媒体议程的相关系数（PY_1X_2），并由 2015 年全年数据构建了 364 个双日媒体议程和公众议程以做分析。如图 5-4 所示，多数时间段（双日）内，交叉方向相关系数的较大值仍然小于同步方向相关系数的较大值。准确地说，全年 364 个时间段（双日）中的 265 个中，前一日与后一日的相关系数低于同一日媒体议程与公众议程的相关系数；而剩下了 99 个时间段（双日）中，85 个时间段内的较大同步相关系数与较大交叉相关系数相差不大（小于 0.05），只有 14 个时间段中存在较为明显的时滞效果。也就是说，大多数时间段（双日）内，推特公众议程设置的时滞小于 1 日或没有时滞。

在以日为单位的交叉时滞相关分析无法发现时滞的情况下，我们需要缩小时间段，比如以半日为单位，形成 365 个双半日，^① 考察前半日媒体议程与后半日公众议程的相关系数是否高于罗泽尔-坎贝尔基线，且高于前半日公众议

---

① 实则是一日，然而为了进行交叉时滞相关分析，将一日拆分为两个半日，分别考察前半日的两种议程与后半日的两种议程的相关系数。

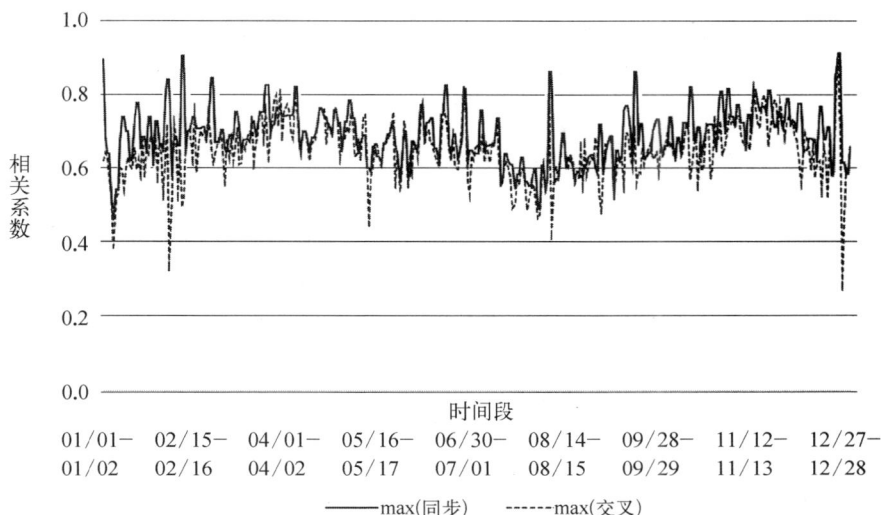

图 5 - 4 以日为单位的交叉时滞相关

程与后半日的媒体议程相关系数。如图 5 - 5 所示，在 365 个时间段的 246 个中，同步相关系数的较大值仍然大于交叉相关系数的较大值，同时同步相关系数的均值（0.692）大于交叉相关系数的均值（0.649）。这也就意味着，大多数情况（67.40%）下，推特公众议程设置的时滞小于半日或没有时滞。当时滞小于半日，我们可以认为，推特媒体议程对推特公众议程近乎没有时滞。由此，我们可以回答：大多数情况下，推特公众议程设置近乎没有时滞。

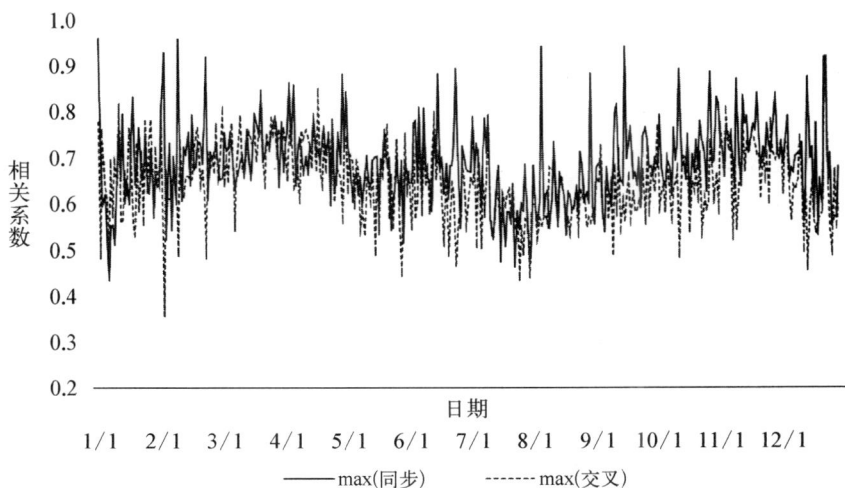

图 5 - 5 以半日为单位的交叉时滞相关

没有或几乎没有时滞并不意味着前一时间段的媒体议程无法显著影响后一时段的公众议程；没有或几乎没有时滞只是意味着同一时间段的媒体议程对公众议程的影响要高于媒体议程对下一时间段的影响。这意味着我们仍然可以通过时间的先后考察推特媒体议程和推特公众议程的关系方向。在不考虑同步相关的情况下，根据 365 个时间段（双半日）的分析，我们发现交叉方向中的 311 个时间段满足 $PX_1Y_2 > PY_1X_2$；且 276 个时间段满足 $PX_1Y_2 > R\text{-}C\ baseline > PY_1X_2$，38 个时间段满足 $PY_1X_2 > R\text{-}C\ baseline > PX_1Y_2$，44 个时间段满足 $PX_1Y_2 > R\text{-}C\ baseline$ 且 $PY_1X_2 > R\text{-}C\ baseline$。也就是说，大多数情况（75.62%）下是推特媒体议程影响推特公众议程；小部分情况（10.41%）中推特公众议程影响推特媒体议程；其他情况（12.05%）下，推特媒体议程和推特公众议程存在双向影响。

（二）工具变量法

没有时滞的情况下，媒体议程与公众议程关系方向的分析结果可信度不高，我们需要建立回归模型来考察影响方向。此时，由于推特媒体议程和推特公众议程可能存在双向影响，产生内生性问题，我们无法通过直接建立 OLS 回归模型的方式以考察推特媒体议程是否显著影响推特公众议程。此处我们应用工具变量法，通过建立 2SLS 模型，以考察推特媒体议程对推特公众议程的影响程度。

实际分析中，我们将全年的数据分为两半，生成四个变量：上半年的推特媒体议程（M_1）、下半年的推特媒体议程（M_2）、上半年的推特公众议程（P_1）以及下半年的推特公众议程（P_2）。

首先，我们以 M_2 为解释变量，P_2 为被解释变量，以 M_1 为工具变量。M_1 和 M_2 显著相关（$r = 0.932$，$Sig. < 0.001$），且由于 M_1 发生时间在 P_2 之前，P_2 无法影响 M_1，这样就消除了双向影响的可能，使得 M_1 成为一个合理的工具变量。

以 M_2 为解释变量的 2SLS 建模分为两个阶段：

第一阶段，以解释变量 M_2 对工具变量 M_1 进行 OLS 回归，即

$$M_2 = \alpha_0 + \alpha_1 M_1 + \epsilon_1$$

第二阶段，以被解释变量 P_2 对第一阶段回归拟合值 $\widehat{M_2}$ 进行 OLS 回

归，即

$$P_2 = \beta_0 + \beta_1 \widehat{M_2} + \epsilon_2$$

其中，ϵ_1 和 ϵ_2 为残差，$\widehat{M_2} = \alpha_0 + \alpha_1 M_1$，$\alpha_1$ 和 β_1 分别为回归系数，α_0 和 β_0 为常数项。

推特媒体议程影响推特公众议程的 2SLS 建模结果如表 5 - 2 所示，模型一显示 M_1 的回归系数，即 α_1 为 2.112，在 $\alpha = 0.001$ 的水平下显著，且 R^2 达 0.869，即 M_1 能够解释 M_2 方差变化的绝大部分，也再次说明 M_1 是一个合理的工具变量。模型二显示，后半年的媒体议程估计值（$\widehat{M_2}$）对后半年的公众议程（P_2）的回归系数为 3.050（$Sig. < 0.001$），R^2 为 0.371；也就是说，在排除双向影响后，整体议程层面推特媒体议程对推特公众议程存在显著影响，推特媒体议程对推特公众议程具有较强的解释力。

表 5 - 3　媒体议程影响公众议程的 2SLS 模型

	模　型　一	模　型　二
	下半年媒体议程（M_2）	下半年公众议程（P_2）
第一阶段		
上半年媒体议程（M_1）	2.112***	
常数	425.147	
R^2	0.869	
调整的 R^2	0.865	
第二阶段		
下半年媒体议程估计值（$\widehat{M_2}$）		3.050***
常数		68 143.59***
R^2		0.371
调整的 R^2		0.352

注：* $P < 0.05$；** $P < 0.01$；*** $P < 0.001$。

其次，我们以 P_2 为解释变量，M_2 为被解释变量，以 P_1 为工具变量。P_1 和 P_2 显著相关（$r = 0.979, Sig. < 0.001$），且由于 P_1 发生时间在 M_2 之前，M_2 无法影响 P_1，这样就消除了双向影响的可能，使得 P_1 成为一个合理的工具变量。

以 P_2 为解释变量的 2SLS 建模也分为两个阶段：

第一阶段，以解释变量 P_2 对工具变量 P_1 进行 OLS 回归，即

$$P_2 = \alpha_2 + \alpha_3 P_1 + \epsilon_3$$

第二阶段，以被解释变量 M_2 对第一阶段回归拟合值 $\widehat{P}_2$ 进行 OLS 回归，即

$$M_2 = \beta_2 + \beta_3 \widehat{P}_2 + \epsilon_4$$

其中，ϵ_3 和 ϵ_4 为残差，$\widehat{P}_2 = \alpha_2 + \alpha_3 P_1$，$\alpha_3$ 和 β_3 分别为回归系数，α_2 和 β_2 为常数项。

推特公众议程影响推特媒体议程的 2SLS 建模结果如表 5-3 所示，模型一显示 P_1 的回归系数 α_3 为 1.009，在 $\alpha = 0.001$ 的水平下显著，且 R^2 方达 0.958，即 P_1 能够解释 P_2 方差变化的绝大部分，也再次说明 P_1 是一个合理的工具变量。模型二显示，后半年的公众议程估计值（$\widehat{P}_2$）对后半年的媒体议程（M_2）的回归系数为 0.133（$Sig. < 0.001$），R^2 为 0.282；也就是说，在排除双向影响后，整体议程层面推特公众议程也可能对推特媒体议程产生显著影响，且具备一定的解释力。

表 5-4   公众议程影响媒体议程的 2SLS 模型

	模 型 一	模 型 二
	下半年公众议程（P_2）	下半年媒体议程（M_2）
第一阶段		
上半年公众议程（P_1）	1.009***	
常数	13 598.6*	
R^2	0.958	
调整的 R^2	0.957	
第二阶段		
下半年公众议程估计值（$\widehat{P}_2$）		0.133***
常数		8 105.602
R^2		0.282
调整的 R^2		0.264

注：* $P < 0.05$；** $P < 0.01$；*** $P < 0.001$。

两个 2SLS 模型的分析结果表明，推特媒体议程和推特公众议程确实可能存在双向影响。然而，媒体议程影响公众议程的 2SLS 模型的 R^2（P_2）（0.371）明显大于公众议程影响媒体议程的 2SLS 模型的 R^2（M_2）（0.282）。换言之，虽然存在双向影响的可能，但更可能的情况

是推特媒体议程影响推特公众议程，而不是相反。这一结果与交叉时滞相关分析的结果一致。由此，我们可以确证：推特上的媒体议程显著影响了公众议程。

四、单个议题层面的关系方向

前文的分析已经表明，整体议程层面中推特媒体议程能够显著影响推特公众议程。下文，我们将分析在单个议题层面，推特媒体议程能否显著影响推特公众议程。单个议题层面分析的数据是以时间（日）为个案，如果采用OLS回归模型，仍然存在内生性问题，主要表现为两种议程可能存在双向影响。较好的解决方案仍然是采用工具变量法，进行 2SLS 回归。令推特媒体议程中某议题在某一时点（日）的取值为 X_t，即解释变量；令推特公众议程中对应议题在某一时点（日）的取值为 Y_t，即被解释变量。那么较为合理的工具变量应为 X_{t-1}，即 X_t 的一期滞后值。一般来说，X_{t-1} 与解释变量 X_t存在较强相关，即一阶自相关；由于 X_{t-1} 在 Y_t 之前，Y_t 无法影响 X_{t-1}，避免了双向影响引起的内生性问题。由此，可以建立 2SLS 模型：

第一阶段，以解释变量 X_t 对工具变量 X_{t-1} 进行 OLS 回归，即

$$X_t = \alpha_4 + \alpha_5 X_{t-1} + \epsilon_5$$

第二阶段，以被解释变量 Y_t 对第一阶段回归拟合值 $\widehat{X_t}$ 进行 OLS 回归，即

$$Y_t = \beta_4 + \beta_5 \widehat{X_t} + \epsilon_6$$

其中，$\widehat{X_t} = \alpha_4 + \alpha_5 X_{t-1}$。

X_t 和 X_{t-1} 的准确关系可以通过对推特媒体议程中单个议题的一阶自回归［AR（1）］得到，AR（1）是时间序列回归模型的一种，用以分析一期滞后值对当期值的影响，建模结果如表 5-5 所示。在没有其他外生变量的情况下，一阶自回归的回归系数等同于一阶自相关系数。可以发现，表 5-5中，所有回归系数（Coef.）均呈现显著；也就是说，在所有议题上，推特媒体议程与其一期滞后值，即 X_t 与 X_{t-1}，均存在显著相关（$Sig. < 0.001$）。另外，所有议题上，Wald 卡方值均呈现显著（$Sig. < 0.001$），意味着

X_{t-1} 对 X_t 均有较强的解释力。这一结果较为充分地说明了 X_{t-1} 是一种合理的工具变量。

表 5‑5　推特媒体议程在单个议题上的一阶自回归模型

模型	议题	一阶自回归 AR（1）		模型	议题	一阶自回归 AR（1）	
		系数	沃德卡方			系数	沃德卡方
1	恐怖主义	0.61***	296.72***	19	影视明星	0.76***	493.18***
2	总统选举	0.83***	945.49***	20	气象状况	0.78***	516.06***
3	司法问题	0.83***	886.92***	21	难民问题	0.81***	794.50***
4	全球贸易	0.86***	1 825.06***	22	性别问题	0.81***	1 004.07***
5	治安问题	0.81***	430.90***	23	城市问题	0.81***	949.23***
6	体育赛事	0.94***	4 946.35***	24	流行音乐	0.70***	1 737.12***
7	气候变化	0.83***	1 066.18***	25	能源问题	0.83***	1 314.92***
8	商业技术	0.78***	570.67***	26	宗教问题	0.82***	953.00***
9	商界领袖	0.72***	353.16***	27	政治争论	0.72***	576.21***
10	移动设备	0.77***	779.47***	28	演艺活动	0.81***	1 061.30***
11	税收问题	0.61***	1 038.80***	29	自然灾害	0.63***	2 033.96***
12	犯罪问题	0.80***	667.38***	30	动物问题	0.80***	842.46***
13	交通问题	0.85***	794.32***	31	收支问题	0.83***	856.64***
14	社交媒体	0.84***	788.26***	32	就业问题	0.81***	668.43***
15	政府活动	0.65***	263.18***	33	民族问题	0.79***	850.09***
16	医学研究	0.77***	572.43***	34	太空探索	0.81***	647.91***
17	健康问题	0.69***	3 825.24***	35	游戏问题	0.72***	875.17***
18	教育问题	0.90***	2 417.38***	36	种族问题	0.85***	1 147.30***

注：*** $P < 0.001$。

我们利用工具变量 X_{t-1}，对作为解释变量的 X_t 和作为被解释变量的 Y_t 进行 2SLS 建模，结果如表 5‑6 所示。可以发现，在所有议题上，2SLS 回归系数（β_5）达到显著，如"恐怖主义"议题中，推特媒体议程估计值的回归系数为 1.51，在 $\alpha = 0.001$ 的水平下显著，即在"恐怖主义"议题上推特媒体议程显著影响了推特公众议程。以此类推，在所有议题上，推特媒体议程能够显著影响推特公众议程。并且，本书采用了工具变量法，避免了由双向影响造成的内生性问题，使得表 5‑6 中的回归系数为推特媒体议程对推特公众议程的单向影响。结合整体层面分析所得结果，我们可以较为明确地得到结论：虽然存在双向影响的可能，但无论在整体议程层面还是单个议题层面，推特媒体议程都能够显著影响推特公众议程。

表 5-6　推特媒体议程与推特公众议程在单个议题上的 2SLS 回归模型

模型	议题	2SLS 回归		模型	议题	2SLS 回归	
		系　数	R^2			系　数	R^2
1	恐怖主义	1.51***	0.54	19	影视明星	2.27***	0.50
2	总统选举	1.62***	0.33	20	气象状况	6.52***	0.26
3	司法问题	2.20***	0.29	21	难民问题	5.35***	0.38
4	全球贸易	1.34***	0.53	22	性别问题	3.13***	0.39
5	治安问题	1.39***	0.49	23	城市问题	3.37***	0.27
6	体育赛事	1.42***	0.41	24	流行音乐	1.81***	0.62
7	气候变化	2.61***	0.25	25	能源问题	1.75***	0.41
8	商业技术	2.96***	0.27	26	宗教问题	3.76***	0.36
9	商界领袖	1.64***	0.43	27	政治争论	0.86***	0.15
10	移动设备	3.55***	0.64	28	演艺活动	3.87***	0.39
11	税收问题	2.37***	0.88	29	自然灾害	2.40***	0.67
12	犯罪问题	2.63***	0.33	30	动物问题	3.07***	0.28
13	交通问题	2.44***	0.32	31	收支问题	1.36***	0.37
14	社交媒体	1.58***	0.15	32	就业问题	2.80***	0.26
15	政府活动	1.50***	0.59	33	民族问题	2.62***	0.48
16	医学研究	2.57***	0.28	34	太空探索	2.49***	0.41
17	健康问题	5.68***	0.70	35	游戏问题	1.74***	0.33
18	教育问题	1.03***	0.63	36	种族问题	1.98***	0.40

注：*** $P < 0.001$。

虽然在所有议题上，推特媒体议程能够显著影响推特公众议程；但不同的议题中，推特媒体议程能够解释推特公众议程的程度差异较大。在"税收问题"上，媒体报道能够解释公众对该议题显要性认知的 88%，这是一个极高的比例，只有 12% 是由其他因素解释；这种解释程度使得"税收问题"媒体的报道具备了对公众议程的预测能力。在未来的时间段中，如果媒体着重报道"税收问题"，那么我们能够较为明确地预测公众将会关注该议题，并增强该议题在公众认知中的显要性程度。呈现显著影响的议题中，推特媒体议程在"社交媒体"议题上仅能解释推特公众议程的 15%。换言之，媒体在该议题上仍然能显著影响公众，但由于有 85% 的变差由其他变量解释，如果其他条件差异较大，超过媒体的影响，此时媒体的议程设置功能就难以得到发挥。

总之，结合整体议程层面和单个议题层面的关系强度和关系方向分析，我们得到结论：推特媒体议程与推特公众议程不仅显著相关，而且推特媒体议程能够显著影响推特公众议程。

第三节　推特公众议程设置效果的影响因素

在确定公众议程设置存在效果之后，本书重点将是限制和影响推特公众议程设置效果的因素。下文将主要考察两类因素，即议题性质和时间条件。

一、议题性质的影响

公众议程设置的议题条件主要考察议题性质对公众议程设置效果的影响，已有议程设置研究中较多被提及的是议题的强制性和议题的抽象性。

（一）议题强制性

朱克（Zucker，1978）及其后续的研究在考察议题强制性对议程设置效果影响时，一般采用离散的方法，即按议题强制性程度将议题分为两类：强制性议题和非强制性议题。强制性议题即公众有较多直接经验的议题；非强制性议题是公众直接经验较少的议题。很少有研究者采用连续的方法，即考察议题的强制性程度对议程设置效果的影响；此时，议题的强制性是一种连续统一体，而非离散的分类。

本书将同时利用离散和连续两种方法，考察议题强制性对公众议程设置效果的影响；分析中，本书将在区分强制性议题和非强制性议题的同时，考察每个议题的强制性程度。其中，强制性程度取值范围为[1，10]，10表示几乎所有公众对该议题有直接经验；1表示只有极少数人对该议题有直接经验；取值范围[6，10]表示该议题为强制性议题；取值范围[1，5]表示该议题为非强制性议题。

如表5-7所示，本书的36个议题中，21个议题为强制性议题，15个议题为非强制性议题。其中，只有极少数人对3个议题（"恐怖主义""难民问题"和"太空探索"）有直接经验。有 4 个议题的强制性程度达到最高，包括"气象状况""社交媒体""健康问题"和"教育问题"。这意味着几乎所有公众对这 4 个议题都有直接经验；比较特殊的是"社交媒体"议题，并不是所有公众，对社交媒体有直接经验，特别是老年人；然而，本书的研究是在社交媒体平台推特上进行的，理论上说提到的公众都有使用社交媒体的经验，故其强制性程度达到最高。

表 5-7　议题的强制性程度

议　题	议题性质	强制性程度	议　题	议题性质	强制性程度
气象状况	强制性	10	动物问题	强制性	6
社交媒体	强制性	10	政治争论	强制性	6
教育问题	强制性	10	影视明星	强制性	6
健康问题	强制性	10	治安问题	非强制性	4
移动设备	强制性	9	宗教问题	非强制性	5
体育赛事	强制性	9	司法问题	非强制性	5
就业问题	强制性	9	能源问题	非强制性	5
总统选举	强制性	8	自然灾害	非强制性	4
游戏问题	强制性	8	政府活动	非强制性	4
收支问题	强制性	8	商业技术	非强制性	4
气候变化	强制性	8	商界领袖	非强制性	3
种族问题	强制性	7	全球贸易	非强制性	3
民族问题	强制性	7	犯罪问题	非强制性	2
交通问题	强制性	7	医学研究	非强制性	2
城市问题	强制性	7	税收问题	非强制性	2
流行音乐	强制性	7	太空探索	非强制性	1
性别问题	强制性	6	难民问题	非强制性	1
演艺活动	强制性	6	恐怖主义	非强制性	1

以离散方法而言，36 种议题被分为两类：强制性议题和非强制性议题。21 种强制性议题中，推特媒体议程与推特公众议程的平均相关系数为 0.614；而 15 种非强制议题中两种议程的平均相关系数为 0.673。平均来看，非强制议题上的公众议程设置效果大于强制性议题上的公众议程设置效果。这一结果与朱克的研究结果是一致的。不过，以单侧的独立样本 T 检验的结果来看，$t=1.43$，$Sig.=0.08$，即仅在 $\alpha=0.1$ 的前提下，强制性议题的平均议程设置效果才显著高于非强制性议题的平均效果；$\alpha=0.05$

时，则两种效果没有显著差异。

进一步，我们通过连续方法考察议题的强制性程度对公众议程设置效果的影响。通过 OLS 建模发现，议题强制性程度的回归系数为 -0.008，$Sig. = 0.268 \gg 0.05$，而议题强制性程度对公众议程设置效果的解释力（R^2）仅为 3.60%。也就是说议题强制性对公众议程设置效果并没有显著影响。从具体议题来看，"健康问题"是具有最高程度强制性的议题，理论上说，推特媒体在这种议题上公众议程设置效果应该很弱，然而本研究中，这种议题上的议程设置效果为 0.820，明显高于非强制议题的平均效果（0.673）。推特中强制性议题和非强制性议题的公众议程设置效果差异的不明显可能与推特媒体的功能有关。传统媒体的主要功能是提供信息，而公众对非强制性议题缺少直接经验和信息，需要媒体信息的引导；因此，在传统媒体时代，媒体在非强制性议题上更可能具备议程设置效果。而推特平台上，媒体提供信息的功能逐渐弱化，媒体更可能报道的并非是公众不知道的内容（缺乏直接经验的内容），而是公众关注的内容。明显地，"教育问题"和"健康问题"是公众非常关注的议题；即使公众对这类议题有直接经验，媒体也有可能在该类议题上具备较强的议程设置效果。也就是说，推特媒体的议程设置效果，不仅仅体现于对公众的引导（提供信息），也体现于对公众需求的把握。

总之，平均而言，与强制性议题相比，在非强制性议题上，推特媒体具有更强的公众议程设置效果；但这种更强的公众议程设置效果并不足够显著。

（二）议题抽象性

与对议题强制性的分析类似，雅格达和多齐耶（Yagade & Dozier，1990）考察议题抽象性时也采用离散方法，并将议题按抽象性程度分为两类：抽象议题和具体议题。抽象议题是难以被公众理解的议题；具体议题是容易被公众理解的议题。然而，简单的二分法只能考察议题抽象性对推特公众议程设置效果的粗略影响，如要考察抽象程度的精确效果，则须采用连续的方法，视抽象程度为一种连续统一体。

如表 5-8 所示，本研究中议题抽象程度的取值为 [1, 10]，1 表示几乎所有公众都能理解；10 表示只有极少数公众能理解。其中，抽象程度小于等于 5 的为具体议题，共 22 个；大于 5 的为抽象议题，共 14 个。其中，抽象程度最高的议题为"医学研究"和"商业技术"，只有极少部分专业人士才能完全理解；抽象程度最低的为"健康问题"，几乎所有人都能理解。

表 5 - 8　议题的抽象程度

议　题	议题性质	抽象程度	议　题	议题性质	抽象程度
医学研究	抽象	10	民族问题	具体	5
商业技术	抽象	10	动物问题	具体	4
城市问题	抽象	9	商界领袖	具体	4
全球贸易	抽象	9	总统选举	具体	4
司法问题	抽象	9	治安问题	具体	4
气候变化	抽象	8	能源问题	具体	4
种族问题	抽象	8	太空探索	具体	4
宗教问题	抽象	8	气象状况	具体	3
性别问题	抽象	8	体育赛事	具体	3
收支问题	抽象	7	演艺活动	具体	3
政治争论	抽象	7	恐怖主义	具体	3
犯罪问题	抽象	7	流行音乐	具体	3
社交媒体	抽象	6	税收问题	具体	3
政府活动	抽象	6	影视明星	具体	2
就业问题	具体	5	教育问题	具体	2
游戏问题	具体	5	自然灾害	具体	2
交通问题	具体	5	移动设备	具体	2
难民问题	具体	5	健康问题	具体	1

本书中推特媒体议程与推特公众议程在 14 个抽象议题上的平均相关系数为 0.568，在 22 个具体议题上的平均相关系数为 0.683。据独立样本 T 检验（单侧），两种相关系数的均值差异达到显著（$t = 3.08$，$Sig. = 0.002 < 0.01$）。也就是说，抽象议题和具体议题中的推特公众议程设置效果存在显著不同，具体议题上的议程设置效果显著高于抽象议题中的效果；这一结果与 Yagade 等人（1990）的结论一致。以连续方法而言，我们以议题的抽象程度为解释变量、公众议程设置效果为被解释变量，进行 OLS 回归，结果如图 5 - 6 所示。议题抽象性的回归系数为 -0.028（$Sig. < 0.001$），$R^2 = 0.360$。结果表明议题抽象性对推特公众议程设置效果有显著的负向影

响，即议题抽象程度越高，推特媒体在该议题上的议程设置效果越弱。总之，与抽象议题相比，在具体议题上，推特媒体具有更强的公众议程设置效果；议题的抽象程度对推特公众议程设置效果具有显著影响。

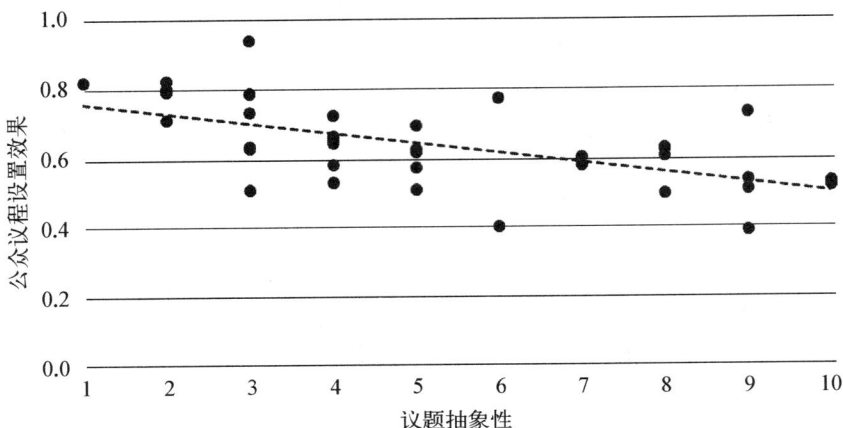

图5-6 议题抽象性对公众议程设置效果回归

与议题强制性对公众议程设置效果没有显著影响不同，议题抽象性能够显著影响推特公众议程设置效果，而且议题抽象性对公众议程设置效果的解释力达到 36%，是一种解释力极高的变量。这说明，相比议题强制性，议题抽象性是一种对公众议程设置效果解释力更强的变量和机制。议题强制性的作用机制在于研究者认为媒体难以在有直接经验的议题上影响公众；而议题抽象性的作用机制在于人们不会认为难以理解的事物是重要的，相应地，人们倾向于将自己能够把握和理解的作为重要事项。本书证实了推特平台上这一机制发生作用的可能性。这一机制能够发生作用再次质疑了媒体的议程设置功能来自媒体提供信息的功能。已有研究中，研究者一般认为，媒体之所以具有议程设置功能，是因为公众所需的信息主要来自媒体，而非其他渠道。在此前提下，公众能接收到的大多数讯息都依赖于媒体报道什么；此时，媒体强调什么，公众就会认为什么是重要的。然而，议题强制性的解释力缺失说明至少在推特平台上，媒体发挥议程设置功能并非由于其为公众提供了他们没有直接经验的讯息；而更可能是媒体尽可能地将抽象议题具体化，进而提高其议程设置效果。

二、时间条件的影响

（一）累积效果

已有议程设置研究较少讨论累积效果。明确提及累积效果的郭蕾和麦库姆斯在 2011 年的研究中，研究者利用 2002 年得克萨斯州选举中的两部分数据，即春季数据和秋季数据，发现两部分加总数据的议程设置效果高于单季数据的议程设置效果（Guo & McCombs，2011a）。

实际上，议程设置的累积效果应该包括两种情况。第一种是较短时间段内的议程设置效果低于较长时间段内的议程设置效果，换言之，较短时间段内的媒体议程与公众议程的相关系数低于较长时间段内的媒体议程与公众议程的相关系数。第二种是较长时间段的媒体议程与较短时间段公众议程的相关系数，高于较短时间段的媒体议程与较短时间段公众议程的相关系数。较短时间段以 1 日为例；较长时间段以 3 日为例，第一种情况其实是 1 日内的媒体议程与公众议程的相关系数低于 3 日内媒体议程与公众议程的相关系数；而第二种情况是，1 日的媒体议程与 1 日的公众议程的相关系数低于 3 日的媒体议程（包含的同步的 1 日及之前的 2 日）与 1 日公众议程的相关系数。如图 5-7 所示，若相关系数 $r_1 < r_2$，则为第一种累积效果；若相关系数 $r_1 < r_3$，则为第二种累积效果。

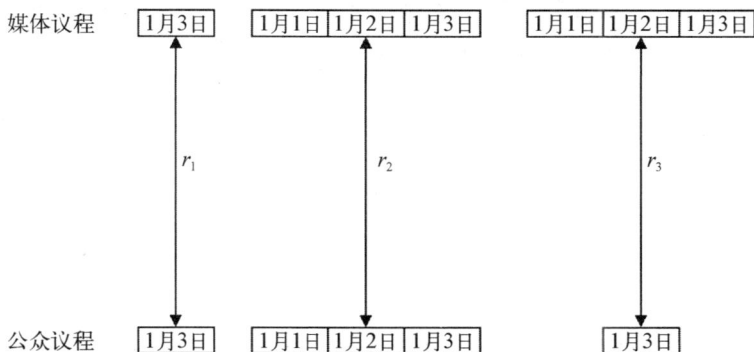

图 5-7　两种累积效果

就第一种累积效果而言，前文分析表明 2015 年全年推特媒体议程与推特公众议程的相关系数为 0.622，而 12 个月的相关系数取值范围为

[0.571，0.707]，365 日的相关系数取值范围为 [0.386，0.912]。也就是说，较长时间段的相关系数高于较短时间段的相关系数及其相反情况均有可能发生，难以判断这种累积效果是否随机生成。故此，本书所考察的累积效果仅指第二种累积效果，即考察推特媒体议程及其滞后值的累加与推特公众议程的相关系数是否高于同步相关系数。

本研究以日为单位进行，分别考察当日的同步相关系数，当日媒体议程与前 m 日媒体议程的累加与当日公众议程的相关系数；此处，$m=1$，2，3，4，5，6，即最多考察 7 日媒体议程与 1 日公众议程的相关系数。由于媒体议程可能累加 7 天，故前 6 日无法完整考察累积效果，计算从第 7 日开始。如图 5-8 所示，359 次分析中，2 日累加的推特媒体议程与推特公众议程的相关系数在 154 次中大于同步相关系数。也就是说，推特公众议程设置存在 2 日累积效果的可能。与此类似，也存在 3 日、4 日、5 日、6 日和 7 日累积效果的可能，然而可能性却不如 2 日累加，存在累积效果的分析次数分别为 133、122、120、118、123。也就是说，推特公众议程确实可能存在累积效果，然而 2 日累加的推特媒体议程更可能对 1 日的推特公众议程产生累积效果，所以并不是累加时间越长，越可能出现累积效果。

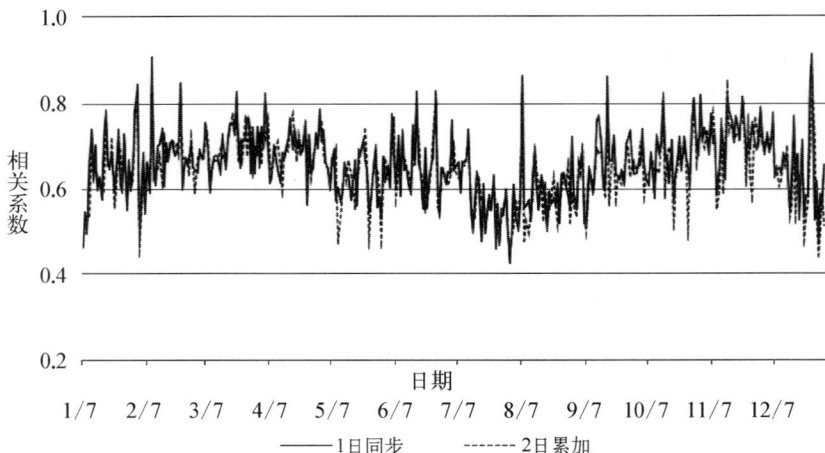

图 5-8　推特上媒体议程与公众议程 1 日同步与 2 日累加相关系数对比

然而，累积效果出现的可能性并不是非常高，最为普遍的 2 日累加效果出现的概率也仅为 42.90％。即使累积效果出现，也可能不是显著的，即 2 日累加的相关系数并不显著大于 1 日同步相关系数。359 次分析中，仅有 5 次 2 日累加相关系数比 1 日同步相关系数提高 0.1 及以上，最大地提高了 0.17；仅有 34 次 2 日累加相关系数比 1 日同步相关系数提高 0.05 及以上；剩下的 111 次，虽然累积效果存在，但并不明显。

总之，推特公众议程设置确实可能出现累积效果，但出现显著累积效果的可能性较低。

（二）相对时间段条件

时间段条件是议程设置研究较少直接考察但持续关注的一种影响因素。时间段条件可以分为绝对时间段条件和相对时间段条件。绝对时间段方面，比如我们考察 2015 年前半年的公众议程设置效果与后半年的公众议程设置效果的差异。而相对时间段，比如考察周末与工作日议程设置效果的差异。传统媒体时代的议程设置研究中，绝大多数数据为横截面数据，无法考察议程设置作用的周期性。推特平台上的带有时间变量的数据，使得议程设置效果的周期性考察成为可能。本书将考察两种周期性（相对时间段条件），第一种是每周的周末与工作日的公众议程设置效果对比；第二种是凌晨（00:00—05:59）、上午（06:00—11:59）、下午（12:00—17:59）和晚上（18：00—23：59）的公众议程设置效果对比。

就总体数据（2015 年全年）而言，推特媒体议程与推特公众议程在 52 个周末累加数据上的相关系数为 0.740（$Sig.$＜0.001），在 52 周工作日的累加数据上的相关系数为 0.733（$Sig.$＜0.001），二者并没有显著差异。也就是说，从总体来看，周末与工作日并不存在周期性的显著差异。

我们进一步分析全年 52 周每周的周末与工作日议程设置效果的差异，如图 5 - 9 所示。在某些周内，周末的议程设置效果明显高于工作日的议程设置效果，如第 2 周和第 46 周。第 46 周周末议程设置效果为 0.796，而工作日议程设置效果为 0.654。该周末出现极高议程设置效果的一种原因在于媒体着重报道了"教育问题"，该议题在该周末比例达到 15.92%，将近第二议题（8.41%）的两倍；并且媒体的报道引起了公众的讨论，公众讨论中"教育问题"的比例达 12.46%，也是第二议题讨论量（6.30%）的将近两倍。同时，在个别周内，工作日的议程设置效果明显高于周末的议程设置效果，如第 26 周，周末和工作日的效果分别为 0.682 和 0.587（均有 $Sig.$＜0.001）。

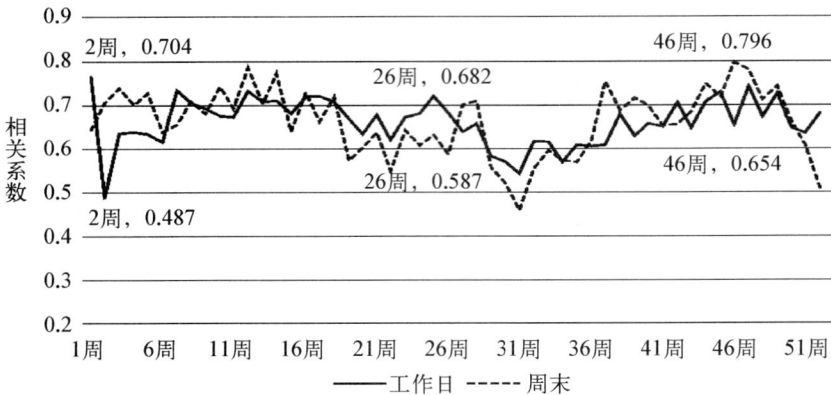

图 5‐9　周末与工作日议程设置效果对比

　　全年 52 周，其中 28 周周末的议程设置效果高于工作日的议程设置效果；然而，在剩余的 24 周中，工作日议程设置效果高于周末议程设置效果；并且全年周末的平均议程设置效果（$r=0.660$）与工作日的平均议程设置效果（$r=0.662$）差异极小。换言之，从每周数据来看，周末与工作日议程设置效果也没有明显差异。结合总体数据和每周数据的分析，我们可以确证：周末与工作日中的推特公众议程设置效果不存在明显差异。

　　得益于推特的时间戳功能，数据中得以记录每条推文发表的确切时间，精确到秒。借助于该数据，我们得以分析较小时间单位（如半日、小时）内的议程设置效果。为了考察议程设置效果是否在每日内存在周期性变化，我们将每日分为四个时段，即凌晨（00∶00—05∶59）、上午（06∶00—11∶59）、下午（12∶00—17∶59）和晚上（18∶00—23∶59），每个时段 6 小时。考虑到每日内，有些时段（如凌晨）的数据量过少，因此本书不再分析 365 日中每日不同时段的议程设置效果，而仅从总体上（即 365 日同时段数据累加）考察 4 个时段的议程设置效果是否存在明显差异。

　　全年每日四个时段的累加数据来看，议程设置效果最高的是下午（$r=0.655$，$Sig. <0.001$），其次是晚上（$r=0.637$，$Sig. <0.001$）和上午（$r=0.633$，$Sig. <0.001$），凌晨最低（$r=0.608$，$Sig. <0.001$）。我们可以发现下午和晚上的公众议程设置效果没有明显差异，但两者明显高于凌晨的效果。换言之，每日的四个时段中，凌晨的议程设置效果最

低，下午和晚上的效果明显较高。这一结果明显与每个时段的推文发布量有关，媒体机构下午和晚上的推文发布比例（62.68%）明显高于凌晨和上午（37.32%）。

为进一步考察凌晨时段议程设置效果较低的原因，我们进一步细分时段，考察每日每小时中的议程设置效果，如图 5-10 所示。可以发现，凌晨的 0 时、1 时、2 时和 3 时的议程设置效果与下午和晚上时段中的议程设置效果相差不大。也就是说，凌晨的议程设置效果较差并不是凌晨所有时段议程设置效果较差，而仅仅是凌晨 4 时和 5 时的议程设置效果明显低于其他时段。从全天来看，议程设置效果最低在 5 时。推特媒体只在凌晨的后半段和上午的前半段，即 4 时至 7 时具备较弱的议程设置效果；在每日中的其他时段均具备较强的议程设置效果。

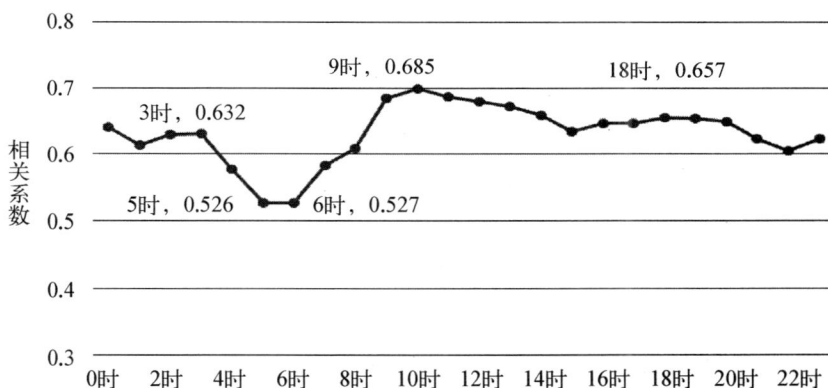

图 5-10 每日中每小时的公众议程设置效果

第六章

推特个人议程设置

第一节　推特个人议程

推特个人议程是推特上个人议题显要性及其等级排列，是推特个人议程设置研究的核心因变量。下文我们将首先描述推特个人议程的维度与议题，然后分析推特媒体议程对推特个人议程的影响。

一、推特个人议程的两个维度

推特个人议程包含人内议题显要性和人际议题显要性两部分。人内议题显要性来自李普曼传统，关注的是人内认知中的议题显要性。传统媒体时代对人内议题显要性的测量一般是询问受众"国家所面临的问题和议题中，哪个是你个人认为最重要的?"（Gadziala & Becker，1983）。在推特平台上，主要体现个人人内认知的是用户所发表的原创推文；推特上的人内议题显要性可以被操作化为推特用户发表的原创推文数量及其排序。

人际议题显要性来自帕克传统，关注的是人际讨论中的议题显要性。传统媒体时代对人际议题显要性的测量一般是询问受众"国家所面临的问题和议题中，你和你的朋友过去一周最常讨论的是哪一个?"（Gadziala & Becker，1983）。在推特平台上，主要体现个人讨论的是用户的转发或评论；因而，推特上的人际议题显要性可以被操作化为推特用户的转发数和评论数及其排序。

　　前文只是在理论上对推特个人议程的概念进行了区分，在实际研究中这种区分有没有意义和价值还需要进一步分析。这一问题的另一种表述方式是：在人内议题显要性的基础上，加入人际议题显要性的维度是否有必要？本书共含72 344种个人议程，此处我们列举ID为"10904"的个人议程及两个维度，并结合总体数据，对该问题进行回答。

　　如表6-1所示，从总数上看，该用户共发表推文1 231条，其中原创推文647条，转发或评论584条。原创推文数与转发评论数的比值为1∶0.903。换言之，该用户涉及人际议题显要性的推文与涉及人内议题显要性的推文几乎相当。如果仅考虑人内议题显要性，而完全不考虑人际议题显要性，首先在数据量上就是一种缺失。另外，如果缺失转发评论数据，则难以完整描述该用户在推特平台上对议题显要性的认知。从72 344种个人议程来看，所有个人议程共含推文20 920 092条，其中从属于人内议题显要性的原创推文共10 739 597条，从属于人际议题显要性的转发评论共10 180 495条。原创推文与转发评论推文的比值为1∶0.948。这一结果说明，人际议题显要性不仅理论上与人内议题显要性相区分，而且现实之中，占据几乎与人内议题显要性相当的比例。这一情况下，我们的研究无法忽视人际议题显要性，而仅仅考察人内议题显要性。

表 6-1　推特个人议程的两个维度

议　题	人内议题显要性		人际议题显要性		个人议程	
	频　数	比例/%	频　数	比例/%	频　数	比例/%
犯罪问题	138	21.33	135	23.12	273	22.18
演艺活动	70	10.82	142	24.32	212	17.22
健康问题	39	6.03	51	8.73	90	7.31
民族问题	29	4.48	17	2.91	46	3.74
司法问题	26	4.02	16	2.74	42	3.41
影视明星	24	3.71	16	2.74	40	3.25
政治争论	26	4.02	14	2.40	40	3.25
政府活动	26	4.02	14	2.40	40	3.25
自然灾害	19	2.94	12	2.05	31	2.52
社交媒体	21	3.25	9	1.54	30	2.44
就业问题	22	3.40	8	1.37	30	2.44
太空探索	16	2.47	12	2.05	28	2.27

续表

议　题	人内议题显要性		人际议题显要性		个人议程	
	频　数	比例/%	频　数	比例/%	频　数	比例/%
性别问题	22	3.40	6	1.03	28	2.27
恐怖主义	12	1.85	13	2.23	25	2.03
城市问题	18	2.78	5	0.86	23	1.87
宗教问题	11	1.70	10	1.71	21	1.71
动物问题	14	2.16	6	1.03	20	1.62
总统选举	5	0.77	13	2.23	18	1.46
游戏问题	7	1.08	10	1.71	17	1.38
医学研究	8	1.24	9	1.54	17	1.38
种族问题	12	1.85	4	0.68	16	1.30
移动设备	6	0.93	9	1.54	15	1.22
税收问题	10	1.55	4	0.68	14	1.14
难民问题	8	1.24	6	1.03	14	1.14
气象状况	11	1.70	2	0.34	13	1.06
气候变化	8	1.24	3	0.51	11	0.89
治安问题	6	0.93	5	0.86	11	0.89
能源问题	4	0.62	5	0.86	9	0.73
教育问题	5	0.77	4	0.68	9	0.73
全球贸易	5	0.77	4	0.68	9	0.73
商界领袖	3	0.46	5	0.86	8	0.65
体育赛事	5	0.77	3	0.51	8	0.65
商业技术	1	0.15	7	1.20	8	0.65
收支问题	5	0.77	2	0.34	7	0.57
交通问题	2	0.31	3	0.51	5	0.41
流行音乐	3	0.46	0	0.00	3	0.24
总　计	647	100.00	584	100.00	1 231	100.00

　　从具体议题来看，该用户的个人议程中，人内议题显要性和人际议题显要性存在明显的类似性。出现这种情况应为当然之理，毕竟这是同一位用户的人内认知和人际讨论，因而这两者存在相似是必然的。然而，我们也可以发现，该用户的人内议题显要性和人际议题显要性并不完全一致。明显地，从人内议题显要性的维度来看，该用户认为最重要的问题是"犯罪问题"，占比21.33%。从人际议题显要性的维度来看，该用户仍然认为"犯罪问题"是重要的，但最重要的议题变成了"演艺活动"，占比24.32%。也就是说，该用户在发表原创推文时，更多关注的是"犯罪问

题"，但是在与他人讨论时，更多关注的是"演艺活动"。除此之外，可以发现该用户在"民族问题""就业问题""总统选举"等议题上，人内议题显要性和人际议题显要性所占的比例存在明显差异。在"总统选举"的议题上，该用户更倾向于与他人讨论，而非发表原创推文。

ID 为"10904"的用户绝非特例。绝大多数用户的个人议程具有以下特性：① 从属于人际议题显要性的转发评论内容占据相当的比例，总体来看是人内议题显要性的 94.8%；② 人内议题显要性与人际议题显要性明显相关，总体来看，二者的皮尔逊相关系数为 0.811（$Sig. < 0.001$）；③ 即使人内议题显要性和人际议题显要性明显相关，两者也存在某些重要的差异；用户的人内认知与人际讨论还是存在一些关键差异，比如用户"10904"的个人议程中，最重要的人内议题是"犯罪问题"，而人际讨论最多的是"演艺活动"。这些特性使得人际议题显要性在个人议程中能够成为与人内议题显要性相并列的一个维度，且与人内议题显要性具有相近的权重；而同时，人际议题显要性也在现实中能够与人内议题显要性相区分。

二、推特个人议程中的议题

本研究共包含 72 344 种个人议程，每种个人议程包含 36 个议题。前文我们已经分析了推特个人议程的两个维度。本部分我们关注 72 344 种个人议程中，36 个议题之间的关系。

从更大范围的分类来说，有些议题明显属于经济类议题，如"就业问题""商业技术""能源问题""全球贸易"等；不少议题属于政治类议题，如"总统选举""种族问题""司法问题""民族问题""政治争论""政府活动"等。同时，本研究还关注了一些社会生活类议题，如"气象状况""健康问题""体育赛事""影视明星""流行音乐"等。整体而言，从这种分类系统来看，推特平台上讨论更多的仍然是政治类议题。

本研究不仅从更大范围的分类考察议题间的关系，还将通过 72 344 种个人议程的具体数据考察 36 种议题之间的相关关系。相关分析中，以 72 344 位用户为个案，以 36 种议题为变量，得到 36×36 的相关系数矩阵，以此矩阵利用 Gephi 软件画网络图，如图 6-1 所示。当两个议题的相关系数>0.2 时，两个议题有一条边相连；图中节点的度越大，节点面积越大。我们可以发现，"能源问题""动物问题""犯罪问题""医学研究""性别问题""宗教问题"和"商业技术"处于相对中心的位置。其含义为，当用户提及其他议题时，有更大的可能性提及这些处于中心位置的议题。处于中心位置的议题并不一定是被讨论最多的议题。从总体数据来看，"商业技术"被提及的可能性只有 1.4%，远不及"气候变化"议题（3.88%），然而"气候变化"议题仅与"动物问题"的相关系数超过 0.2。被推特用户讨论最多的"体育赛事"，其中心度也不高。另外，还存在四个与其他议题没有任何边的议题，即"太空探索""自然灾害""种族问题"和"恐怖主义"。也就是说，其他任何议题都难与这四个议题发生联系。

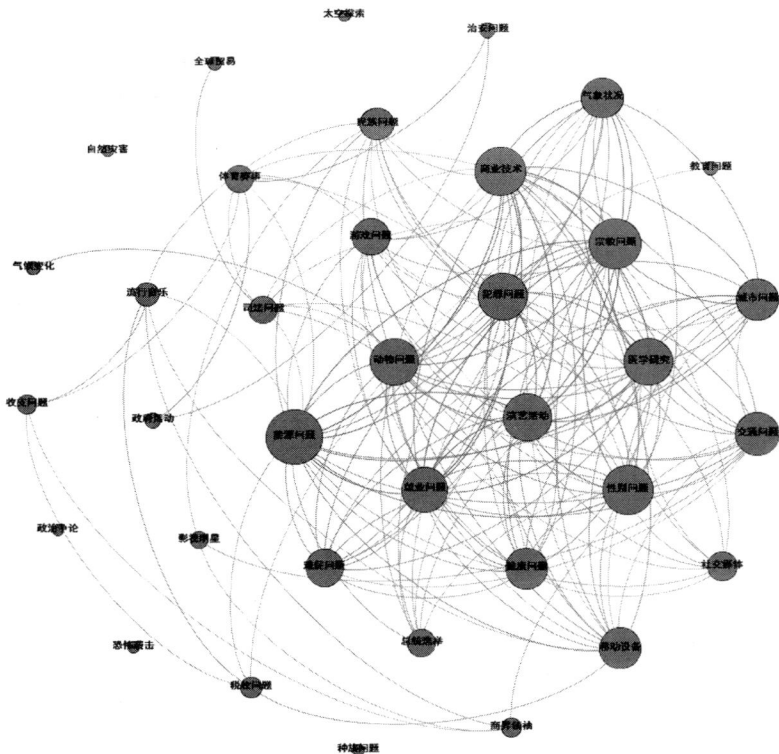

图 6-1　议题间的相关关系网络图

更进一步的分析中，我们考察了与 36 个议题最相关的议题及其相关系数，如表 6-2 所示。可以发现，与"宗教问题"最相关的议题是"演艺活动"，皮尔逊相关系数达 0.818，其含义在于，当推特用户提及"宗教问题"越多时，提及的"演艺活动"也越多。"演艺活动"议题与 36 个议题中的 10 个议题最相关，是出现次数最多的最相关议题。其次是"商业技术"，出现 5 次。推特用户更多提及"就业问题""犯罪问题"等议题时，也有可能更多提及"商业技术"。当然，也有一些议题的最大相关系数并不特别突出，比如"政治争论"的最相关议题是"收支问题"，皮尔逊相关系数为 0.161，这表示推特用户有可能为了"收支问题"而进行"政治争论"。

表 6-2　最相关的议题及相关系数

议题	最相关议题	相关系数/r	议题	最相关议题	相关系数/r
宗教问题	演艺活动	0.818	政府活动	体育赛事	0.352
演艺活动	宗教问题	0.818	税收问题	流行音乐	0.342
商业技术	演艺活动	0.763	流行音乐	税收问题	0.342
就业问题	商业技术	0.758	气候变化	动物问题	0.338
犯罪问题	商业技术	0.718	游戏问题	气象状况	0.332
能源问题	商业技术	0.706	收支问题	流行音乐	0.319
医学研究	演艺活动	0.621	总统选举	就业问题	0.313
气象状况	演艺活动	0.617	司法问题	全球贸易	0.281
动物问题	演艺活动	0.579	全球贸易	司法问题	0.281
性别问题	演艺活动	0.563	商界领袖	流行音乐	0.275
城市问题	演艺活动	0.528	社交媒体	演艺活动	0.269
健康问题	宗教问题	0.443	影视明星	交通问题	0.265
难民问题	演艺活动	0.440	教育问题	税收问题	0.206
移动设备	能源问题	0.433	恐怖主义	全球贸易	0.186
交通问题	商业技术	0.424	自然灾害	能源问题	0.177
民族问题	医学研究	0.367	政治争论	收支问题	0.161
治安问题	体育赛事	0.355	种族问题	商业技术	0.150
体育赛事	治安问题	0.355	太空探索	演艺活动	0.143

注：表中相关系数 r 均在 $\alpha = 0.001$ 的水平下显著。

三、个人议程与公众议程的比较

本研究主要基于"公众议程"的概念提出"个人议程"的概念。前文分析中，我们已在理论上对两个概念的差异进行了界定。个人议程和公众议程的差异主要表现为两处：其一，个人议程包含人内议题显要性和人际议题显要性两个维度，而公众议程仅包含人内议题显要性一个维度；其二，个人议程是一种个人层面的概念，测量时不必对所有个人进行加总，而公众议程是一种总体层面的概念，测量时须对所有个人的议题显要性进行加总。而个人议程和公众议程两种概念的关联是通过人内议题显要性相衔接的，两个概念均包含人内议题显要性。只是在个人议程中，人内议题显要性是其一个维度；而在公众议程中，仅有人内议题显要性一个维度。

当然，上文我们只是从理论上对个人议程和公众议程两个概念做了区分，如果现实中，这两个概念并没有明显差异，则提出"个人议程"概念的合理性也就不存在了。从实际情况来看，本研究中利用相同的数据，测量了 72 344 种个人议程和 1 种公众议程。仅此一处，个人议程就与公众议程存在明显差异。个人议程是个人层面的议题显要性及其排序，而公众议程是总体层面的议题显要性及排序。一般研究中，只会存在一个总体，包含多个个体。个体与总体两个概念本身就无法互换。我们无法用 1 种公众议程表示 72 344 种个人议程，当然公众议程的概念也就无法替代个人议程的概念。

1 种公众议程与 72 344 种个人议程的区分仅考虑了两个概念不同的层面，更进一步的分析需要同时考虑个体与总体两个层面，以及人内议题显要性和人际议题显要性两个维度。

本研究难以对比 72 344 种个人议程与 1 种公众议程，为了从个体和总体两个层面以及人内议题显要性和人际议题显要性两个维度考察个人议程与公众议程的差异，我们假设总体中仅存在两个个体，即 ID 分别为"10904"和"1077"的两位用户（用户 A 和用户 B）。比较中仍然采用真实数据，只是样本量有所不同。在表 6-3 中，用户 A 和用户 B 的个人议题显要性分别包含人内议题显要性和人际议题显要性两部分。由于存在两位用户，因而生成了两种个人议程，即个人议程 A 和个人议程 B，分别是由相应用户的人内议题显要性和人际议题显要性相加而得。然而，总体中存在两个用户的前提下，仅生成一种公众议程 C，这一公众议程的生成与人际议题显要性无关，是用户 A 和用户 B 的人内议题显要性的累加。

表6-3 仅有两个用户时个人议程与公众议程的比较

议 题	用户A		个人议程A	用户B		个人议程B	公众议程C
	人内A	人际A		人内B	人际B		
犯罪问题	138	135	273	1	6	7	139
演艺活动	70	142	212	1	11	12	71
健康问题	39	51	90	0	4	4	39
民族问题	29	17	46	2	8	10	31
司法问题	26	16	42	1	1	2	27
政府活动	26	14	40	0	3	3	26
政治争论	26	14	40	4	5	9	30
影视明星	24	16	40	15	85	100	39
就业问题	22	8	30	0	1	1	22
性别问题	22	6	28	1	3	4	23
社交媒体	21	9	30	3	18	21	24
自然灾害	19	12	31	2	13	15	21
城市问题	18	5	23	0	4	4	18
太空探索	16	12	28	3	11	14	19
动物问题	14	6	20	2	6	8	16
恐怖主义	12	13	25	1	1	2	13
种族问题	12	4	16	2	19	21	14
气象状况	11	2	13	0	0	0	11
宗教问题	11	10	21	0	3	3	11
税收问题	10	4	14	3	16	19	13
气候变化	8	3	11	5	3	8	13
医学研究	8	9	17	0	3	3	8
难民问题	8	6	14	0	0	0	8
游戏问题	7	10	17	6	1	7	13
治安问题	6	5	11	4	2	6	10
移动设备	6	9	15	2	5	7	8
总统选举	5	13	18	2	4	6	7
全球贸易	5	4	9	2	3	5	7
体育赛事	5	3	8	17	13	30	22
教育问题	5	4	9	1	6	7	6
收支问题	5	2	7	3	3	6	8
能源问题	4	5	9	3	7	10	7

议　题	用户 A		个人议程 A	用户 B		个人议程 B	公众议程 C
	人内 A	人际 A		人内 B	人际 B		
商界领袖	3	5	8	3	29	32	6
流行音乐	3	0	3	156	13	169	159
交通问题	2	3	5	11	33	44	13
商业技术	1	7	8	2	3	5	3
总　计	647	584	1 231	258	346	604	905

注：表中"人内"和"人际"分别为"人内议题显要性"和"人际议题显要性"的简称。

个人议程 A、B 与公众议程 C 虽然相关，但存在明显差异。从数量上说，个人议程 A 和个人议程 B 分别含 1 231 条、604 条推文；而公众议程含 905 条推文。从议题上来说，公众议程 C 还是体现了个人议程 A 和个人议程 B 中的重要议题，比如个人议程 A 中最重要的议题"犯罪问题"和个人议程 B 中最重要的"流行音乐"在公众议程 C 中仍然是最重要的两个议题。然而，个人议程 A 中非常重要的"演艺活动"议题并没有明显体现在公众议程 C 中。与此类似的是个人议程 B 中的"影视明星"议题，其重要性也没有体现在公众议程中。出现这种状况主要是因为公众议程 C 没有包含人际议题显要性这一维度。而个人议程 A 中的"演艺活动"和个人议程 B 中的"影视明星"，其主要权重存在于人际议题显要性中。

从实际来看，公众议程并不能取代个人议程，个人议程具有其独特性，有公众议程无法涵盖的内容。

下面我们给出由 72 344 位用户的人内议题显要性所构成的推特公众议程，如表 6-4 所示。推特公众议程共由 10 739 597 条推文，36 个议题构成，其占比最高的议题为"体育赛事"（6.95%），占比最低的是"移动设备"（1.33%）。可以发现，推特公众议程相对于个人议程 A、个人议程 B，其分布更为均匀。个人议程 A 存在两个明显权重高于其他议题的议题，即"犯罪问题"和"演艺活动"，"犯罪问题"的占比甚至超过 20%。个人议程 B 也存在两个明显更为重要的议题，即"流行音乐"和"影视明星"。实际上，由两位用户的人内议题显要性累加的公众议程 C 的变异系数（CV = 130.12%）已经明显低于个人议程 A（CV =

158.79%）和个人议程 B（$CV=188.32\%$）的变异系数。而推特公众议程的变异系数为 50.505%，远低于两种个人议程的变异系数。实际上，72 344 种个人议程中，仅有 9 种推特个人议程的变异系数低于推特公众议程的变异系数。也就是说，个人议程本身就具有比公众议程更大的差异性。从这个角度看，推特公众议程与推特个人议程也存在明显差异，并非同一个概念。

表 6 - 4　推特公众议程 （$n=10\ 739\ 597$）

排序	议题	频数	占比/%	排序	议题	频数	占比/%
1	体育赛事	746 571	6.95	19	民族问题	230 604	2.15
2	社交媒体	706 866	6.58	20	政治争论	227 055	2.11
3	交通问题	567 630	5.29	21	税收问题	224 760	2.09
4	总统选举	531 873	4.95	22	商界领袖	214 518	2.00
5	流行音乐	495 544	4.61	23	收支问题	213 855	1.99
6	气候变化	485 470	4.52	24	恐怖主义	211 526	1.97
7	太空探索	373 432	3.48	25	就业问题	205 854	1.92
8	游戏问题	370 164	3.45	26	医学研究	202 813	1.89
9	气象状况	360 347	3.36	27	自然灾害	202 565	1.89
10	种族问题	327 806	3.05	28	能源问题	199 068	1.85
11	演艺活动	316 379	2.95	29	性别问题	198 190	1.85
12	健康问题	311 937	2.90	30	影视明星	193 125	1.80
13	动物问题	304 464	2.83	31	政府活动	191 392	1.78
14	难民问题	279 387	2.60	32	犯罪问题	174 233	1.62
15	治安问题	277 566	2.58	33	全球贸易	170 245	1.59
16	宗教问题	266 375	2.48	34	商业技术	157 844	1.47
17	城市问题	260 187	2.42	35	司法问题	149 770	1.39
18	教育问题	247 303	2.30	36	移动设备	142 879	1.33

四、个人议程间的比较

由于本研究存在 72 344 种个人议程，个人议程之间的差异与联系也是值得我们关注的重点。当然，我们难以对 7 万多种个人议程进行两两比较。更为可行的方式，应该是展现 7 万多种议程的集中趋势和离散趋势，比如考察各种议程在 36 个议题上的平均值、中位数、四分位数、极差等。在此基础上，我们可以考察 7 万多种议程中的某些特殊议程，比如推文数最多的议程；也可以分析 7 万多种议程中占比最高的议题。

关于 72 344 种个人议程的比较，下文我们将首先分析这些个人议程的集中趋势和离散趋势。如表 6 - 5 所示，72 344 种个人议程中，"社交媒体"的下四分位数为 2.27%，即 1/4 的个人议程在"社交媒体"议题上占比小于 2.27%，也就是说，1/4 的推特普通用户发表的推文中仅有不到 2.27% 的推文是关于"社交媒体"议题的。与此类似，一半的推特普通用户对"社交媒体"议题的关注或讨论程度高于 4.12%，另一半低于 4.12%；1/4 的个人议程中，"社交媒体"议题占比超过 6.90%。"社交媒体"在所有个人议程中占比的极大值为 100%，也就是说，有用户在 2015 年发表的所有与公共事务相关的推文，都是关于"社交媒体"议题的，比如用户"11715552"2015 年发表的 1 387 条推文（公共事务）均与"社交媒体"有关。所有议题的极大值中，占比最低的是"能源议题"，为 50%；也就是说，对"能源议题"关注或讨论程度最高的普通用户在 2015 年有 50% 的推文是关于该议题的；这同时说明，没有一个推特用户能够只关注"能源议题"。

表 6 - 5　推特个人议程的基本描述（单位：%）

议　题	极大值	下四分位数	中 位 数	上四分位数	四分位差
体育赛事	99.60	2.48	4.72	8.33	5.85
社交媒体	100.00	2.27	4.12	6.90	4.63
交通问题	100.00	1.79	3.85	7.56	5.78
流行音乐	100.00	1.60	3.16	6.15	4.55
总统选举	100.00	1.38	3.09	5.79	4.40
健康问题	95.81	0.67	2.04	4.16	3.48
种族问题	100.00	0.99	2.00	3.51	2.53
动物问题	100.00	0.69	1.92	3.46	2.77
太空探索	98.71	0.86	1.85	3.57	2.71
气候变化	100.00	0.39	1.85	4.22	3.82
民族问题	100.00	0.64	1.71	3.29	2.65
游戏问题	97.95	0.44	1.67	3.70	3.27
演艺活动	91.67	0.23	1.62	3.39	3.16
城市问题	99.46	0.44	1.54	2.92	2.48

续表

议　　题	极大值	下四分位数	中　位　数	上四分位数	四分位差
能源问题	50.00	0.41	1.47	2.51	2.10
性别问题	88.55	0.44	1.45	2.41	1.97
宗教问题	64.29	0.00	1.43	2.88	2.88
收支问题	93.98	0.43	1.34	2.78	2.34
自然灾害	94.44	0.46	1.34	2.80	2.35
医学研究	59.51	0.00	1.33	2.63	2.63
犯罪问题	98.49	0.27	1.27	2.34	2.07
就业问题	50.00	0.00	1.27	2.67	2.67
难民问题	96.94	0.00	1.27	2.84	2.84
政治争论	100.00	0.36	1.26	2.50	2.14
商业技术	61.62	0.00	1.08	2.06	2.06
司法问题	84.43	0.15	1.07	2.31	2.17
商界领袖	100.00	0.00	0.94	2.67	2.67
影视明星	94.92	0.00	0.93	2.48	2.48
移动设备	100.00	0.00	0.90	1.75	1.75
政府活动	81.93	0.00	0.85	1.79	1.79
全球贸易	91.73	0.00	0.79	2.09	2.09
治安问题	100.00	0.00	0.62	1.82	1.82
气象状况	61.11	0.00	0.55	2.13	2.13
教育问题	97.58	0.00	0.53	1.99	1.99
税收问题	85.22	0.00	0.45	1.63	1.63
恐怖主义	98.92	0.00	0.35	1.20	1.20

可以发现，多个议题的下四分位数为 0，即有至少 1/4 的用户在 2015 年完全没有发表与这些议题相关的推文，这些议题如"商界领袖""治安问题""恐怖主义""教育问题""难民问题""全球贸易""影视明星"等。下四分位数最高的是"体育赛事"（2.48%），意味着 75% 的普通用户对该议题的关注和讨论程度超过 2.48%。上四分位数最高的也是"体育赛事"，意味着 25% 的普通用户对其关注和讨论度超过 8.33%。所有议题的极小值均为 0%，因此议题占比的极差 = 极大值，而四分位差 = 上四分位数 − 下四分位数。可以发现，36 个议题中，四分位差远远小于极差，说明个人议程中各议题的占比存在极端值的影响，且四分位数更靠近极小值，说明极大值较少，极小值较多。

　　上文分析可以得出，72 344 种个人议程之间的差异十分明显，在各个议题上都存在关注和讨论程度极高的用户，也存在大量对某一议题关注和讨论程度极低的用户。此时，我们很难找到 72 344 种议程的一般性。36 个议题平均占比的排序明显不是一种很好的方法，因为平均占比极易受极端值影响，而个人议程中存在极端值。我们用 36 个议题在 72 344 种个人议程中占比的中位数来衡量推特个人议程的一般性，称这种个人议程为"典型个人议程"，称具有典型个人议程的用户为"典型用户"。公众议程与典型个人议程并不等同，存在诸多差异。如在"教育问题"上，公众议程中该议题占比 2.30%，排序第 18；而典型用户对该议题的关注和讨论仅为 0.53%，排序第 34；总体公众对该议题有较高的关注和讨论，然而典型用户很少讨论该议题。与此类似的还有"气象状况""治安问题""税收问题"等。整体看来，公众议程和典型个人议程中的议题排序差异较大；典型个人议程中的议题占比一般都低于公众议程中的议题占比，这是由于议题占比在个人议程中的分布呈现极强的右偏，进而使得中位数小于均值，而典型个人用户采用的是议题占比的中位数，公众议程中的议题占比与个人议程的议题平均占比类似。

　　不过，公众议程与典型个人议程也存在一定的一致性，两种议程中排序前 5 的议题均为"体育赛事""交通问题""社交媒体""总统选举""流行音乐"，只是其中排序存在细微差异。

　　实际上，典型用户和典型个人议程并不存在，典型个人议程无法代表任何一种实际存在的个人议程，它表示的仅仅是一种中间状态，即 36 个议题在 72 344 种个人议程上的占比中位数。因此，我们有必要回到每个个人议程本身来对其进行分析。实际上，除了个人议程间存在明显差异，个人议程内部也存在明显差异，而这种个人议程内部的差异如果能表现在其他多数个人议程，甚至是所有个人议程中，则这种个人议程内部的差异足以总结为某种模式。

　　如表 6－6 所示，该表呈现的是 2015 年发表推文（与公共事务相关）最多的用户的个人议程，推文数量为 4 102 条。该用户的个人议程中，"税收问题"占比 49.12%，也就是说该用户全年发表的推文中将近一半都与"税收问题"有关，"税收问题"是该用户的关键兴趣点或着重关注点。同时，该用户对"流行音乐"（10.07%）、"教育问题"（5.92%）也有一定的关注，分别超过平均值（2.78%）的 3 倍和 2 倍。然而，该用户对 19 个议题的关注和讨论程度不足 1%，排序后 10 位的议题占比累加为 2.93%，远远小于排名最高的"税收问题"（49.12%）。而在推特公众议程中，排序在后的 10 个议题占比累加为 16.57%，明显高于排序第一的议题"体育赛事"（6.95%）；典型个人议程中，后 10 个议题累加为 6.15%，也高于排名第一的议题"体育赛事"（4.17%）。这种情况并非孤例，如用户"105636266" 2015 年发表推文 562 条，最关注的议题为"社交媒体"，占比 79.36%，远远高于其他议题，后 10 项议题占比累加为 1.74%，远小于"社交媒体"占比。

表 6 - 6　用户"100949009"的个人议程（$n = 4\,102$）

议　题	频　数	占比/%	议　题	频数	占比/%
税收问题	2 015	49.12	犯罪问题	35	0.85
流行音乐	413	10.07	性别问题	35	0.85
教育问题	243	5.92	体育赛事	29	0.71
交通问题	146	3.56	气象状况	28	0.68
民族问题	142	3.46	就业问题	26	0.63
商界领袖	102	2.49	种族问题	26	0.63
影视明星	96	2.34	游戏问题	21	0.51
能源问题	92	2.24	动物问题	18	0.44
移动设备	77	1.88	气候变化	17	0.41
总统选举	69	1.68	政府活动	14	0.34
演艺活动	53	1.29	健康问题	14	0.34
太空探索	53	1.29	政治争论	14	0.34
收支问题	51	1.24	难民问题	13	0.32
社交媒体	45	1.10	城市问题	13	0.32
宗教问题	44	1.07	治安问题	12	0.29
医学研究	43	1.05	全球贸易	11	0.27
商业技术	41	1.00	司法问题	9	0.22
自然灾害	39	0.95	恐怖主义	3	0.07

　　上文展示的仅仅是个人议程极少数的案例，下文我们将分析 72 344 种个人议程中排序第一的议题占比及每种个人议程中排序后 10 位的议题累加占比。如图 6 - 2 所示，所有个人议程中排名第一的议题的最低占比为 4.72%，最高占比为 100%。可以发现 4.72% 是低于公众议程中最高议题占比的（"体育赛事"，6.95%），不过从第 10 百分位数（10.06%）起，

个人议程中最高议题占比已超过 6.95%。事实上，只有 378 种个人议程的最高占比低于 6.95%（占比 0.52%）；说明绝大多数普通用户（近 95%）对某一议题的关注和讨论程度高于被平均化的公众。推特公众议程将推特普通用户的讨论差异平均化，无法体现个体间的差异性。公众议程的这种操作可能形成媒体影响整体公众的假象，更可能的情况是媒体的报道影响了某一部分受众，这部分受众的兴趣和关注点与媒体的报道类似，进而使得公众议程中议题占比发生变化，使得媒体议程与公众议程具有一致性。在这里，推特媒体的报道可能承担的是一种"唤醒"功能，"唤醒"或激发了受众的兴趣点或关注点，进而使得受众意识到自己的兴趣点或关注点的重要性，促使他们在社交平台上表达出来。

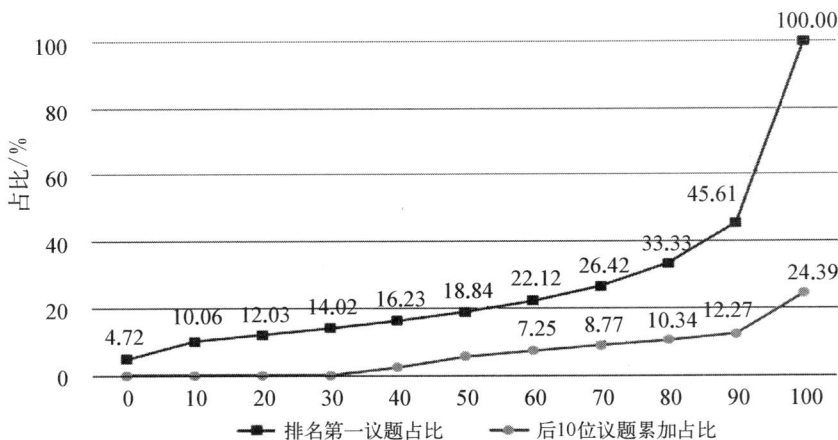

图 6-2　个人议程中第一议题占比和后 10 位议题累加占比的百分位数

与各个人议程中排序第一的议题占比相比，个人议程中后 10 位议题的累加占比明显要低，其最小值为 0%，最大值为 24.39%。就算在最为均衡的个人议程中，后 10 位个人议程的平均占比为 2.44%，仍然低于总体平均值（2.78%）。如图 6-2 所示，后 10 位议题累加占比在任何一个百分位上的值均低于排序第一的议题占比。事实上，在 63 114 种（87.24%）个人议程上，排序第一的议题占比大于后 10 位议题累加占比。这意味着，绝大多数的推特普通用户不仅有自己的兴趣点，而且在自己的兴趣点之外，一般只会关注少数几个其他议题，无法关注所有议题，这使得排名后几位的议题占比为 0% 或趋近于 0%；后 10 位累加占比在第 30 百分位数（中位数）之前均为 0%。

　　上述分析表明推特普通用户一般都存在个人的兴趣点，即个人议程中占比明显高于其他议题的议题。个别用户可能存在多个兴趣点，如"1028709336" 2015 年发表推文 378 条，其中占比超过 10% 的议题有三个："交通问题"（11.11%）、"医学研究"（13.23%）和"气象状况"（20.11%）。我们现在仅分析第一兴趣点，即在各个人议程中占比最高的议题（见表 6-7）。可以发现，72 344 位推特普通用户中，11.39% 的用户的第一兴趣点是"体育赛事"，9.98% 的用户的第一兴趣点是"交通问题"；而将"能源问题"作为第一兴趣的用户均不足 0.1%。

表 6-7　个人议程中占比最高的议题

议　题	频　数	占比/%	议　题	频　数	占比/%
体育赛事	8 238	11.39	自然灾害	1 246	1.72
交通问题	7 223	9.98	民族问题	1 233	1.70
总统选举	6 345	8.77	政治争论	908	1.26
社交媒体	5 856	8.09	收支问题	829	1.15
气候变化	4 679	6.47	就业问题	824	1.14
流行音乐	3 897	5.39	难民问题	757	1.05
气象状况	3 546	4.90	动物问题	568	0.79
教育问题	3 044	4.21	移动设备	546	0.75
游戏问题	2 723	3.76	司法问题	504	0.70
恐怖主义	2 251	3.11	演艺活动	364	0.50
税收问题	2 198	3.04	政府活动	335	0.46
治安问题	2 106	2.91	城市问题	312	0.43
健康问题	2 080	2.88	医学研究	310	0.43
商界领袖	1 894	2.62	犯罪问题	295	0.41
太空探索	1 864	2.58	宗教问题	235	0.32
影视明星	1 745	2.41	商业技术	91	0.13
种族问题	1 612	2.23	性别问题	75	0.10
全球贸易	1 550	2.14	能源问题	61	0.08

第二节　推特上媒体议程对个人议程的影响

　　推特媒体的个人议程设置研究考察的是推特媒体议程对推特个人议程

的影响。逻辑上说，媒体议程具有影响个人议程的可能性，然而个人议程影响媒体议程的可能性极低。具有强大影响力的单个推特用户（如意见领袖）确实有可能影响媒体，然而本书中的个人议程的主体是推特普通用户，单个推特普通用户影响推特媒体的可能性微乎其微。因此，推特媒体的个人议程设置研究中几乎不存在由双向影响带来的内生性问题，我们可以采用 OLS 回归以考察推特媒体议程（解释变量）对推特个人议程（被解释变量）的影响程度。当只存在一个解释变量时，OLS 回归的标准化回归系数与两种议程的皮尔逊相关系数等同，因此本书采用皮尔逊相关系数来衡量推特媒体的个人议程设置效果。

一、影响程度与影响范围

媒体议程与个人议程相关系数取值范围为 [-1，1]，1 表示两种议程完全正相关，说明推特媒体议程完全解释了推特个人议程；0 表示两种议程不相关；-1 表示两种议程完全负相关，即推特媒体报道越多，推特用户反而认为其重要性程度低。本书认为在个人议程设置效果中，与最强效果（1，完全正相关）越接近，个人议程设置效果越强；因此，反效果低于无显著效果。

72 344 项个人议程设置效果的均值为 0.203，这一数值明显低于推特媒体议程与推特公众议程的总体相关系数（0.622）。这种数值上的大小差异并不能说明推特媒体的公众议程设置效果大于推特媒体的个人议程设置效果；而是表明，总体而言，推特媒体对推特普通用户只有有限的影响；每个个体的微小变化将会使得总体的公众议程发生较大变化，进而使得公众议程与媒体议程保持一致。值得注意的是，72 344 项个人议程设置效果的中位数为 0.206，与均值几乎等同，说明个人议程设置效果的极端值较少，呈现明显的正态分布，如图 6-3 所示，多数值分布在 0.203 附近，约有 50% 的个人议程设置效果在 0.04 至 0.40 之间。

当然，被平均的个人议程设置效果较低不仅不意味着个人议程设置效果小于公众议程设置效果，而且并不表明推特媒体无法影响推特普通用户。其一，推特媒体对推特个人较低的影响就足以使得推特公众议程

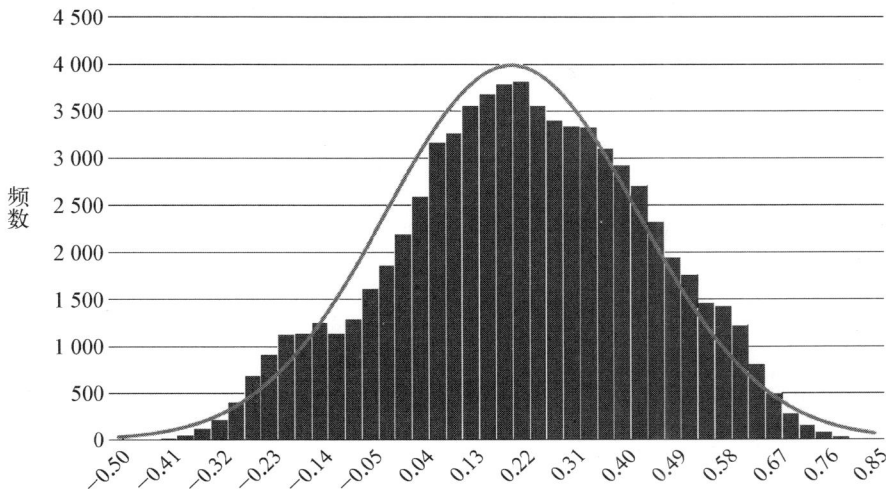

图 6 - 3　推特个人议程设置效果的分布（n = 72 344）

发生较大变化；其二，推特媒体也具备显著影响一部分推特普通用户的能力。样本量（议题数）为 36，置信度为 95% 时，皮尔逊相关系数呈现显著的临界值约为 0.325。当 $r > 0.325$ 时，推特媒体议程与推特个人议程显著正相关；$-0.325 \leqslant r \leqslant 0.325$，两者相关系数不显著；$r < -0.325$，两者呈现显著的负相关。只有两种议程呈现显著正相关时，才表明推特媒体对推特普通用户有显著的个人议程设置效果。本研究中的 72 344 项个人议程设置效果中，有 22 396 项皮尔逊相关系数大于 0.325，即在 $\alpha = 0.05$ 时达到显著。或者说，推特媒体议程能够显著影响 30% 左右的推特个人议程。30% 左右个人议程的显著变化，足以引起公众议程的显著变化。

二、最高效果与最低效果

21 068 项达到显著的个人议程设置效果中的最大值约为 0.839，其中个人议程来自 ID 为 "119406999" 的用户，如表 6 - 8 所示，可以发现，该议程具备个人议程的一般特性，即① 该用户有明显的兴趣点，"教育问题" 和 "体育赛事" 的占比明显高于其他议题，均超过 18%；② 该个人议程排名靠后的议题占比极低，后 10 位议题累积占比 1.88%，仅为显要性最高议题的 1/10。

表 6‑8　个人议程设置效果最高的个人议程（$n=745$）

议 题	频 数	占比/%	议 题	频 数	占比/%
教育问题	138	18.52	犯罪问题	6	0.81
体育赛事	135	18.12	移动设备	5	0.67
流行音乐	72	9.66	政治争论	5	0.67
治安问题	69	9.26	影视明星	4	0.54
恐怖主义	47	6.31	动物问题	4	0.54
全球贸易	46	6.17	宗教问题	3	0.40
总统选举	33	4.43	游戏问题	3	0.40
收支问题	27	3.62	司法问题	2	0.27
政府活动	26	3.49	商业技术	2	0.27
民族问题	19	2.55	健康问题	2	0.27
气候变化	15	2.01	性别问题	2	0.27
交通问题	15	2.01	城市问题	2	0.27
自然灾害	15	2.01	能源问题	2	0.27
社交媒体	12	1.61	演艺活动	2	0.27
种族问题	10	1.34	医学研究	1	0.13
商界领袖	7	0.94	就业问题	1	0.13
难民问题	7	0.94	气象状况	0	0.00
税收问题	6	0.81	太空探索	0	0.00

　　从议题显要性排序上，ID 为"119406999"的用户个人议程中排序前四的议题也是推特媒体议程排序前四的议题，即"教育问题""体育赛事""流行音乐"和"治安问题"。不过在准确顺序上仍有一定差别，如该个人议程中占比最高的是"教育问题"，而"教育问题"在推特媒体议程中排序第三，推特媒体议程排序第一的是"体育赛事"。

　　较为特殊的是，个人议程设置效果中存在一部分反向效果，即推特媒体议程与推特个人议程呈现负相关，数量达 13 223 项，占比 18.28%。当然，反向效果达到显著的极少，仅 377 项，占比仅为 0.52%。在本研究中，显著的反向效果是比无显著效果更低的个人议程设置效果。其主要兴趣点与推特媒体的关注点几乎不重合，而且推特上主要报道的议题很少获关注和讨论；并且，这类用户关注的议题很难成为较长时间段内媒体报道的主要议题；这种情况下，推特媒体难以影响这部分用户。本研究中个人议程设置效果最低的个人议程来自 ID 为"1168545468"的用户，媒体议程与个人议程皮尔逊相关系数为−0.497。如表 6‑9 所示，该个人议程占比最高的两个议题"就业问题"和"气象状况"，在媒体议程中分别排名倒数第3和倒数第1；而该用户从不讨论的"教育问题""治安问题"等议题，则是媒体高度强调的议题。

表6-9 个人议程设置效果最低的个人议程 （$n=136$）

议 题	频 数	占比/%	议 题	频 数	占比/%
就业问题	19	13.77	移动设备	2	1.45
气象状况	13	9.42	社交媒体	2	1.45
交通问题	9	6.52	影视明星	2	1.45
难民问题	9	6.52	体育赛事	1	0.72
城市问题	9	6.52	税收问题	1	0.72
医学研究	8	5.8	政府活动	1	0.72
宗教问题	8	5.8	性别问题	1	0.72
犯罪问题	7	5.07	流行音乐	1	0.72
演艺活动	7	5.07	自然灾害	1	0.72
民族问题	6	4.35	游戏问题	1	0.72
商业技术	5	3.62	恐怖主义	0	0
动物问题	5	3.62	全球贸易	0	0
总统选举	4	2.9	治安问题	0	0
能源问题	4	2.9	健康问题	0	0
气候变化	3	2.17	教育问题	0	0
太空探索	3	2.17	政治争论	0	0
司法问题	2	1.45	收支问题	0	0
商界领袖	2	1.45	种族问题	0	0

综上，平均看来，推特媒体议程对推特个人议程的影响程度较低；然而推特媒体能够显著影响一部分（约为30%）的推特个人议程。

第三节 推特个人议程设置效果的影响因素

已有公众议程设置研究中，研究者在考察条件效果时，主要分析了议题性质和宏观条件的影响。议题性质如议题的强制性和抽象性；宏观条件包括地理空间条件、时间条件和文化差异等。公众议程设置研究中研究者难以考察个人特征对议程设置效果的影响。即使存在考察个人特征影响的公众议程设置研究，也是将个人特征离散化，以将受众分为少数的几类，然后分析每类受众中的议程设置效果。这种分析不够精准，且已与"公众议程"概念相悖。[①] 而个人议程设置研究是在个人层面进行的，能够较好地考察个人特征，特别是连续的个人特征对个人议程设置效果的影响。本研究分析的个人特征包括粉丝数、参与话题数、账号创建时间、转发数、点赞数、推文数和推文长度。其中粉丝数和转发数是对"用户影响力"的测量；推文数和参与话题数是对"用户活跃度"的测量；账号创建时间测量的是用户对推特的"采纳时间"。下文的分析中首先将分别考察不同个人特征下，个人议程设置效果有何差异；继而综合考察多种个人特征，形成整合模型。为方便比较和分析，我们将 7 个个人特征指标都进行归一化，使得其取值均在 [0，1]，归一化数学式为：

$$Y = \frac{X - X_{\min}}{X_{\max} - X_{\min}}$$

式中，X 为归一化之前的个人特征值，$X_{\max}$ 为 X 的极大值，$X_{\min}$ 为 X 极小值；Y 为归一化之后的个人特征值。

一、用户影响力

用户影响力是指"一个用户对其他用户产生影响的可能性"（刘志明、刘鲁，2011）。本研究中的用户影响力包含粉丝数和转发数两个指标，粉丝数是指其他用户关注该用户的数量，转发数是指该用户 2015 年所发推文被他人转发的条均转发量。夸克等人（Kwak，2010）的研究显示，粉丝数（*Follow*）和转发数（*Retweet*）具有同等重要性，因此用户影响力（*Inf*）可以表示为：

$$Inf = (Follow + Retweet)/2$$

---

① 公众议程设置研究涉及导向需求条件时，研究者一般考察的并非不同个人连续的导向需求程度对议程设置效果的影响；而是依据导向需求程度，将受众分为"高导向需求者"和"低导向需求者"；将公众议程划分为"高导向需求者的公众议程"和"低导向需求者的公众议程"；进而分别考察媒体议程对该两种议程的影响。然而，理论上说，公众议程是一种应该包含全体公众的议程，不可因人而切分，所谓的"高导向需求者的公众议程"其实已经有悖于"公众议程"的概念。

式中的粉丝数（*Follow*）和转发数（*Retweet*）均为归一化之后的值。可以得出，理论上，用户影响力 *Inf* 的取值范围亦为 [0，1]。

虽然理论上用户影响力的取值范围为 [0，1]，但其实际取值范围为 [0，0.504]。这是由于粉丝数极高的用户，其转发数较低；或转发数极高的用户，粉丝数较低；以至于几乎没有用户的影响力取值在 0.5 以上。72 344位普通用户的影响力分布如图 6-4 所示，均值为 0.021，中位数为 0.005。可以发现绝大多数用户的影响力取值在 0.1 以下，影响力接近 0 的用户数量极大，约有 60% 的用户其影响力小于 0.01，约有 80% 的用户其影响力小于 0.02，约有 95% 的用户影响力小于 0.1。用户影响力呈现较为明显的幂律分布，只有极少数用户的影响力接近 0.5。

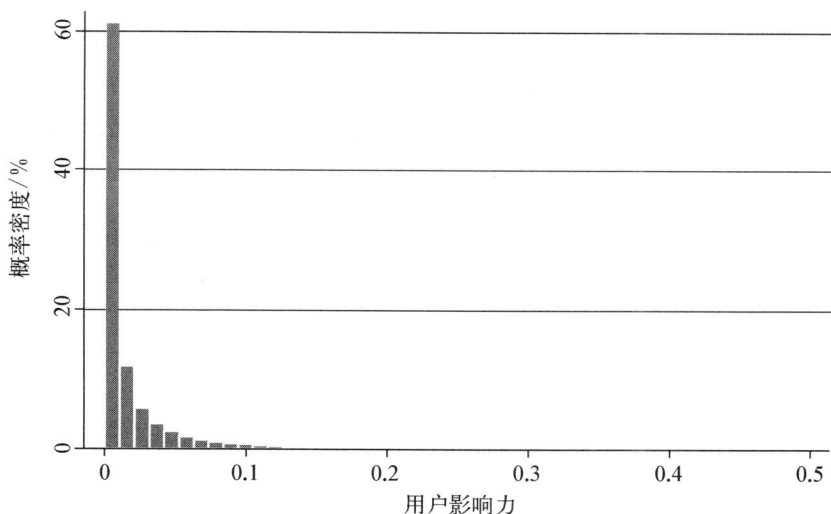

图 6-4 用户影响力分布图（$n = 72\,344$）

我们以用户影响力（*Inf*）为解释变量，个人议程设置效果（*IA*）为被解释变量，建立 OLS 回归模型，模型如下：

$$\widehat{IA} = -0.848 \times Inf + 0.221 \qquad \text{（模型 a）}$$

其中 $\widehat{IA}$ 为个人议程设置效果的估计值；$R^2 = 0.026$，说明用户影响力对个人议程设置效果的解释力不高，但这不影响对两者关系的讨论。用户影响力的回归系数为 -0.848（*Sig.* < 0.001），这说明用户影响力对个人议程设置效果有显著的负向影响；用户影响力越高，个人议程设置效果反而越

低。可以推论，推特媒体对影响力低的用户更可能形成显著的议程设置效果，而对影响力高的用户则难以形成较强的议程设置效果。相对于影响力低的用户，影响力高的用户其信息处理能力可能更高，可能已经具备了某种判断议题重要性的标准。这些标准可能各不相同，媒体的报道只是影响力高的用户判断议题重要性的标准之一，这就使得推特对多数具有高影响力的用户难以具有议程设置效果。然而，这一解释存在一处逻辑漏洞：既然影响力高的用户将媒体报道作为判断议题重要性的标准之一，则有可能存在某些影响力高的用户将媒体报道作为重要标准或主要标准，则推特媒体对此类高影响力用户应具有较强的议程设置效果。

从模型上看，当模型 a 中加入用户影响力的二次项时，则模型结果与上述解释相契合，即前一段取值范围内个人议程设置效果随着用户影响力的上升而下降，而超过某个点之后，随着用户影响力的持续增大，个人议程设置效果反而呈现上升趋势。加入影响力二次项之后的模型为：

$$\widehat{IA} = 4.199 \times Inf^2 - 1.857 \times Inf + 0.232 \qquad （模型 b）$$

其中 $R^2 = 0.037$，二次项（Inf^2）回归系数 4.199 和一次项（Inf）回归系数 -1.857 均在 $\alpha = 0.001$ 水平显著。然而，二次项回归系数的显著并不足以说明模型 b 的合理性，我们还需要对模型 b 和模型 a 进行嵌套模型检验，以确定模型 b 的确明显优于模型 a。检验统计量为：

$$F = \frac{(R_{ur}^2 - R_r^2)/q}{(1 - R_{ur}^2)/(n - k - 1)}$$

式中，R_{ur}^2 为非约束模型（此处为模型 b）的决定系数，R_r^2 为约束模型（此处为模型 a）的决定系数，q 为非约束模型和约束模型回归系数相差的个数，k 为非约束模型中回归系数的个数。经对模型 b 和模型 a 的嵌套模型检验，得 $F = 826.325$，远大于临界值 3.842（$\alpha = 0.05$）和 10.828（$\alpha = 0.001$），即模型 b 显著优于模型 a。

在模型 b 下，如图 6-5 所示，随着用户影响力的升高，个人议程设置效果呈现先下降再上升的趋势；模型 b 表明用户影响力对个人议程设置效果并非简单地负向显著影响。在用户影响力的真实取值范围内，即 [0，0.504]，个人议程设置效果的估计值范围为 [0.027，0.363]。用户影响力取值在 [0，0.221] 之内时，个人议程设置效果随用户影响力的提升而下降；用户影响力取值在（0.221，0.504］时，个人议程设置效果随用户影响力的提升而提升。当用户影响力达 0.45 时，个人议程设置效果已超过 0 点的估计值。也就是说，当用户影响力足够高时，推特媒体对高影响力用户的议程设置效果有可能高过对低影响力用户议程设置效果的最大值。图中虚线部分是用户影响力超过本研究的真实值，但在理论值范围内，用户影响力至 0.703 时，个人议程设置效果达到最大值 1。由于本研究的推特个人议程考察的是普通用户，故而用户影响力取值难以达到 0.703，然而这并不意味着此类用户不存在，他们往往以意见领袖的身份存在。

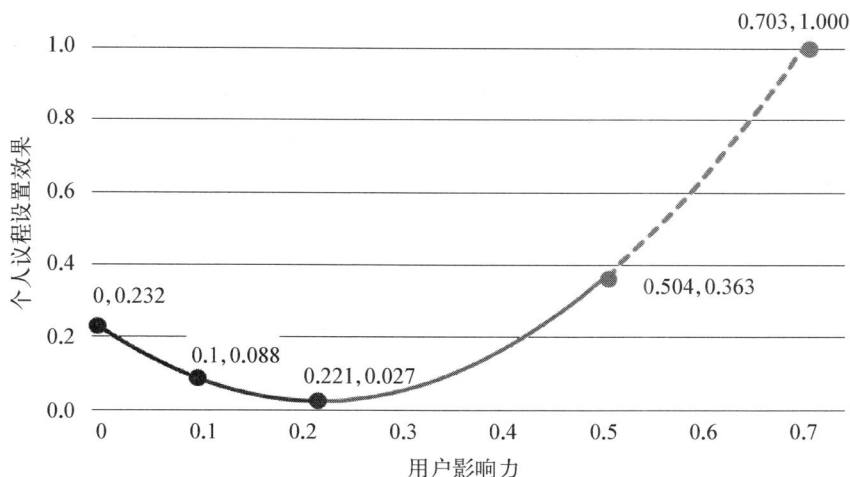

图 6 - 5　用户影响力对个人议程设置效果的影响

模型 b 的分析让我们明了用户影响力对个人议程设置效果的影响是先降后升的，即用户影响力极低时，个人议程设置效果较高；用户影响力极高时，个人议程设置效果也可能高；用户影响力处于 0.221 附近的用户个人议程设置效果最低。然而，需要注意的是，本研究中用户的影响力取值集中于 0 附近，影响力取值范围在 [0，0.1] 之间的用户超过 95%。而当影响力取值为 [0，0.1] 时，个人议程设置效果呈现两个特点：其一，该取值范围内，用户影响力对个人议程设置效果的影响是负向的；其二，该范围内个人议程设置效果的最小值为 0.088。此两类特点意味着：对绝大多数普通用户而言，其影响力越大，个人议程设置效果越小；且推特媒体对绝大多数的普通用户存在一定的议程设置效果。也就是说，虽然用户影响力在特定取值范围内可能对个人议程设置起正向影响，然而正向影响只在极少数用户中存在，不超过 5％。换言之，绝大多数情况下，用户影响力显著负向影响了推特个人议程设置效果；推特普通用户的影响力越高，其个人议程设置效果越低。

不过对于用户影响力的两个维度（粉丝数和转发数）而言，其作用于个人议程设置效果的方式与用户影响力的作用方式可能并不相同。如图 6‑6 所示，可以发现归一化后的粉丝数和转发数的分布与用户影响力的分布几乎完全一致，相对而言粉丝数在 0 附近的聚集程度更高。其中约有 95％的归一化粉丝数小于 0.031；约有 95％的归一化转发数小于 0.165。这种近似于幂律分布的数据特别需要注意的是：该数据所得模型可能过分夸大了极端值或长尾数据的影响，需要在真实取值范围内考察解释变量对被解释变量的作用。

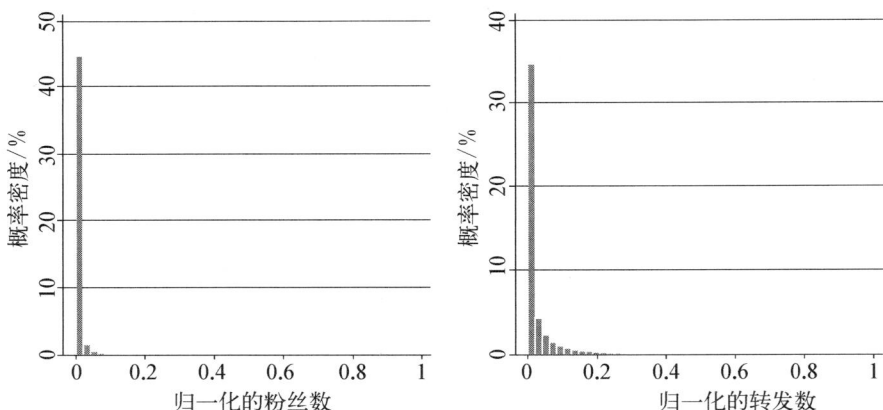

图 6‑6　粉丝数和转发数的分布（归一化后）

严格分析之后，我们分别得到粉丝数（*Follow*）和转发数（*Retweet*）对个人议程设置效果（*IA*）的 OLS 回归模型：

$$\widehat{IA} = 0.035 \times Follow + 0.203 \qquad （模型 c）$$

$$\widehat{IA} = 1.179 \times Retweet^2 - 1.061 \times Retweet + 0.229 \qquad （模型 d）$$

其中含二次项模型 d 明显优于不含二次项的模型，嵌套模型检验得 $F = 756.705 \gg 10.828$；而模型 c 加入二次项后，二次项不显著（$\alpha = 0.05$）。模型 c 的决定系数趋近于 0，粉丝数的回归系数为 0.035（0.05 <

$Sig.=0.077<0.1$），仅在 $\alpha=0.1$ 的水平下显著。也就是说，用户的粉丝数对个人议程设置效果呈现不太显著的正向影响，且解释力极低。模型 d 的二次项和一次项均达显著（$Sig.<0.001$），$R^2=0.044$，说明用户每条推文的平均转发数对个人议程设置效果有显著影响；影响方向上，则是先呈现负向影响，再呈现正向影响。如图 6-7 所示，模型 d 中，个人议程设置效果估计值在转发数 0.45 时达到最低，为 -0.010。转发数取值 $[0，0.45]$ 时，转发数越大，个人议程设置效果越低；转发数取值 $[0.45，1]$ 时，转发数越大，个人议程设置效果越高。不过虽然归一化后的转发数和粉丝数取值范围均为 $[0，1]$，然而约 95% 的用户转发数低于 0.165，而转发数取值在 $[0，0.165]$ 时，转发数呈现对个人议程设置效果的显著负向影响。类似的，模型 c 中，约 95% 的用户粉丝数低于 0.031，在 $[0，0.031]$ 上，粉丝数对个人议程设置效果为正向影响，然而这种变化极小，相应地个人议程设置效果取值范围为 $[0.203，0.204]$。也就是说，绝大多数情况下，用户每条推文平均转发数越高，个人议程设置效果越低；而用户粉丝数对个人议程设置效果并没有显著影响。

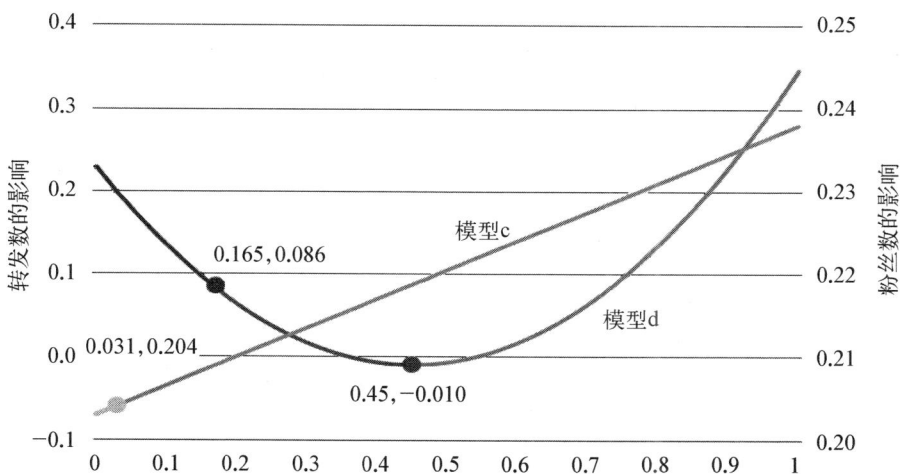

图 6-7　粉丝数和转发数对个人议程设置效果的影响

就以上分析，我们可以得出用户影响力对个人议程设置效果的作用主要来自转发数的作用，粉丝数的作用有限，甚至是负向作用。模型 b 的决定系数为 0.037，模型 d 的决定系数为 0.044。含有双维度的用户影响力对个人议程设置的解释力不如转发数单个维度对个人议程设置效果的解释力。就用户影响力角度来说，以转发数测量用户影响力，很可能比采用粉丝数和转发数双维度测量用户影响力更为合理。

另外，推特平台中有一种名为"点赞数"（*Favorite*）的指标，很少被研究者提及，也几乎没有纳入对用户影响力的测量。从本研究来看，点赞数（*Favorite*）与个人议程设置效果的关系如下：

$$\widehat{IA} = -0.343 \times Favorite + 0.203 \qquad （模型 e）$$

其中，点赞数的回归系数为 -0.343，在 $\alpha = 0.001$ 时达到显著，即点赞数对个人议程设置效果有显著的负向影响；这一结果与转发数的结果基本一致，即点赞数也可能是用户影响力的一种较好测量。不过模型 e 的决定系数仅为 0.000 2，趋近于 0，点赞数的解释力过低。在这种情况下，转发数仍然是用户影响力的最佳测量。

二、用户活跃度

用户活跃度描述用户"参与话题的积极性"（丁雪峰，等，2010），本研究测量用户活跃度时采用了用户所发推文数和参与话题数。用户所发推文数为账号创建以来某用户所发的所有推文数量或 2015 年全年所发的推文数量；推特中的话题以"#"为标记，用户参与话题数是指某用户在其所发推文中包含这些话题的数量。归一化后，推文数（*Status*）和参与话题数（*Lists*）应具有基本同等的重要性，因此，用户活跃度（*Act*）可以表示为：

$$Act = (Status + Lists)/2$$

与用户活跃度类似，由于归一化后的推文数和参与话题数取值范围均为 [0，1]，因此，理论上用户活跃度（*Act*）的取值范围应是 [0，1]。

本研究存在两种推文数的指标，即推文总数和 2015 年的推文数。推文总数表明的是一种持续活跃度，推文数（2015）表示的是当下时段的活跃度。从概率密度分布上看，如图 6 - 8 所示，两者差异不大。不过推文数（2015）中靠近 0 的用户数多于推文总数靠近 0 的用户数；其中 10% 左右的用户推文总数小于 0.01，20% 的推文数（2015）小于 0.01。推文总数的中位数为 0.066，推文数（2015）的中位数为 0.053。我们分别考察推文总数和推文数（2015）对个人议程设置效果的影响，两种 OLS 回归模型中，推文总数和推文数（2015）都对个人议程设置效果有显著影响（$Sig. < 0.001$），然而包含推文总数的 OLS 模型的决定系数为 0.011，远大于包含推文数（2015）的 OLS 模型（$R^2 = 0.001$）。推文总数比推文数（2015）更具解释力，因此对用户活跃度的测量中，推文数方面我们仍然采用推文总数这一指标。

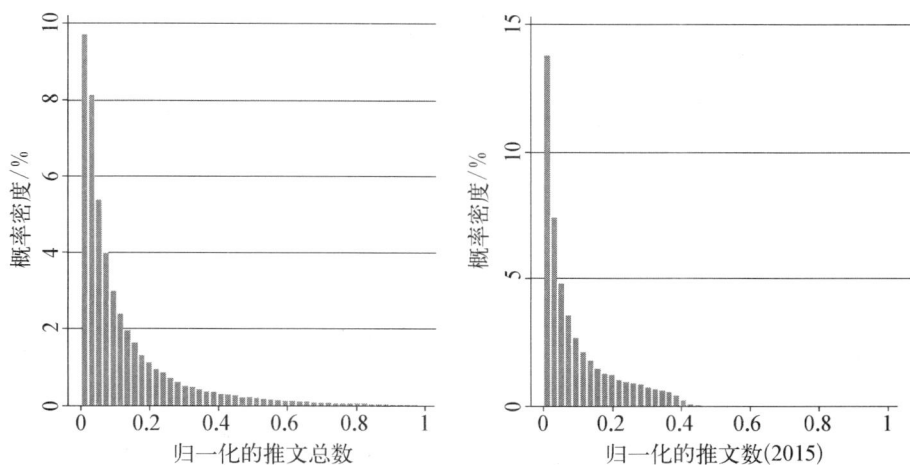

图 6-8　推文总数和推文数（2015）的分布（归一化后）

故而，本研究中的用户活跃度包含用户所发推文总数和参与话题数两个维度，其概率密度分布如图 6-9 所示。与用户影响力类似，虽然其理论取值范围为 [0，1]，但用活跃度的实际取值范围仅为 [0，0.637]。不过活跃度的最高值（0.637）高于影响力的最高值（0.504），说明用户的推文数和参与话题数的一致性程度要高于粉丝数和转发数的一致性程度。72 344位普通用户的活跃度均值为 0.067，中位数为 0.035，说明用户活跃度存在部分取值高的极端值。与用户影响力类似，用户活跃度趋近于幂律分布，不过其在 0 附近的聚集程度不如用户影响力。有约为 20％的用户活跃度小于 0.01，40％左右的用户活跃度小于 0.02，80％左右的用户活跃度小于 0.1，95％的用户活跃度小于 0.252。

我们以用户活跃度（Act）为解释变量，个人议程设置效果（IA）为被解释变量，建立 OLS 回归模型：

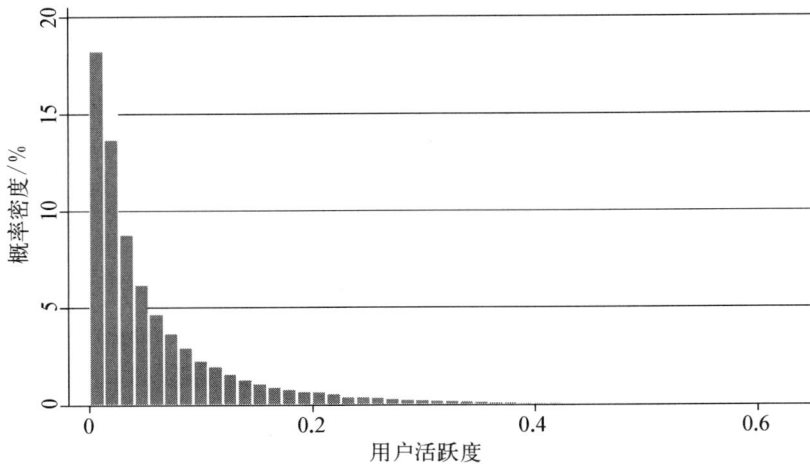

图 6 - 9　用户活跃度的分布图（$n = 72\ 344$）

$$\widehat{IA} = -0.276 \times Act + 0.222 \qquad \text{（模型 f）}$$

模型中决定系数 $R^2 = 0.010$，用户活跃度的回归系数为 -0.276，在 $\alpha = 0.001$ 水平下显著，用户活跃度对个人议程设置效果存在显著的负向效果。推特普通用户的活跃度越高，其个人议程设置效果越低，推特媒体对其影响程度越低。出现这种情形可能与用户的兴趣点或关注点有关。活跃度低的用户，发表推文数量少，参与话题讨论程度低，这种用户可能并没有明显的兴趣点或关注点，或者说该类用户的兴趣点和关注点没有得到凸显；这类用户由于自身并没有特别的兴趣点或关注点，则更可能受外部因素的影响（如媒体的报道）而发表推文；因此，活跃度低的用户的个人议程设置效果可能反而高。对活跃度高的用户来说，其高活跃度并不是均分于所有议题的，而是存在一个或少数几个兴趣点或关注点；一旦用户存在兴趣点或关注点，则会大量发表与个别议题相关的推文，而疏于讨论其他议题；媒体强调的议题可能是高活跃度用户的兴趣点，也可能是其疏于讨论的，然而疏于讨论的议题数量远多于集中讨论的议题数量；推特媒体在非兴趣点上难以唤起高活跃度用户的讨论，进而导致个人议程设置效果不显。当然，这一解释存在明显的逻辑漏洞，之前我们讨论的是用户活跃度较低和较高的情况，然而，如果某一用户的活跃度极高。则可能存在以下两种情况：① 该用户将会发表更多与少数几个兴趣点相关的推文；

② 该用户可能不只具有少数几个兴趣点，而是具有多个兴趣点，甚至对
所有公共事务都有兴趣。如果是后一种情况，则推特媒体的报道则能更
为容易地唤起用户对多数议题的兴趣，则推特媒体影响推特用户的可能
性大大增加。

以模型而言，如果在模型 f 的基础上加入用户活跃度的二次项，则能
够弥补对模型 f 的解释漏洞：活跃度低的用户可能并不具备兴趣点，不对
某类特别讨论，推特媒体影响的可能性就较大；活跃度较高的用户更可能
具备某种兴趣点，疏于关注其他议题，使得推特媒体难以影响个人议程；
而用户活跃度极高的用户可能同时具备多个兴趣点，容易被媒体的报道唤
醒，提高其个人议程设置效果。也就是说，个人议程设置效果随用户活跃
度的增高而先降低后增高。加入二次项的用户活跃度对个人议程设置效果
的模型为：

$$\widehat{IA} = 0.617 \times Act^2 - 0.475 \times Act + 0.228 \qquad (模型 g)$$

其中，决定系数 $R^2 = 0.011$，二次项（Act^2）的回归系数 0.617 和一次
项（Act）的回归系数 -0.475 均在 $\alpha = 0.001$ 的水平下显著。经嵌套模型检
验，$F = 73.146$ 明显大于临界值 10.828（$\alpha = 0.001$），即模型 g 显著优于模
型 f。

如图 6-10 所示，模型 f 说明用户活跃度对个人议程设置效果的影响
并非单调的。在用户活跃度的真实取值范围 [0, 0.637] 内，个人议程设
置效果的估计值取值范围为 [0.137, 0.228]，个人议程设置效果的极小值
所对应的用户活跃度并不在其两个端点（0 或 0.637）上。用户活跃度取值
为 [0, 0.385] 时，个人议程设置效果的估计值随活跃度的上升而下降；
用户活跃度取值为 [0.385, 0.637] 时，个人议程设置效果随活跃度的上
升而上升；这与前文对模型 g 的解释一致。图 6-10 中虚线部分表示的是
超出用户活跃度真实值，但在理论取值范围内的个人议程设置效果的估计
值。用户影响力在 0.703 已达个人议程设置效果的最大值，然而用户活跃
度达到理论最大值时，个人议程设置效果的估计值为 0.370，远低于最大
效果。同样地，由于用户活跃度近似于幂律分布，活跃度趋近于 0 的用户
比例极高。本研究中，95% 的用户其活跃度低于 0.252，用户活跃度取值
为 [0, 0.252] 时，个人议程设置效果随用户活跃度的上升而下降；且该

范围内个人议程设置效果的最低估计值为 0.147。据此，我们得以确证：绝大多数情况下，用户活跃度对个人议程设置效果呈现显著的负向影响；推特媒体对活跃度较低的用户的个人议程均有一定影响。

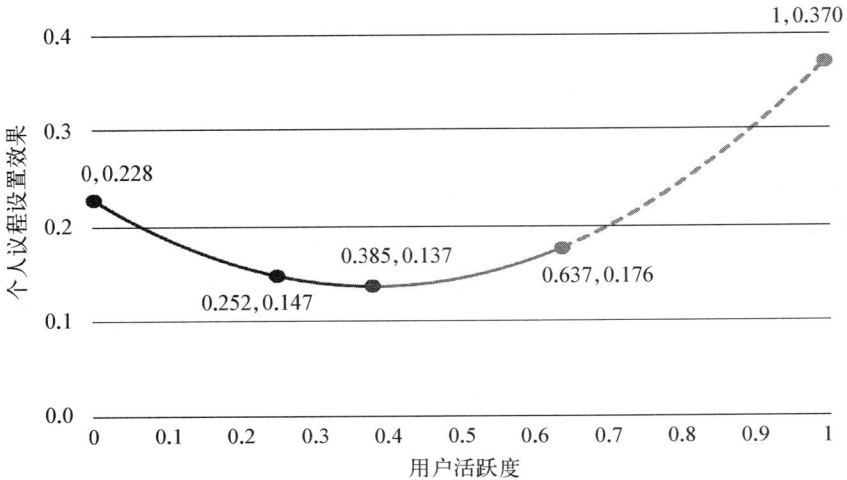

图 6-10　用户活跃度对个人议程设置效果的影响

三、采纳时间

以创新扩散理论而言，用户对推特的采用是一种创新扩散的过程。按照推特采纳时间的先后，可以将推特用户分为五类：创新先驱者（约占 2.5%）、早期采用者（13.5%）、早期大众（34%）、后期大众（34%）和落后者（16%）。不同的采纳时间意味着不同的创新性，从个人议程设置的角度来说，这种由不同采纳时间表现出来的创新性可能导致议程设置效果的不同。分析中，为得到每位用户的推特采纳时间，我们先计算每条推文的发布时间与用户账号创建时间的间隔，然而计算每位用户在每条推文上的平均时间间隔，即为用户的推特采纳时间（单位：日）。

用户对推特的平均采纳时间为 1 639.05 日，约为 4.5 年；中位数为 1 931.29 日，约为 5.3 年。归一化后，如图 6-11 所示，用户的平均采纳时间为 0.350，中位数为 0.457。可以发现，与用户影响力和用户活跃度均呈现显著不同，用户的采纳时间并不服从幂律分布，并不呈现多数取值在 0

附近的现象。用户对推特的采纳出现了三次高潮，出现时间大致为 2008 年的 4 月～5 月，2010 年的 3 月～4 月以及 2013 年的 3 月～4 月。

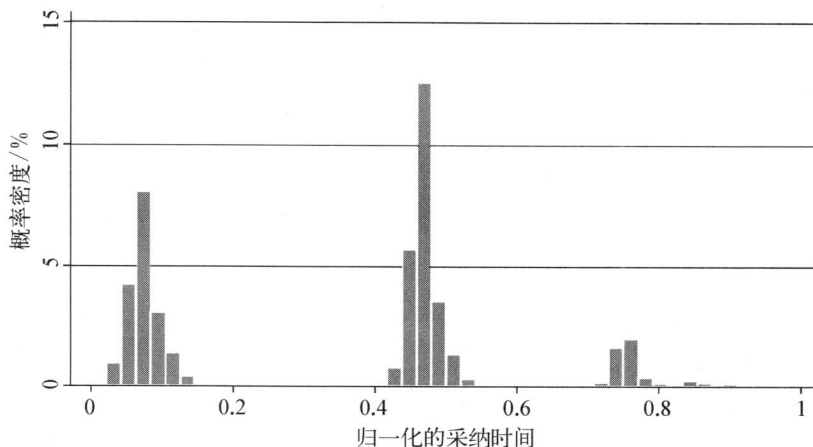

图 6-11　用户对推特的采纳时间的分布（$n = 72\,344$）

我们以用户的推特采纳时间（*Adopt*）为解释变量，个人议程设置效果（*IA*）为被解释变量，建立 OLS 回归模型：

$$\widehat{IA} = 0.196 \times Adopt + 0.134 \qquad\qquad （模型\ h）$$

模型中决定系数 $R^2 = 0.043$，这一决定系数大于模型 b 和模型 g 决定系数（分别为 0.037 和 0.011），说明用户对推特的采纳时间比用户影响力、用户活跃度更能解释个人议程设置效果。推特采纳时间的回归系数为 0.196，在 $\alpha = 0.001$ 的水平下显著，说明采纳时间对存在显著的正向影响；推特采纳时间越长的用户，推特媒体对该用户的个人议程设置效果越强。

用户对推特采纳时间的不同，其实质是用户创新性的不同。罗杰斯将创新的采用者分为五类，并区分了这五类采用者的主要特征：创新先驱者具有冒险精神；早期采用者备受尊敬；早期大众深思熟虑；后期大众谨慎多疑；落后者更为传统保守（罗杰斯，2016：298-300）。然而，罗杰斯自我陈述"将它（采用者）分割成不同类别只是一种测量"（罗杰斯，2016：295），创新性其实是一种连续变量。也就是说，采纳时间越早，间隔时间越长，该用户的创新性越强，保守性越弱；采纳时间越晚，间隔时间越短，该用户的创新性越弱，保守性越强。明显地，创新性越强的用户，越有可能受其他用户的影响；而越保守的用户，越难受影响。从议程设置的角度来说，采纳推特越早的用户，采纳时间越长，创新性越强，越有可能受到推特媒体的影响，个人议程设置效果可能越强；而采纳推特越晚的用户，采纳时间越短，保守性越强，越难受到推特媒体的影响，个人议程设置效果越弱。这很可能是采纳时间显著正向影响个人议程设置效果的原因，其实质是创新性的影响。

以创新性的影响来说，不存在明显的极端情况。如果存在极端情况，则有两种可能：其一，当某用户的创新性超出某个阈值时，该用户不再寻求新的讯息，其他人或事物（包括媒体）对其难以产生影响；其二，当某用户的保守性超出某个阈值时，该用户反而变得容易受新事物的影响。明显地，以上两种情况几乎不可能存在，也就是说推特采纳时间（创新性）对个人议程设置效果的影响是单调的。嵌套模型检验的结果与逻辑经验推倒的结果是一致的，模型 j 加入二次项之后为：

$$\widehat{IA} = -0.017 \times Adopt^2 + 0.203 \times Adopt + 0.122 \qquad （模型 i）$$

其中，二次项（$Adopt^2$）的回归系数未达显著（$Sig. = 0.999 \gg 0.05$），95％的置信度下置信区间为 $[-0.030, 0.030]$，该区间包含 0，也就是说该系数与 0 没有显著差异。而嵌套模型检验中，模型 i 的决定系数与模型 h 的决定系数并没有明显区别，都约等于 0.043，模型 i 并没有显著优于模型 h，根据"奥卡姆剃刀定律"[①]，我们应该选择模型 h 而非模型 i。

如图 6-12 所示，模型 h 表明推特采纳时间对个人议程设置效果的影响是单调递增。在采纳时间的取值范围 $[0, 1]$ 内，个人议程设置效果的估计值取值范围为 $[0.134, 0.330]$，即用户采纳推特的时间越长，推特媒体对该用户的议程设置效果越强。据此，我们可以确认：推特采纳时间能够显著正向推特媒体的个人议程设置效果。

四、文本长度

与用户影响力、用户活跃度和用户对推特的采纳时间不同的是，用户

---

①　或称"简约原则"，"要求尽可能减少不相关的解释变量，以追求简约而不简单的模型"。参见：王存同. 进阶回归分析［M］. 北京：高等教育出版社，2017：94.

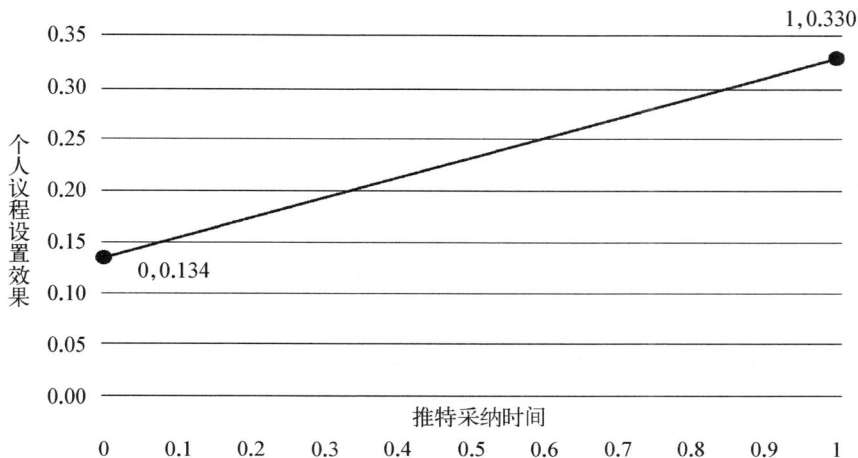

图 6-12　推特采纳时间对个人议程设置效果的影响

所发推文的文本长度是一个未被概念化的变量。虽然有研究者将文本长度概念化为"辩论力"的一部分（丁雪峰，等，2010），但文本长度显然无法较好地测量"辩论力"，文本长度也不仅仅包含"辩论力"，还可能包括诸如意见表达意愿、意见表达能力、思维能力等。文本长度很有可能是一种混杂了多种内涵的测量，但可能也无法单独测量某一抽象概念或构念。显然，不同用户可以通过其发推文的文本长短而区分开来，有的用户更偏向于发表较长的推文，有的用户偏向于发表更短的推文，这与用户的动机、习惯和能力有关。经文本长度而区分的用户可能存在不同的个人议程设置效果，这是本部分有待研究的问题。

本研究所言的"文本长度"是指某用户发表的所有推文的平均长度，是一种用户在文本方面的个人特征。归一化前，72 344 位用户发表推文的平均文本长度为 98.19 个字符，中位数 100.95 个字符。归一化后，文本长度的均值为 0.604，中位数为 0.625，这意味着更多用户发表的推文长度超过取值范围的中间值（0.5）；如果文本长度的分布存在极端值，则极端值更可能是极小值。如图 6-13 所示，文本长度的分布趋近于正态分布，即发表推文的文本长度极长或极短的用户较少，多数用户集中在均值附近。实质上，文本长度的分布是一个略微左偏的分布，偏度系数 $Skewness = -0.486$，这意味着文本长度超过平均数的用户数略多于文本长度低于平均数的用户。

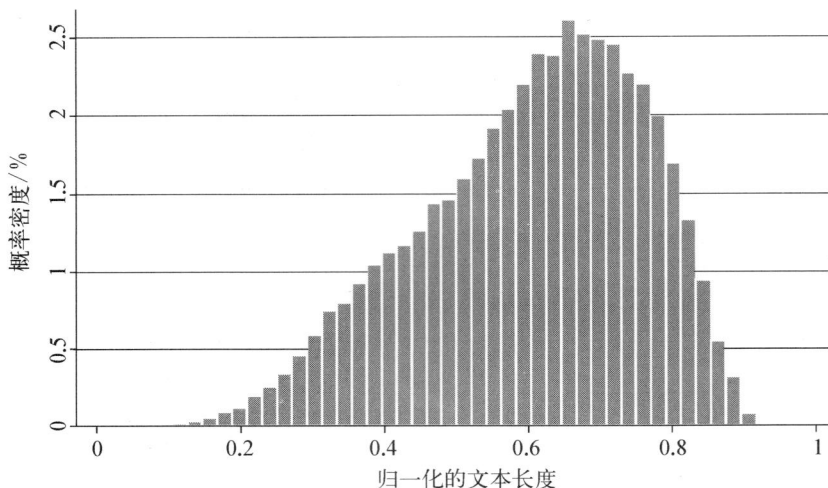

图 6‑13　文本长度的分布（归一化后）（$n = 72\,344$）

我们以文本长度（Len）为解释变量，个人议程设置效果（IA）为被解释变量，建立 OLS 回归模型：

$$\widehat{IA} = 0.494 \times Len - 0.095 \qquad\qquad （模型 j）$$

该模型的决定系数 $R^2 = 0.118$，也就说文本长度能够解释个人议程设置效果变差的 11.8%，这一解释力远高于用户影响力、用户活跃度和推特采纳时间的解释力。回归系数 0.494 在 $\alpha = 0.001$ 的水平下显著，这意味着文本长度显著正向影响了个人议程设置效果。用户所发推文的平均文本长度越长，推特媒体对该用户的个人议程设置效果越强。

如前所述，文本长度这一变量可能包含了诸多内涵，因此对于文本长度如何影响个人议程设置效果可能存在多种解释，此处我们从表达意愿和表达能力的角度来剖析。在其他因素相当的情况下，某用户所发推文的平均文本长度极低，很有可能表示该用户的表达意愿不够强烈。随着平均文本长度的增加，其实表示的是用户的表达意愿在增强。较强的持续输出（持续表达）需要以较强的持续输入（持续的信息获取）为前提，否则较强的表达意愿无法维持。也就是说，具有较强表达意愿的用户很可能同时具备较强的信息获取意愿。明显，媒体是稳定的和高质量的信息来源，较强的表达意愿使得用户更可能从媒体渠道获取信息，进而加工并表达出来。此时，媒体当然具备影响该类用户的可能。用户发表推文的平均长度越长，其表达意愿越强烈，获取信息的意愿也趋于强烈，受到媒体影响的可能性增加，推特媒体对用户的议程设置效果也随之加强。

然而，随着用户平均文本长度的持续增加，超过一定阈值时，支撑该用户长期发表极长文本的除了表达意愿以及随之而来的获取信息的意愿，还可能包括该用户的表达能力。一位用户具有极强的表达意愿，也获取了各类信息，如果该用户不具备较强的表达能力，难以对各类信息进行加工和组织，则这种极长文本的表达难以持久。然而，具有极强表达能力的用户很可能同时具有极强的理性思考能力；此时，该类用户会对媒体的报道有所反思，媒体高度强调的议题，该类用户并不必然认为其是重要的。由于这种理性思考，媒体对这类用户影响的可能性在下降，随之而来的是个人议程设置效果的下降。然而，模型 j 并不能表示文本长度可能对个人议程设置效果产生负向影响。此时，我们在模型 j 的基础上加入文本长度的二次项，模型如下：

$$\widehat{IA} = -1.547 \times Len^2 + 2.244 \times Len - 0.550 \qquad （模型 k）$$

其中，二次项（Len^2）的回归系数 -1.399 和一次项（Len）的回归系数 2.056 均在 $\alpha = 0.001$ 的水平下显著。并且模型 k 的决定系数（$R^2 = 0.157$）明显高于模型 j 的决定系数（$R^2 = 0.118$）。经嵌套模型检验，$F = 3\,346.737 \gg 10.828$（$\alpha = 0.001$），即模型 k 显著优于模型 j。

如图 6-14 所示，文本长度对个人议程设置效果的影响呈现先升后降的趋势。用户平均文本长度取值为 [0，0.725] 时，文本长度越长，个人议程设置效果的估计值越大；用户平均文本长度取值为 [0.725，1] 时，文本长度越长，个人议程设置效果的估计值越小。以未归一化的值来说，当用户所发推文的平均文本长度小于 115.62 个字符时，文本长度显著正向影响个人议程设置效果；文本长度大于 115.62 个字符时，文本长度显著负向影响个人议程设置效果。当文本长度取值为 [0，0.312) 时，个人议程设置效果的估计值小于 0，约占所有用户数的 5%。文本长度取值范围为 [0.312，0.725] 的个人议程设置效果估计值约占所有用户数的 75%。文本长度取值范围为 [0.725，1] 的个人议程设置效果估计值约占所有用户数的 20%。总之，文本长度能够显著影响个人议程设置效果，然而这种影响并非单调的，呈现先升后降的趋势；对大部分用户（75%）来说，文本长度能够显著正向影响个人议程设置效果，且其估计值大于 0。

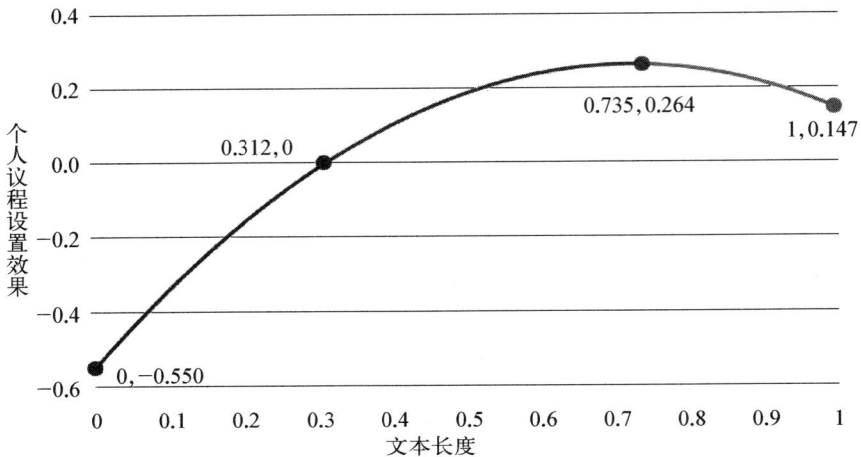

图 6-14　文本长度对个人议程设置效果的影响

五、个人特征的整合模型

前文我们已经考察了四种个人特征（影响力、活跃度、推特采纳时间以及文本长度）对个人议程设置效果的影响，并形成了 4 种因素独立作用的回归模型，即模型 b、模型 g、模型 h 和模型 k。然而，四种个人特征可能存在相互作用，使得考察一种特征独立作用的模型可能并不准确。因此，我们将结合 4 种模型，在控制其他特征的前提下考察 4 种特征对个人议程设置效果的影响，形成整合模型。

用户的个人特征对个人议程设置效果影响的整合模型中，被解释变量为个人议程设置效果（IA），解释变量为用户影响力（Inf）、用户活跃度（Act）、推特采纳时间（$Adopt$）以及文本长度（Len）。并且，依据模型 b/g/h/k，我们在整合模型中加入除推特采纳时间之外的二次项。整合模型 m 如表 6-10 所示，可以发现，虽然存在绝对数值上的差异，但在整合模型中，用户影响力、推特采纳时间和文本长度对个人议程设置效果的影响方向和显著性程度与模型 b/i/j/m 中的影响方向和显著性程度是一致的。存在明显差异的是与模型 g 的比较，在模型 g 中，用户活跃度二次项（Act^2）的回归系数（0.617）在 $\alpha = 0.001$ 下显著，而整合模型 p 中的用户活跃度二次项（Act^2）回归系数 0.087 远未达显著（$Sig. = 0.206 > 0.05$）。也就是说，在控制了影响力、采纳时间和文本长度作用的前提下，用户活跃度对个人议程设置效果的影响更可能是单调递减的，而非先降后升。

表 6-10　个人特征对个人议程设置效果影响的整合模型

变　量	模　型　m		模　型　n	
	系　数	*Sig.*	系　数	*Sig.*
Inf	−0.772	0.000	−0.772	0.000
Inf^2	1.597	0.000	1.598	0.000
Act	−0.092	0.000	−0.087	0.000
Act^2	0.016	0.819		
$Adopt$	0.135	0.000	0.135	0.000
Len	1.945	0.000	1.945	0.000
Len^2	−1.343	0.000	−1.343	0.000
常量	−0.478	0.000	−0.478	0.000
N	72 344		72 344	
F 值	2 328.81		2 716.98.74	
R^2	0.184		0.184	

排除不显著的用户活跃度二次项后，形成了最终的个人特征对个人议程设置效果的整合模型 n。整合模型 n 表明，虽然影响方向存在差异，但用户影响力、用户活跃度、推特采纳时间和文本长度均能显著影响推特媒体对推特普通用户的个人议程设置效果。模型 n 的决定系数 $R^2 = 0.184$，也就是说，4 种个人特征能够解释个人议程设置效果变差的 18.4%。

第七章

个人议程设置中的意见领袖

第一节 推特意见领袖议程

本章将主要考察意见领袖在推特个人议程设置过程中的角色。推特上的意见领袖是指那些"特别活跃",且具有"极大影响力的用户"(刘志明、刘鲁,2011)。本部分的主要目的是描述推特意见领袖议程的基本状况,为后续各类议程关系的分析奠定基础。

一、基本描述

本研究共包含 3 805 位意见领袖,涉及推文 1 887 062 条,如表 7-1 所示。推特意见领袖对 6 个议题的关注度超过 5%,分别为"交通问题""总统选举""气象状况""体育赛事""社交媒体"和"游戏问题"。其中,推特意见领袖对游戏议题的关注程度明显高于其他议题,发布推文数占比近 10%。同时,推特意见领袖关注度低于 1.5% 的也包含 6 个议题,分别是"政府活动""政治争论""商界领袖""收支问题""全球贸易"和"影视明星"。

作为推特意见领袖最为关注的议题,"游戏问题"在推特媒体议程中占比 3.04%,排序为 15。两者差异较大,推特意见领袖极为关注的游戏危害并不是推特重点报道的内容。相对而言,意见领袖与公众在"游戏问题"上的差异要稍小一些,推特公众议程中"游戏问题"占比 3.45%,排序为 8。然而，差异仍然存在，这也从另一个角度说明，意见领袖议程更可能是一种独立的议程，而并非公众议程或媒体议程的一部分。与此同时，作为推特意见领袖最不关注的议题之一，"全球贸易"在推特媒体议程中占比 3.13％，排名为 14。推特媒体对全球贸易问题报道较多，但意见领袖关注度较低。

表 7-1　推特意见领袖议程（$n=1\,887\,062$）

排序	议题	频数	占比/%	排序	议题	频数	占比/%
1	游戏问题	186 566	9.89	19	民族问题	40 894	2.17
2	社交媒体	118 370	6.27	20	医学研究	40 867	2.17
3	体育赛事	107 626	5.70	21	恐怖主义	40 541	2.15
4	气象状况	99 220	5.26	22	治安问题	39 919	2.12
5	总统选举	97 852	5.19	23	太空探索	37 194	1.97
6	交通问题	96 430	5.11	24	能源问题	34 524	1.83
7	健康问题	70 560	3.74	25	性别问题	33 333	1.77
8	流行音乐	62 103	3.29	26	犯罪问题	30 493	1.62
9	演艺活动	57 692	3.06	27	移动设备	30 383	1.61
10	难民问题	57 637	3.05	28	商业技术	28 980	1.54
11	气候变化	56 095	2.97	29	司法问题	28 503	1.51
12	教育问题	54 137	2.87	30	自然灾害	28 386	1.50
13	宗教问题	52 096	2.76	31	政府活动	25 821	1.37
14	就业问题	47 754	2.53	32	政治争论	23 326	1.24
15	城市问题	45 477	2.41	33	商界领袖	23 174	1.23
16	税收问题	43 177	2.29	34	收支问题	22 654	1.20
17	种族问题	42 827	2.27	35	全球贸易	20 058	1.06
18	动物问题	42 483	2.25	36	影视明星	19 910	1.06

从整体来看，推特意见领袖主要关注的是社会和政治方面的问题，较少关注经济问题。推文量超过 5％ 的 6 个议题中，"总统选举"属于政治类问题，其他 5 个均属于社会类问题。经济类问题排名最高的是"能源问题"，排序为 24。

二、意见领袖与普通用户

从个人议程设置的角度来说，推特意见领袖是影响力和活跃度明显高于推特普通用户的一批特殊用户。如图 7-1 所示，用户影响力和用户活跃度对推特个人议程设置效果的影响均为先降后升。图中实线部分表示推特普通用户中的个人议程设置效果的估计值；虚线部分表示推特意见领袖的个人议程设置效果的估计值。据前文分析已知，对绝大多数普通用户来说，其影响力越大、活跃度越高，个人议程设置效果趋于降低。然而，用户影响力和用户活跃度在推特意见领袖中对推特个人议程设置效果的影响是单调递增的。也就是说，推特意见领袖影响力越大、活跃度越高，推特媒体更可能在议题上对推特意见领袖产生影响。这是将意见领袖议程看作多个个人议程，实际研究中，研究者更多是把意见领袖议程看成一个独立的议程。在这种情况下，我们不能仅仅将意见领袖作为特殊的推特个人用户，而应看作一个相对独立的特殊群体，由这个群体发布的推文构成意见领袖议程。推特意见领袖在个人议程设置中的角色也就取决于推特意见领袖议程与推特媒体议程、推特公众议程、推特个人议程的关系。

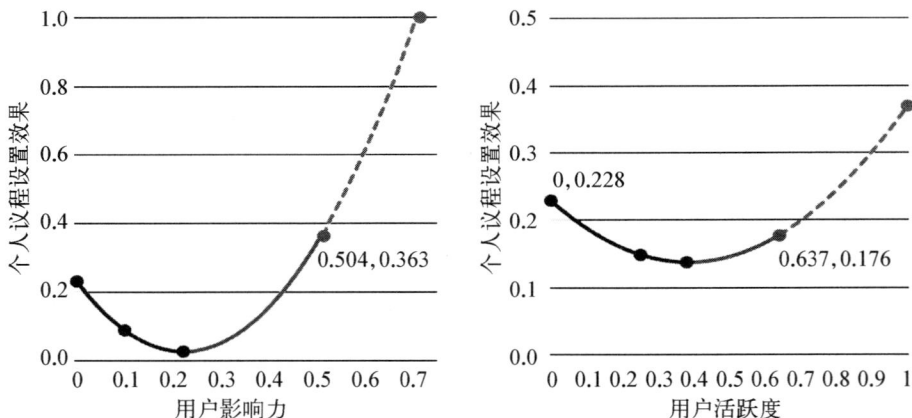

图 7-1   用户影响力和用户活跃度对个人议程设置效果的影响

第二节   意见领袖议程与媒体议程的关系

经第五章和第六章的分析，我们已得知：推特媒体议程显著影响推特公众议程；推特媒体能够显著影响约为 30% 的推特个人。假使推特意见领袖显著影响推特媒体议程，则推特意见领袖可能是推特个人议程设置过程中的调节者；假使推特媒体议程显著影响推特意见领袖议程，则推特意见领袖可能是推特个人议程设置过程中的中介者；假使推特媒体议程与推特意见领袖议程无明显相关，则推特意见领袖可能是相对于推特媒体的新议程设置者。因此，推特意见领袖议程和推特媒体议程的关系分析极为重要，下文我们将分别考察二者的关系强度和关系方向。

一、意见领袖议程与媒体议程的关系强度

推特上意见领袖议程与媒体议程的关系强度分析将基于皮尔逊相关分析，逐步考察两者的总体相关系数、每月相关系数和每日相关系数。

（一）总体相关系数

总体相关系数考察的是 2015 年全年推特意见领袖议程和推特媒体议程的相关程度，包含 36 个议题，涉及 2 817 个媒体账号、3 805 个意见领袖账号、媒体推文 1 530 970 条、意见领袖推文 1 887 062 条。

经皮尔逊相关分析，推特媒体议程与推特意见领袖议程的相关系数为 0.321（$0.05 < Sig. = 0.055 < 0.1$），显著程度不高。相关系数不高意味着推特媒体议程与推特意见领袖议程一致性较差。如表 7-2 所示，推特媒体议程与推特意见领袖议程在多个议题的排序上呈现极大的差异。

表 7-2　推特媒体议程与推特意见领袖议程的比较

议题	媒体议程			意见领袖议程			排序差异
	频数	占比/%	排序	频数	占比/%	排序	
气象状况	13 014	0.85	36	99 220	5.26	4	32
政府活动	50 800	3.32	10	25 821	1.37	31	21
收支问题	48 119	3.14	13	22 654	1.20	34	21
全球贸易	47 938	3.13	14	20 058	1.06	35	21
难民问题	19 183	1.25	30	57 637	3.05	10	20
就业问题	16 310	1.07	34	47 754	2.53	14	20
政治争论	48 876	3.19	12	23 326	1.24	32	20
治安问题	74 413	4.86	4	39 919	2.12	22	18
商界领袖	44 254	2.89	16	23 174	1.23	33	17
宗教问题	20 257	1.32	29	52 096	2.76	13	16

议　题	媒　体　议　程			意见领袖议程			排序差异
	频　数	占比/%	排序	频　数	占比/%	排序	
城市问题	18 693	1.22	31	45 477	2.41	15	16
健康问题	25 988	1.70	22	70 560	3.74	7	15
演艺活动	25 187	1.65	24	57 692	3.06	9	15
影视明星	31 314	2.05	21	19 910	1.06	36	15
游戏问题	46 490	3.04	15	186 566	9.89	1	14
恐怖主义	62 941	4.11	7	40 541	2.15	21	14
自然灾害	31 630	2.07	20	28 386	1.50	30	10
教育问题	89 206	5.83	3	54 137	2.87	12	9
税收问题	62 259	4.07	8	43 177	2.29	16	8
犯罪问题	16 648	1.09	33	30 493	1.62	26	7
商业技术	13 752	0.90	35	28 980	1.54	28	7
流行音乐	104 138	6.80	2	62 103	3.29	8	6
气候变化	41 608	2.72	17	56 095	2.97	11	6
种族问题	49 332	3.22	11	42 827	2.27	17	6
医学研究	22 321	1.46	26	40 867	2.17	20	6
动物问题	25 987	1.70	23	42 483	2.25	18	5
太空探索	40 412	2.64	18	37 194	1.97	23	5
移动设备	17 166	1.12	32	30 383	1.61	27	5
社交媒体	72 619	4.74	5	118 370	6.27	2	3
交通问题	51 163	3.34	9	96 430	5.11	6	3
性别问题	20 741	1.35	28	33 333	1.77	25	3
体育赛事	132 958	8.68	1	107 626	5.70	3	2
司法问题	21 558	1.41	27	28 503	1.51	29	2
总统选举	66 733	4.36	6	97 852	5.19	5	1
能源问题	23 208	1.52	25	34 524	1.83	24	1
民族问题	33 754	2.20	19	40 894	2.17	19	0
总　计	1 530 970	100.0		1 887 062	100.0		

　　两种议程中,排序差异最大的是"气象状况",相差 32 位。"气象状况"在媒体议程中仅占比 0.85%,排序最末;在意见领袖议程中却排名第 4,占比 5.26%。排序差异大于等于 20 位的议题还包括"政府活动""收支问题""全球贸易""难民问题""就业问题""政治争论"。由于推特主要关注的是社会类议题,少量关注政治类议题,极少关注经济类议题。因此,在排序差异超过 20 的两个社会类议题("难民问题"和"就业问

题"）上，意见领袖议程的排序远高于媒体议程的排序。在两个政治类议题（"政府活动"和"政治争论"）和两个经济类议题（"收支问题"和"全球贸易"）上，媒体议程的排序远高于意见领袖议程的排序。

与公众议程设置相比，媒体议程与意见领袖议程的相关系数（$r=0.321$）远低于与公众议程的相关系数（$r=0.622$）。媒体议程与公众议程排序差异超过 20 位的只有两个议题；而媒体议程与意见领袖议程排序差异超过 20 位的有七个议题。同时，媒体议程与公众议程排序差异超过 15 位的有 6 个议题，而媒体议程与意见领袖议程排序差异超过 15 位的有 14 个议题。另外，媒体议程与公众议程总排序差异相差 310 位，而媒体议程与意见领袖议程总排序差异相差 390 位。总体而言，推特媒体议程与推特意见领袖并不存在显著相关。

（二）每月相关系数

推特意见领袖议程与推特媒体议程在总体上非显著相关并不意味着两种议程在任何情况下都不存在一致性。本部分我们将分析意见领袖议程和媒体议程在 2015 年每月中的一致性程度。

如图 7 - 2 所示，2015 年 1 月至 12 月，意见领袖议程与媒体议程的皮尔逊相关系数变化幅度较大，包含四次波峰和四次波谷。两种议程最高一

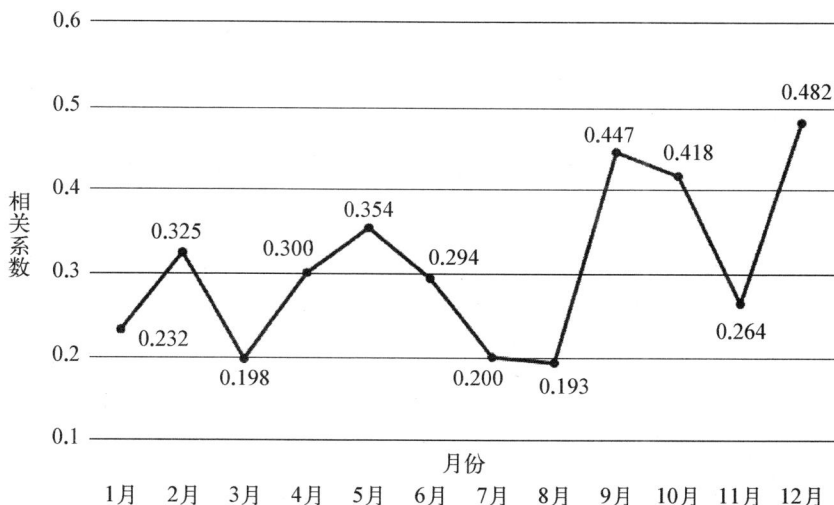

图 7 - 2　媒体议程与意见领袖议程在 2015 年各个月份上的相关系数

致性最大值发生在 12 月，皮尔逊相关系数为 0.482（$Sig. < 0.05$）；两种议程最低一致性发生在 8 月，皮尔逊相关系数为 0.193（$Sig. > 0.05$）；最大相关系数和最小相关系数相差将近 0.3。

更为重要的是，推特意见领袖议程与推特媒体议程在 12 个月中的各月份呈现显著相关（$\alpha = 0.05$），分别是 2 月（$r = 0.325$）、5 月（$r = 0.354$）、9 月（$r = 0.447$）、10 月（$r = 0.418$）和 12 月（$r = 0.482$）。这意味着推特意见领袖议程和推特媒体议程仍然是有可能相互影响或单向影响的。

不过，显著相关的月份分布并未呈现明显的规律。月份上的显著相关可能跟该月本身的议题相关。如 2015 年 9 月，推特媒体最为关注的议题是"体育赛事"（9.72%）；虽然推特意见领袖该月最为关注的议题仍然是"游戏问题"（7.58%），但他们也同时对"体育赛事"保持了很高的关注度（6.05%），仅次于"游戏问题"。10 月的情况与 9 月类似。12 月较高程度相关主要是由于推特媒体和推特意见领袖同时较多报道（或关注）了"健康问题"和"教育问题"。

每月的相关分析表明，虽然推特媒体议程与推特意见领袖议程在总体上不存在显著相关，但随着不同时间段议题的变化，两种议程仍然可能存在显著相关。

（三）每日相关系数

我们已经确知，推特意见领袖议程与推特媒体议程的总体相关系数为 0.321，二者在总体上不存在显著相关。然而，两种议程在 2015 年的各月份中存在显著相关，说明不同时间粒度下的情形可能明显不同。本部分我们将进一步考察推特意见领袖议程与推特媒体议程每日中的相关情况。

经皮尔逊相关分析，推特意见领袖议程与推特媒体议程每日相关系数的取值范围为 [-0.007，0.914]，极差超过 0.9；相关系数均值为 0.318，中位数为 0.284。可以发现，两种议程的相关系数在 2015 年全年的变化幅度非常大，从最高的几乎完全正相关（12 月 25 日，$r = 0.914$）到最低的甚至负相关（1 月 22 日，$r = -0.007$）。与公众议程设置类似，每日相关系数相对于每月相关系数更为极端化。每月相关系数最高为 0.482，相对于每日系数最高的 0.914，相差 0.4 以上；每月相关系数最低为 0.193，每日相关系数最低为 -0.007，相差 0.2；极差相差 0.6 以上。

除 12 月 25 日以外，1 月 1 日、2 月 9 日、9 月 17 日媒体议程与意见领袖议程的相关系数也都在 0.75 以上。令人惊奇的是，媒体议程与意见领袖议程相关系数排名前列的日期与公众议程设置相关系数排名前列的日期几乎完全一致。即使 8 月 7 日意见领袖议程与媒体议程并未超过 0.75，但也显著高于邻近日期。

之所以高相关系数出现在相同日期，明显与当日的主导性议题有关。1 月 1 日的主导性议题是"健康问题"，在媒体议程中占比 13.91％，在意见领袖议程中更是占比达 22.41％。2 月 9 日的主导性议题为"游戏问题"，在媒体议程占比为 16.71％，在意见领袖议程中占比为 22.12％。9 月 17 日的主导性议题是"税收问题"，在媒体议程中占比 16.87％，在意见领袖议程中占比 10.99％。12 月 25 日的主导性议题也是"健康问题"，在媒体议程中占比 20.10％，在意见领袖议程中占比高达 25.81％。在三个主导性议题中，"游戏问题"和"健康问题"是意见领袖重点关注的议题，分别在全年总议程中排名第 1 和第 7。"税收问题"是推特媒体重点关注的问题之一，在全年总媒体议程中排名第 8。该结果表明，既存在推特意见领袖议程影响推特媒体议程的情况，也存在推特媒体议程影响推特意见领袖议程的情况。

自由度为 35 时，皮尔逊相关系数达到显著的临界值为 0.325（$\alpha = 0.05$），如图 7-3 所示。一个重要发现在于，2015 年全年 365 日中，有 161 日推特媒体议程与推特意见领袖议程达到显著。该结果再一次验证了每月分析结果的合理性：虽然总体上推特媒体议程与推特意见领袖议程并不显著相关，但在以月和日为时间单位的分析中，均发现了两者显著相关的可能性。当然，显著相关的概率低于非显著相关的概率；以月为单位，两种议程显著相关概率为 41.66％；以日为单位，两种议程显著相关的概率为 44.11％。

从已有的总体分析结果来看，我们可以发现推特媒体议程与推特意见领袖议程总体上不存在显著相关。如果从总体相关系数出发，推特意见领袖在推特个人议程设置中，更可能扮演新的议程设置者的角色（前提是推特意见领袖能够影响受众）。然而，从每月和每日的分析结果来看，推特媒体和推特意见领袖也可能存在一致性，无法完全否定两者之间的相互影响。因此，下文我们将更进一步分析两者可能的影响方向，以明确回答这一问题。

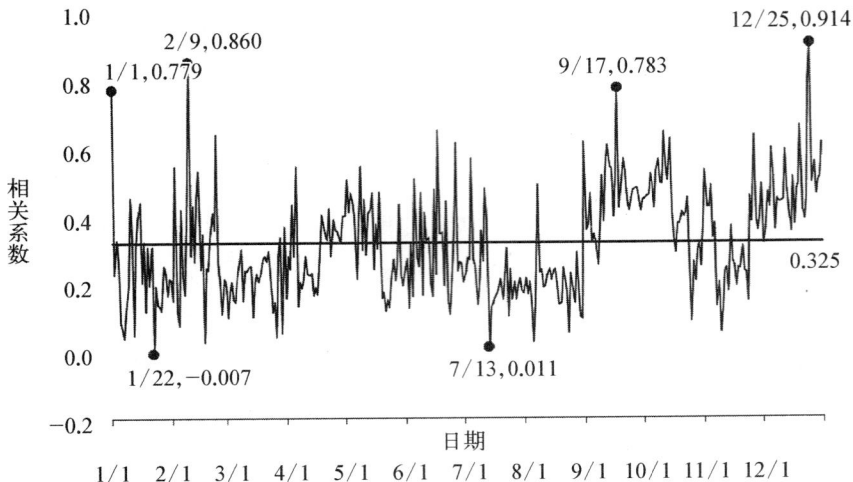

图 7‑3　媒体议程与意见领袖议程在 2015 年每日中的相关系数

二、意见领袖议程与媒体议程的关系方向

上一部分已经从总体、每月和每日的角度对意见领袖和媒体议程的关系强度进行了较为详细的分析。虽然两者总体相关程度不高，却无法完全否定两者之间存在关联。本部分我们将分析：如果推特意见领袖与推特媒体议程存在关联，那么是媒体议程更可能影响意见领袖议程，还是意见领袖议程更可能影响媒体议程。

从本研究关于公众议程设置的分析中发现，大多数情况下时滞并不存在或时滞小于 1 日。这种情况给关系方向的考察带来困难，本研究我们采用工具变量法，建立两个 2SLS 模型，通过比较系数显著性和模型拟合（R^2）来判定哪种影响方向更为可能。

（一）意见领袖议程影响媒体议程

直接考察同期意见领袖与媒体议程的关系方向将产生内生性问题，原因在于推特意见领袖和推特媒体议程可能存在双向影响。为了避免这一问题，本研究将 2015 年全年的数据分上半年、下半年两部分，由此生成四个变量：上半年的推特媒体议程（M_1）、下半年的推特媒体议程（M_2）、上半年的推特意见领袖议程（O_1）和下半年的推特意见领袖议程（O_2）。

本部分我们分析意见领袖议程对媒体议程的影响，我们以 M_2 为被解释变量，O_2 为解释变量，O_1 为工具变量。O_1 和 O_2 高度相关（Pearson's $r=0.954$, $Sig.<0.001$），且由于 O_1 发生在 M_2 之前，M_2 无法影响 O_1，消除了双向影响的可能。这表示 O_1 是一个合理且有效的工具变量。

以 M_2 为被解释变量的 2SLS 建模分为两阶段：

第一阶段，以解释变量 O_2 对工具变量 O_1 进行 OLS 回归，即

$$O_2 = \alpha_6 + \alpha_7 O_1 + \epsilon_7$$

第二阶段，以被解释变量 M_2 对第一阶段回归拟合值 $\widehat{O_2}$ 进行 OLS 回归，即

$$M_2 = \beta_6 + \beta_7 \widehat{O_2} + \epsilon_8$$

其中，ϵ_7 和 ϵ_8 为残差，$\widehat{O_2} = \alpha_6 + \alpha_7 O_1$，$\alpha_7$ 和 β_7 分别为回归系数，α_6 和 β_6 为截距。模型结果见表 7-3。

表 7-3 意见领袖议程影响媒体议程的 2SLS 模型

	模型一	模型二
	下半年意见领袖议程（O_2）	下半年媒体议程（M_2）
第一阶段		
上半年意见领袖议程（O_1）	2.877***	
常数	4 747.576*	
R^2	0.909	
调整的 R^2	0.907	
第二阶段		
下半年意见领袖议程估计值（$\widehat{O_2}$）		0.167
常数		22 283.5**
R^2		0.100
调整的 R^2		0.074

注：* $P<0.05$；** $P<0.01$；*** $P<0.001$。

以下半年媒体议程（M_2）为被解释变量，以下半年意见领袖议

程（O_2）为解释变量，以上半年意见领袖议程（O_1）为工具变量的 2SLS 模型显示：O_1 对 O_2 的回归系数在 $\alpha=0.001$ 的水平下仍然显著，且 R^2 高达 0.909。这一结果验证了 O_1 确实是一个有效的工具变量。表 7-3 中的模型二显示，下半年意见领袖估计值（$\widehat{O_2}$）对下半年媒体议程（M_2）的回归系数为 0.167，在 $\alpha=0.05$ 的水平下未达显著，说明推特意见领袖不太可能影响推特媒体议程。同时，R^2（M_2）为 0.100，远小于推特媒体议程对推特公众议程的 R^2（P_2）（0.371）。也就是说，即使推特意见领袖能够显著影响推特媒体议程，也很难说推特意见领袖为推特媒体设置议程。

（二）媒体议程影响意见领袖议程

类似地，由于内生性问题的存在，我们将数据划分成两半和四个变量：上半年的推特媒体议程（M_1）、下半年的推特媒体议程（M_2）、上半年的推特意见领袖议程（O_1）和下半年的推特意见领袖议程（O_2）。

本部分我们分析的是推特媒体议程对推特意见领袖议程的影响，我们以 O_2 为被解释变量，M_2 为解释变量，M_1 为工具变量。M_1 和 M_2 高度相关（Pearson's $r=0.932$, $Sig.<0.001$），且由于 M_1 发生在 O_2 之前，O_2 无法影响 M_1，消除了双向影响的可能。这表示 M_1 是一个合理且有效的工具变量。

以 O_2 为被解释变量的 2SLS 建模也分为两阶段：

第一阶段，以解释变量 M_2 对工具变量 M_1 进行 OLS 回归，即

$$M_2 = \alpha_8 + \alpha_9 M_1 + \epsilon_9$$

第二阶段，以被解释变量 O_2 对第一阶段回归拟合值 $\widehat{M_2}$ 进行 OLS 回归，即

$$O_2 = \beta_8 + \beta_9 \widehat{M_2} + \epsilon_{10}$$

其中，ϵ_9 和 ϵ_{10} 为残差，$\widehat{M_2} = \alpha_8 + \alpha_9 M_1$，$\alpha_9$ 和 β_9 分别为回归系数，α_8 和 β_8 为截距。模型结果如表 7-4 所示。

以下半年意见领袖议程（O_2）为被解释变量，以下半年媒体领袖议程（M_2）为解释变量，以上半年媒体议程（M_1）为工具变量的 2SLS 模型显示：M_1 对 M_2 的回归系数为 2.112，在 $\alpha=0.001$ 的水平下仍然显著，

表 7 - 4　媒体议程影响意见领袖议程的 2SLS 模型

	模 型 一	模 型 二
	下半年媒体议程（M_2）	下半年意见领袖议程（O_2）
第一阶段		
上半年媒体议程（M_1）	2.112***	
常数	425.147	
R^2	0.869	
调整的 R^2	0.865	
第二阶段		
下半年媒体议程估计值（$\widehat{M_2}$）		0.507*
常数		25 419.45**
R^2		0.110
调整的 R^2		0.084

注：* $P<0.05$；** $P<0.01$；*** $P<0.001$。

且 R^2 高达 0.986 9。这一结果验证了 M_1 确实是一个有效的工具变量。表
7 - 4 中的模型二显示，下半年媒体议程估计值（$\widehat{M_2}$）对下半年意见领袖
议程（O_2）的回归系数为 0.507，在 $\alpha=0.05$ 的水平下未达到显著，说明
推特媒体议程有可能显著影响推特意见领袖议程。同时，R^2（O_2）
为 0.110，解释力不高。虽然推特媒体议程能够显著影响推特意见领袖，
但很难说推特媒体为推特意见领袖设置议程。

　　结合表 7 - 3 和表 7 - 4，本研究分别以推特媒体议程和推特意见领袖议
程为被解释变量构建了 2SLS 模型。从现有结果来看，R^2（O_2）$=0.110>$
R^2（M_2）$=0.100$，且 $\beta_9=0507$ 在 $\alpha=0.05$ 下达到显著，而 $\beta_7=0.167$ 在
$\alpha=0.05$ 下未达显著。换言之，相对于意见领袖议程影响媒体议程的 2SLS
模型，媒体议程影响意见领袖议程的 2SLS 模型更具解释力；并且，媒体
议程影响意见领袖议程的 2SLS 模型中，媒体议程的回归系数达到显著。
这意味着更可能是推特媒体议程影响推特意见领袖议程，而非相反。

　　在媒体议程影响意见领袖议程的情况下，意见领袖议程有可能是媒体
议程影响公众议程和个人议程的中介者。作为中介者的意见领袖议程还需
要能够影响推特公众议程和推特个人议程。当然，由于 R^2（O_2）$=0.110$，
媒体议程对意见领袖议程的解释力并不高，加上媒体议程与意见领袖议程
的总体相关系数未达显著，意见领袖也可能是新的议程设置者。意见领袖

的角色还需要进一步分析。

第三节　意见领袖议程与公众议程的关系

经过上节的分析，我们已得知：推特媒体议程与推特意见领袖议程总体上并未呈现显著相关（$\alpha = 0.05$），但媒体议程仍然有影响意见领袖议程的可能。下文我们将分析意见领袖议程与公众议程的关系强度和关系方向。如果我们可以确证推特意见领袖显著影响推特公众议程，那么意见领袖就更可能是一种新的议程设置者。

一、意见领袖议程与公众议程的关系强度

与公众议程设置研究类似，推特意见领袖与推特公众议程的关系强度分析应用皮尔逊相关分析，分析内容包括总体相关系数、每月相关系数和每日相关系数。

（一）总体相关系数

推特意见领袖议程和推特公众议程的总体相关考察的是 2015 年全年在 36 个议题上的相关系数。该分析涉及 3 805 个意见领袖账号和 72 344 个个人账号，意见领袖议程包含推文 1 887 062 条，公众议程包含推文 10 739 597 条。

经皮尔逊相关分析发现，推特意见领袖议程与推特公众议程的相关系数高达 0.706（$Sig. < 0.001$）。这一相关系数远高于媒体议程与意见领袖议程的相关系数（$r = 0.321$），同时还高于媒体议程与公众议程的相关系数（$r = 0.622$），如果后文分析能够确证意见领袖议程影响公众议程，那么从总体上我们可以明确：推特意见领袖很有可能是推特媒体的竞争者，已经成为推特平台上新的议程设置者。当然，由于推特媒体议程仍然能够影响推特意见领袖议程，这就意味着偶然情况下，推特意见领袖同时也是中介者。

推特意见领袖议程与推特公众议程的高度相关意味着两种议程的占比

与排序相差不大。如表 7-5 所示，意见领袖议程与公众议程在 21 个议题
上的排序差异小于等于 5，还包括 3 项排序完全相同。更为重要的是，意
见领袖议程与公众议程在核心关注议题上差异较小。推特公众最为关注的
"体育赛事"占比 6.95%，同时"体育赛事"在意见领袖议程中占比
5.70%，排名第 3。"社交媒体"同时在意见领袖议程和公众议程中排名
第 2，分别占比 6.27% 和 6.58%。"总统选举"在意见领袖议程和公众议程
中分布排名第 5 和第 4，占比 5.19% 和 4.95%。

表 7-5 推特意见领袖议程与推特公众议程的比较

议 题	意见领袖议程			公 众 议 程			排序差异
	频 数	占比/%	排序	频 数	占比/%	排序	
太空探索	37 194	1.97	23	373 432	3.48	7	16
政治争论	23 326	1.24	32	227 055	2.11	20	12
商界领袖	23 174	1.23	33	214 518	2.00	22	11
收支问题	22 654	1.20	34	213 855	1.99	23	11
就业问题	47 754	2.53	14	205 854	1.92	25	11
移动设备	30 383	1.61	27	142 879	1.33	36	9
游戏问题	186 566	9.89	1	370 164	3.45	8	7
种族问题	42 827	2.27	17	327 806	3.05	10	7
治安问题	39 919	2.12	22	277 566	2.58	15	7
教育问题	54 137	2.87	12	247 303	2.30	18	6
医学研究	40 867	2.17	20	202 813	1.89	26	6
影视明星	19 910	1.06	36	193 125	1.80	30	6
犯罪问题	30 493	1.62	26	174 233	1.62	32	6
商业技术	28 980	1.54	28	157 844	1.47	34	6
司法问题	28 503	1.51	29	149 770	1.39	35	6
气候变化	56 095	2.97	11	485 470	4.52	6	5
气象状况	99 220	5.26	4	360 347	3.36	9	5
健康问题	70 560	3.74	7	311 937	2.90	12	5
动物问题	42 483	2.25	18	304 464	2.83	13	5
税收问题	43 177	2.29	16	224 760	2.09	21	5
难民问题	57 637	3.05	10	279 387	2.60	14	4
能源问题	34 524	1.83	24	199 068	1.85	28	4
性别问题	33 333	1.77	25	198 190	1.85	29	4
交通问题	96 430	5.11	6	567 630	5.29	3	3
流行音乐	62 103	3.29	8	495 544	4.61	5	3
宗教问题	52 096	2.76	13	266 375	2.48	16	3

续表

议　题	意见领袖议程			公　众　议　程			排序差异
	频　数	占比/%	排序	频　数	占比/%	排序	
恐怖主义	40 541	2.15	21	211 526	1.97	24	3
自然灾害	28 386	1.50	30	202 565	1.89	27	3
体育赛事	107 626	5.70	3	746 571	6.95	1	2
演艺活动	57 692	3.06	9	316 379	2.95	11	2
城市问题	45 477	2.41	15	260 187	2.42	17	2
全球贸易	20 058	1.06	35	170 245	1.59	33	2
总统选举	97 852	5.19	5	531 873	4.95	4	1
社交媒体	118 370	6.27	2	706 866	6.58	2	0
民族问题	40 894	2.17	19	230 604	2.15	19	0
政府活动	25 821	1.37	31	191 392	1.78	31	0
总　计	1 887 062	100.0		10 739 597	100.0		

当然，两种议程还是存在一定程度的差异。"太空探索"在公众议程中排名较高，占比 3.48%，然而推特意见领袖不太关注这个议题，该议题在意见领袖议程中仅占比 1.97%，排名第 23。另外，推特意见领袖最为关注的议题"游戏问题"虽然在公众议程中也有一定的关注度（3.45%），但与意见领袖议程中的 9.89% 相差甚远。

我们已知媒体议程与意见领袖议程的相关系数为 0.321，未达显著（0.321）；媒体议程与公众议程的相关系数为 0.622（$Sig. < 0.001$）；意见领袖议程与公众议程的相关系数为 0.706（$Sig. < 0.001$）。相关系数差异的关键在于各类议程排序的差异。意见领袖议程与公众议程排序差异没有超过 20 位的，而媒体议程与意见领袖议程排序差异超过 20 位的有 7 个议题。意见领袖议程与公众议程排序差异超过 15 位的只有 1 个议题，而媒体议程与公众议程排序差异超过 15 位的有 6 个议题，媒体议程与意见领袖更是有 14 个议题排序差异超过 15 位。媒体议程与意见领袖议程总排序差异 390 位，媒体议程与公众议程总排序差异 310 位，而意见领袖议程与公众议程总排序差异只有 188 位。

（二）每月相关系数

与公众议程设置中的关系强度分析类似，推特意见领袖议程与推特公众虽然在总体上呈现显著相关，却并不意味着两者在任何情况都会显著相关。时间是一个重要条件，下文我们将首先分析意见领袖议程与公众议程在 2015 年每月中的相关情况。

　　如图 7 - 4 所示，2015 年各月份中，意见领袖与公众议程的最高相关系数为 0.837，出现在 12 月份。12 月份呈现高度相关，主要是由于该月份中，推特意见领袖和推特公众都较大程度地关注了"游戏问题"和"体育赛事"。意见领袖议程与公众议程在每月中的最低相关系数为 0.580，出现在 11 月。然而，纵使 11 月相关系数最低，该系数仍然达到显著（$Sig. < 0.01$）。也就是说，2015 年全年的每个月意见领袖议程与公众议程都呈现显著相关。

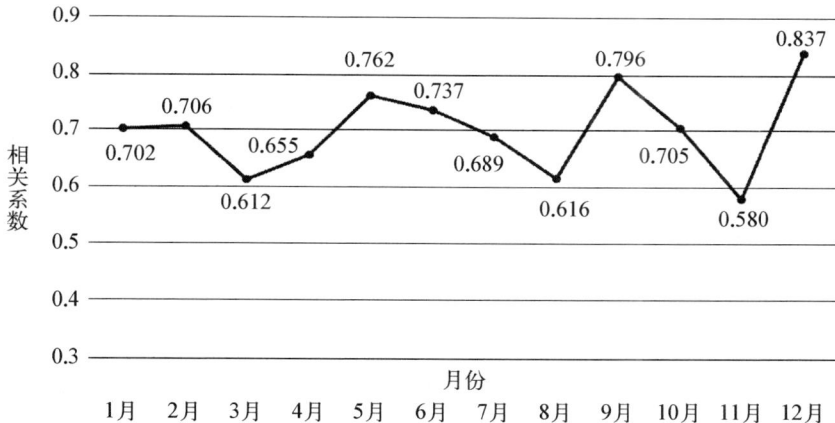

图 7 - 4　意见领袖议程与公众议程在 2015 年各月份上的相关系数

　　从变化幅度上说，意见领袖议程与公众议程相关系数的变化更趋近于媒体议程与公众议程的变化，前者变异系数 $CV = 10.95\%$，后者变异系数 $CV = 6.83\%$。而媒体议程与意见领袖议程相关系数的变异系数 $CV = 32.25\%$。这意味着媒体议程与公众议程的一致性最为稳定，其次是意见领袖议程与公众议程，媒体议程与意见领袖议程的变化幅度最大，难以明确验证媒体议程与意见领袖议程的真正关系。

　　从变化趋势上说，意见领袖议程与公众议程相关系数的变化趋势几乎完全等同于媒体意见与意见领袖议程相关系数的变化趋势。两种相关系数变化的四次波峰和三次波谷出现的月份完全一致。波峰都出现在 2月、5 月、9 月和 12 月，波谷都出现在 3 月、8 月和 11 月。然而，这两种相互系数的变化趋势与媒体议程与公众议程相关系数的变化趋势有极大的差异。3月和11月，媒体议程与公众议程的相关系数处于波峰，而意见领袖议程与公众议程的相关系数处于波谷；5月，媒体议程与公众议程的相关系数处于波谷，而意见领袖议程与公众议程的相关系数处于波峰。波谷波峰唯一重合的是在8月，公众议程与媒体议程、意见领袖议程都处于波谷。从变化趋势可以推论，意见领袖议程在变化过程中起到了主导性作用。

（三）每日相关系数

前文我们已经分析了推特意见领袖议程和推特公众议程的总体相关系数和每月相关系数。本部分我们将继续在时间上细分，考察2015年每日中两者的相差关系及其变化趋势。

经皮尔逊相关分析，推特意见领袖议程与推特公众议程每日相关系数的取值范围为[0.286，0.982]，极差约为0.7；相关系数均值为0.676，中位数为0.689。两种议程相关系数最高值为0.982，出现在12月25日。12月25日，推特意见领袖和推特公众都着重关注了"健康问题"，在对应议程中，"健康问题"分别占比25.8％和28.3％。12月25日同时是媒体议程与公众议程最高相关系数日（$r=0.912$），也是媒体议程与意见领袖议程最高相关系数日（$r=0.914$）。不过意见领袖议程与公众议程在12月25日的相关系数高于其他两种情况，达到0.982。

意见领袖议程与公众议程相关系数的最低值出现在1月12日，皮尔逊相关系数为0.286，在$\alpha=0.05$的水平下未达显著。也就是说，意见领袖议程与公众议程虽然在总体相关和每月相关均达显著，但是在每日相关上仍然可能不显著。如果意见领袖议程能够显著影响公众议程，那么这种影响不具有媒体议程作用的稳定性。媒体议程与公众议程在全年每日的相关系数均在显著水平以上，最小值为0.386，发生于1月6日。

从变动幅度来看，意见领袖议程与公众议程的极差约为0.7，变异系数$CV=17.86％$；媒体议程与公众议程的极差为0.526，变异系数$CV=12.51％$；意见领袖议程与媒体议程的极差约为0.9，变异系数$CV=49.05％$。与每月相关系数分析结果一致，意见领袖议程与公众议程相关系数的变动幅度类似于媒体议程与公众议程相关系数的变动幅度；不

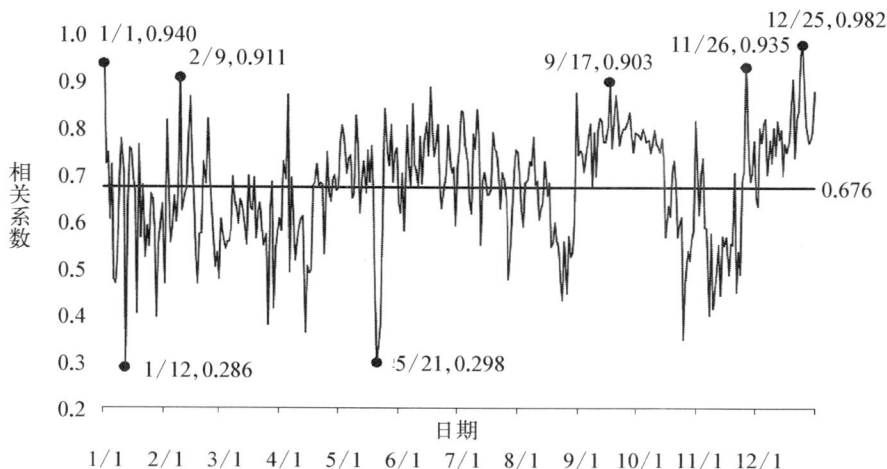

图 7 - 5　意见领袖议程与公众议程在 2015 年每日中的相关系数

过媒体议程与公众议程的关系更为稳定。而媒体议程与意见领袖议程的关系呈现巨大波动。

类似于媒体议程与意见领袖议程的分析，意见领袖议程与公众议程相关系数的峰值时间点一致性程度极高。1 月 1 日、2 月 9 日、9 月 17 日和 12 月 25 日，意见领袖议程与公众议程相关系数均在 0.9 以上。四个日子包含三个主导性议题："游戏问题""健康问题"和"税收问题"。同样地，三种相关系数在低点日期上并没有一致性，意见领袖议程和公众议程相关系数最低的两个时间点是 1 月 12 日和 5 月 21 日。虽然两种议程在这两个日子并未呈现显著相关，但两者在剩余的 363 个日子中均存在显著相关。也就是说，以日为时间段看来，意见领袖议程和公众议程在绝大多数时候都存在显著相关。

意见领袖议程与公众议程关系强度的分析进一步明晰了推特意见领袖在议程设置中的角色。然而，意见领袖角色的确定还有赖于意见领袖议程与公众议程关系的确立。下文将明确回答这一问题。

二、意见领袖与公众议程的关系方向分析

经过上一部分的分析，我们可以较为明确地说明：推特意见领袖议程

与推特公众议程在总体、每月和每日几乎都存在显著相关；总体相关系数（0.706）甚至高于媒体议程与公众议程的相关系数（0.622）。然而，皮尔逊相关分析只能说明两种议程间是否存在显著相关，无法考察意见领袖议程与公众议程的关系方向。与公众议程设置以及媒体议程与意见领袖议程分析类似，本部分我们将采用工具变量法，通过比较系数显著性和模型拟合程度来判定哪种影响方向更为可能。

（一）意见领袖议程影响公众议程

类似于媒体议程与意见领袖议程关系方向分析，直接考察同期意见领袖议程和公众议程的关系方将产生内生性问题，两者可能产生双向影响。避免这一问题的良好方法是工具变量法，本部分先分析意见领袖议程影响公众议程的程度以及模型拟合的程度。我们将 2015 年全年数据划分为上下半年，并产生四个相关变量：上半年的推特公众议程（P_1）、下半年的推特公众议程（P_2）、上半年的推特意见领袖议程（O_1）和下半年的推特意见领袖议程（O_2）。

本部分分析中，下半年的公众议程（P_2）为被解释变量，下半年的意见领袖议程（O_2）为解释变量，上半年的意见领袖议程（O_1）为工具变量。O_1 和 O_2 高度相关（$r = 0.954, Sig. < 0.001$），且由于 O_1 发生在 P_2 之前，P_2 无法影响 O_1，消除了双向影响的可能。这表示 O_1 是一个合理的工具变量。

意见领袖议程影响公众议程的 2SLS 模型分为两阶段：

第一阶段，以解释变量 O_2 对工具变量 O_1 进行 OLS 回归，即

$$O_2 = \alpha_{10} + \alpha_{11} O_1 + \epsilon_{11}$$

第二阶段，以被解释变量 P_2 对第一阶段回归拟合值 $\widehat{O_2}$ 进行 OLS 回归，即

$$P_2 = \beta_{10} + \beta_{11} \widehat{O_2} + \epsilon_{12}$$

其中，ϵ_{11} 和 ϵ_{12} 为残差，$\widehat{O_2} = \alpha_{10} + \alpha_{11} O_1$，$\alpha_{11}$ 和 β_{11} 分别为回归系数，α_{10} 和 β_{10} 为截距。模型结果如表 7-6 所示。

前文的分析已经验证了上半年的推特意见领袖议程（O_1）作为工具变量的有效性。更为重要的是，推特意见领袖议程影响推特公众议程的 2SLS

表 7 - 6　意见领袖议程影响公众议程的 2SLS 模型

	模 型 一	模 型 二
	下半年意见领袖议程（O_2）	下半年公众议程（P_2）
第一阶段		
上半年意见领袖议程（O_1）	2.877***	
常数	4 747.576*	
R^2	0.909	
调整的 R^2	0.907	
第二阶段		
下半年意见领袖议程估计值（$\widehat{O_2}$）		2.194***
常数		68 565.2***
R^2		0.503
调整的 R^2		0.488

注：* $P<0.05$；** $P<0.01$；*** $P<0.001$。

模型，下半年意见领袖估计值（$\widehat{O_2}$）对下半年公众议程（P_2）的回归系数为 2.194（$Sig.<0.001$），说明推特意见领袖能够显著影响推特公众议程。并且该 2SLS 模型的 R^2 达到 0.503，说明推特意见领袖议程不仅能够显著影响推特公众议程，而且推特意见领袖能够解释推特公众议程变化的一半以上，解释力较高。

（二）公众议程影响意见领袖议程

公众议程影响意见领袖议程的直接分析也会产生内生性问题，类似地，我们将 2015 年全年数据划分为上下半年，并产生四个相关变量：上半年的推特公众议程（P_1）、下半年的推特公众议程（P_2）、上半年的推特意见领袖议程（O_1）和下半年的推特意见领袖议程（O_2）。此处，我们以 P_2 为解释变量，O_2 为被解释变量，以 P_1 为工具变量。P_1 和 P_2 显著相关（$r=0.979$，$Sig.<0.001$），且由于 P_1 发生时间在 O_2 之前，O_2 无法影响 P_1，这样就消除了双向影响的可能，使得 P_1 成为一个合理的工具变量。

推特公众议程影响推特意见领袖议程的 2SLS 建模同样分为两阶段：

第一阶段，以解释变量 P_2 对工具变量 P_1 进行 OLS 回归，即

$$P_2 = \alpha_{12} + \alpha_{13}P_1 + \epsilon_{13}$$

第二阶段，以被解释变量 O_2 对第一阶段回归拟合值 $\widehat{M_2}$ 进行 OLS 回归，即

$$O_2 = \beta_{12} + \beta_{13}\widehat{P}_2 + \epsilon_{14}$$

其中，ϵ_{13} 和 ϵ_{14} 为残差，$\widehat{P}_2 = \alpha_{12} + \alpha_{13}P_1$，$\alpha_{13}$ 和 β_{13} 分别为回归系数，α_{12} 和 β_{12} 为截距。模型结果如表 7－7 所示。

表 7－7　公众议程影响意见领袖议程的 2SLS 模型

	模 型 一	模 型 二
	下半年公众议程（P_2）	下半年意见领袖议程（O_2）
第一阶段		
上半年公众议程（P_1）	1.009***	
常数	13 598.6*	
R^2	0.958	
调整的 R^2	0.957	
第二阶段		
下半年公众议程估计值（$\widehat{P}_2$）		0.233***
常数		3 611.422
R^2		0.404
调整的 R^2		0.389

注：* $P<0.05$；** $P<0.01$；*** $P<0.001$。

　　公众议程设置部分已经验证了 P_1 作为工具变量的有效性，推特公众议程影响意见领袖议程的 2SLS 模型中的模型一再次验证这一点。以此为基础，表 7－7 的模型二显示：下半年公众议程估计值（$\widehat{P}_2$）对下半年意见领袖议程（O_2）的回归系数为 0.233（$Sig. <0.001$）。这表明推特公众议程也可以显著影响推特意见领袖议程。同时，该 2SLS 模型 R^2 为 0.404，说明推特公众议程不仅可以显著影响推特意见领袖议程，而且推特公众议程对推特意见领袖议程有较高解释力。

　　结合表 7－6 和表 7－7，可以发现，两组回归系数都达到显著，这意味着推特意见领袖议程和推特公众议程是有可能存在双向影响的。我们进一步对比模型拟合，意见领袖议程影响公众议程的 2SLS 模型的 R^2（0.503）

明显高于公众议程影响意见领袖议程的 2SLS 模型的 R^2（0.404）。这表明，意见领袖议程解释公众议程的程度要高于公众议程解释意见领袖议程的程度。换言之，虽然意见领袖议程与公众议程可能存在双向影响，但一般情况下更可能是意见领袖议程影响公众议程，而非相反。

至此，本研究已经发现，推特上意见领袖议程与媒体议程存在弱相关，并且媒体议程有可能影响意见领袖议程；意见领袖议程能够显著影响公众议程，且影响程度超过媒体议程对公众议程的影响。由此，我们可以较为明确地说明：推特意见领袖在推特议程设置过程中更可能扮演新的议程设置者的角色，同时也有可能扮演中介者的角色。当然，现有的分析只能表明推特意见领袖在公众议程设置中扮演新议程设置者的角色，也无法推定扮演中介者的可能性有多高。下文的分析中，我们将直接讨论推特意见领袖作为中介者的可能性以及在推特个人议程设置中的角色。

三、意见领袖议程的中介效应分析

前文的分析表明：推特媒体议程有影响推特意见领袖的可能，而推特意见领袖能够显著影响推特公众议程。由此可以推断：推特意见领袖在公众议程设置中可能扮演中介者的角色。然而，我们尚无法确定推特意见领袖议程在议程设置过程中的中介效应的强弱。本部分我们将直接分析推特意见领袖议程的中介效应。

已知解释变量为推特媒体议程（M）、被解释变量为推特公众议程（P），可能的中介变量为推特意见领袖议程（O），则联立方程组为：

$$\begin{cases} O = i_1 + aM + e_1 \\ P = i_2 + cM + bO + e_2 \end{cases}$$

式中，i_1 和 i_2 为截距，e_1 和 e_2 为误差项，a、b、c 为回归系数。利用 2015 年全年数据，解得方程组为：

$$\begin{cases} O = 35053.09 + 0.408M + e_1 \\ P = 65785.76.5 + 2.441M + 2.456O + e_2 \end{cases}$$

即 $a = 0.408(0.05 < Sig. < 0.1)$，$b = 2.456(Sig. < 0.001)$，$c =$

2.441($Sig.$ <0.001)。$a×b=1.002$，经 Sobel 检验，Sobel $Z=1.850$ （0.05<$Sig.$ <0.1），说明推特媒体议程经由推特意见领袖对推特公众的间接效应仅在 $α=0.1$ 下显著，在 $α=0.05$ 下不显著，这说明推特媒体议程和推特公众议程经推特意见领袖议程只有较弱的中介效应。而直接效应 c 明显显著（$Sig.$ <0.001），也就是说推特媒体议程对推特公众议程更可能是直接效应，而非经意见领袖的间接效应（中介效应）。假定 $a×b$ 显著，$a×b×c=2.446$>0，表示不太显著的中介效应与显著的直接效应是互补而非竞争的关系。也就是说，以意见领袖为中介者时，推特媒体对推特普通用户的议程设置效果高于推特媒体的直接议程设置效果。当然，由于 $a×b$ 不够显著，推特意见领袖成为推特媒体影响推特普通用户的中介者的可能性较低。

总之，推特议程设置过程中，意见领袖的中介效应较为微弱。虽然在特定情况下，推特意见领袖可以作为推特媒体影响推特普通用户的中介者，但是在大多数情况下，这种显著的中介效应并不存在。换言之，推特意见领袖在推特议程设置过程中更可能是新的议程设置者，而非中介者。通过前文的分析，在公众议程设置过程中，推特意见领袖作为新的议程设置者已经得到验证。然而，推特意见领袖是否在个人议程设置中也扮演新议程设置者的角色，还需要分析推特意见领袖对推特个人的影响。

第四节　意见领袖议程对个人议程的影响

前文的分析已基本明确意见领袖在推特议程设置中更可能扮演的是新议程设置者的角色。新议程设置者的角色应用于个人议程设置过程，还需要满足一个条件：推特意见领袖议程能够显著影响推特个人议程。如果我们需要继续论证推特意见领袖已经取代推特媒体称为主导性的议程设置者，那么我们不仅需要论证意见领袖议程能够显著影响个人议程，还需要论证意见领袖议程对个人议程的影响程度、影响范围超过了媒体议程对个人议程的影响。

一、影响程度与影响范围

前文的相关部分都进行了两个层面的分析：关系强度和关系方向。与媒体议程对个人议程影响的分析类似，推特个人议程是每个推特普通个人用户的议程，单个推特个人议程影响媒体议程和意见领袖议程的可能性很低，且某个具体的推特个人议程很难成为稳定的议程设置者。换言之，推特意见领袖议程与推特个人议程之间基本不存在内生性问题，此时我们可以直接采用 OLS 回归来考察意见领袖议程对个人议程的影响程度。且当 OLS 回归模型只有一个解释变量时，OLS 回归模型中解释变量的标准化回归系数与两种议程的皮尔逊相关系数相等，因此本部分只需要采用皮尔逊相关系数，即可考察意见领袖议程对个人议程的影响程度。

推特意见领袖议程对 72 344 项推特个人议程的影响效果分布情况如图 7-6 所示。72 344 项效果的均值 0.224。这一数值明显低于推特意见领袖议程与推特公众议程的总体相关系数（$r=0.706$）。当然，类似于媒体议程对个人议程影响效果的分析，这一结果并不表明意见领袖议程对个人议程的效果低于对公众议程的效果。公众议程与个人议程一体两面，分别对应不同的研究问题。更为重要的是，意见领袖议程与个人议程相关系数的

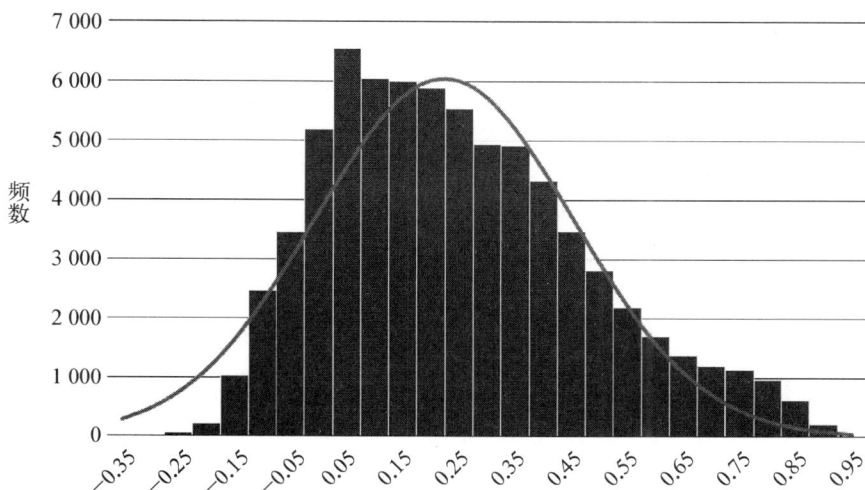

图 7-6　意见领袖议程影响个人议程的效果分布图（**n=72 344**）

平均值 0.224 大于媒体议程与个人议程相关系数的平均值（$r = 0.203$）。这表示，一般来说，意见领袖议程对个人议程的影响程度会高于媒体议程对个人议程的影响程度。

如图 7 - 6 所示，可以发现意见领袖对个人议程影响的效果略微呈现右偏分布。实际上，相关系数均值为 0.224，中位数为 0.194，中位数小于均值，意味着意见领袖议程对个人议程影响的多数效果分布在均值以下。相关系数小于 0.224 的共 39 611 项，占比 54.75%。这一情况下，意见领袖对某些个人议程的影响会呈现较为极端的一致，数据上体现为高度相关，两种议程的最高相关系数达 0.924，远高于媒体议程对个人议程影响的最高相关系数（0.838）。相对于媒体议程对个人议程的影响，意见领袖的影响在稳定性上稍差。

更为重要的是，推特意见领袖议程与推特个人议程相关系数超过 0.325 的共 22 506 项，占比 31.11%。前文已述，自由度为 35，α 为 0.05 时，皮尔逊相关系数达到显著的临界值为 0.325。换言之，推特意见领袖确实能够显著影响推特个人议程，且推特意见领袖能够显著影响 31.11% 的推特个人。这一比例稍高于媒体议程显著影响个人议程的比例（30.95%）。从这一点上说，意见领袖议程对个人议程的影响范围要稍大于媒体议程对个人议程的影响范围。

二、最高效果与最低效果

从相关系数的最高值和最低值来说，推特意见领袖议程与推特个人议程的最低相关系数为 -0.353，高于推特媒体议程与推特个人议程的最低相关系数（$r = -0.497$）。而意见领袖议程与个人议程的最高相关系数为 0.924，高于媒体议程与个人议程的最高相关系数（$r = 0.838$）。从这一趋势来说，意见领袖议程与个人议程的最高和最低相关系数都高于媒体议程与个人议程对应的相关系数。

具体而言，意见领袖议程与个人议程的最低相关系数出现于用户 "110812289"，该用户最为关注的议题是"影视明星"，而"影视明星"是意见领袖关注程度最低的议题。意见领袖议程与个人议程最高相关系数出现于用户 "1228049647"，我们称该用户的议程为个人议程 C，个人议程 C

与意见领袖议程的比较如表 7-8 所示。意见领袖议程与个人议程 C 的皮尔逊相关系数达 0.924，可以发现这两个议程在多数议题排序上差异较小。特别是在意见领袖议程排名前 10 的议题上，两种议程的排序差异都在 5 以下。个人议程 A 最关注的议题与意见领袖最为关注的议题均为"游戏问题"，且两种议程中，"游戏问题"的占比都明显高于其他议题，分别是 9.89% 和 15.22%。"社交媒体""体育赛事"等议题的排名也十分接近。当然，意见领袖议程与个人议程 C 在个别议题排序上也存在一定差异。排序差异最大的是"气候变化"议题，在意见领袖议程中排名第 11，在个人议程 C 中仅排名第 30，排序相差 19 位。其次是"税收问题"和"教育问题"，排序差异分别为 18 位和 16 位。不过整体看来，两种议程的一致性程度仍然很高。

表 7-8 意见领袖议程与个人议程 A 的比较

议 题	意见领袖议程			个 人 议 程 C			排序差异
	频 数	占比/%	排序	频 数	占比/%	排序	
游戏问题	186 566	9.89	1	91	15.22	1	0
社交媒体	118 370	6.27	2	43	7.19	3	1
体育赛事	107 626	5.70	3	47	7.86	2	1
气象状况	99 220	5.26	4	30	5.02	6	2
总统选举	97 852	5.19	5	25	4.18	9	4
交通问题	96 430	5.11	6	38	6.35	4	2
健康问题	70 560	3.74	7	28	4.68	7	0
流行音乐	62 103	3.29	8	16	2.68	12	4
演艺活动	57 692	3.06	9	31	5.18	5	4
难民问题	57 637	3.05	10	26	4.35	8	2
气候变化	56 095	2.97	11	4	0.67	30	19
教育问题	54 137	2.87	12	5	0.84	28	16
宗教问题	52 096	2.76	13	16	2.68	13	0
就业问题	47 754	2.53	14	13	2.17	15	1
城市问题	45 477	2.41	15	17	2.84	11	4
税收问题	43 177	2.29	16	1	0.17	34	18
种族问题	42 827	2.27	17	13	2.17	16	1
动物问题	42 483	2.25	18	12	2.01	19	1
民族问题	40 894	2.17	19	20	3.34	10	9
医学研究	40 867	2.17	20	14	2.34	14	6
恐怖主义	40 541	2.15	21	2	0.33	32	11

议　题	意见领袖议程			个　人　议　程　C			排序差异
	频　数	占比/%	排序	频　数	占比/%	排序	
治安问题	39 919	2.12	22	0	0.00	36	14
太空探索	37 194	1.97	23	13	2.17	17	6
能源问题	34 524	1.83	24	11	1.84	20	4
性别问题	33 333	1.77	25	13	2.17	18	7
犯罪问题	30 493	1.62	26	7	1.17	24	2
移动设备	30 383	1.61	27	11	1.84	21	6
商业技术	28 980	1.54	28	8	1.34	23	5
司法问题	28 503	1.51	29	7	1.17	25	4
自然灾害	28 386	1.50	30	11	1.84	22	8
政府活动	25 821	1.37	31	5	0.84	29	2
政治争论	23 326	1.24	32	7	1.17	26	6
商界领袖	23 174	1.23	33	6	1.00	27	6
收支问题	22 654	1.20	34	4	0.67	31	3
全球贸易	20 058	1.06	35	2	0.33	33	2
影视明星	19 910	1.06	36	1	0.17	35	1
总　　计	1 887 062	100.0		598	100.0		

三、多指标比较

　　我们已经从均值、中位数、显著影响比例、最高值、最低值比较了意见领袖议程、媒体议程对个人议程的影响。实际上，还有更多的比较指标见表 7-9。以均值来说，意见领袖议程对个人议程的平均影响程度（$r=0.224$）高于媒体议程对个人议程的影响程度（$r=0.203$）；以中位数来说，一般情况下，意见领袖议程对个人议程的影响程度（$r=0.194$）低于媒体议程对个人议程的影响程度（$r=0.206$）。以极差来说，推特意见领袖作为议程设置者的稳定性程度（$Range=1.277$）高于推特媒体的稳定性程度（$Range=1.335$）；以标准差和四分位差来说，推特意见领袖作为议程设置者的稳定性程度（$SD=0.231$，$Q_3-Q_1=0.328$）低于推特媒体的稳定性程度（$SD=0.225$，$Q_3-Q_1=0.312$）。以高度相关比例来说，媒体议程与个人议程相关系数超过 0.7 的占比 0.39%，超过 0.8 的占比仅 0.01%，

没有一项超过 0.9；而意见领袖议程与个人议程相关系数超过 0.7 的占
比 4.08%，超过 0.8 的占比 1.16%，还有 12 项超过 0.9。以显著相关比例
来说，推特意见领袖的显著影响比例（31.11%）略高于推特媒体的显著比
例（30.95%）。然而，53.50% 的情况下，媒体议程与个人议程的相关系数
高于意见领袖议程与个人议程的相关系数。

表 7-9　媒体议程、意见领袖议程对个人议程影响的比较

指标	媒体议程与个人议程	意见领袖议程与个人议程
均值（Mean）	0.203	0.224
中位数（Median）	0.206	0.194
标准差（SD）	0.225	0.231
最低值（Min）	−0.497	−0.353
最高值（Max）	0.838	0.924
极差（Range）	1.335	1.277
上四分位数	0.366	0.371
下四分位数	0.054	0.043
四分位差	0.312	0.328
$r > 0.9$	0（0%）	12（0.02%）
$r > 0.8$	9（0.01%）	836（1.16%）
$r > 0.7$	284（0.39%）	2 952（4.08%）
$r > 0.325$	22 396（30.96%）	22 506（31.11%）
$r < -0.325$	377（0.52%）	3（0.0%）
r（OI）$> r$（MI）	33 637（46.50%）	
r（OI）$< r$（MI）	38 707（53.50%）	

注：r（OI）为意见领袖议程与个人议程的皮尔逊相关系数；r（MI）为媒体议程与个人议程的皮
尔逊相关系数。

　　总之，我们可以确证：推特意见领袖是推特媒体的竞争者，在推特个
人议程设置中扮演新的议程设置者角色；但推特意见领袖并未明显超过推
特媒体，并不是推特平台中主导性的议程设置者。即使如此，本研究也已
表明媒体不再是推特平台的唯一议程设置者，甚至并非主导性议程设置
者；然而，推特平台上媒体的议程设置能力仍然存在。

第八章
结 论 与 讨 论

第一节 主要结论

本书以公众议程设置研究为基础，分析媒体议程对个人议程的影响，以考察推特媒体能否以及如何影响推特普通用户对公共问题重要性的认知，并分析推特意见领袖在个人议程设置中的角色。研究采用对推特平台 2015 年的抽样数据，利用主题建模技术识别议题，应用交叉时滞相关、OLS 回归、2SLS 回归、时间序列回归等统计技术分析了推特媒体的公众议程设置效果、个人议程设置效果以及个人议程设置中的意见领袖。本书的主要结论如下：

一、推特公众议程设置

推特媒体的公众议程设置效果研究主要考察了推特媒体议程和推特公众议程的关系以及影响推特公众议程设置效果的影响因素。前一部分着重考察了两种议程的关系强度和关系方向；后一部分主要考察了两种议题性质（强制性和抽象性）以及三种时间条件（时滞效果、累积效果和相对时间段条件）对公众议程设置效果的影响。

（一）推特媒体议程与推特公众议程显著相关

整体议程层面的相关分析中，就 2015 年总体数据而言，推特媒体议程与推特公众议程的皮尔逊相关系数为 0.622（$Sig. < 0.001$），斯皮尔曼秩相关系数为 0.462（$Sig. < 0.01$）。两种议程在 2015 年各个月份上相关系数的取值范围为 $[0.571, 0.707]$（均有 $Sig. < 0.001$）。推特媒体议程与推特公众议程的每日相关分析中，两种议程的相关系数取值范围为 $[0.386, 0.912]$，相关系数取极小值（0.386）时，仍在 $\alpha = 0.05$ 的水平下显著。也就是说，推特媒体议程和推特公众议程在 2015 年全年、每月和每日中均存在显著相关。

单个议程层面上，推特媒体议程和推特公众议程在所有单个议题上均呈现显著相关（$Sig. < 0.05$）。也就是说，无论从整体议程层面还是单个议题层面来看，推特媒体议程与推特公众议程均存在显著相关。

（二）推特媒体议程能够显著影响推特公众议程

整体议程层面的交叉时滞相关分析中，在不考虑同步相关的前提下，研究发现 365 个时间段（双半日）中的 311 个时间段，前半日推特媒体议程与后半日推特公众议程的相关系数（PX_1Y_2）高于前半日推特公众议程与后半日推特媒体议程的相关系数（PY_1X_2）；并且其中有 276 个时间段满足 $PX_1Y_2 > \text{R-C baseline} > PY_1X_2$，即大多数情况下更可能是推特媒体议程影响推特公众议程。排除了双向影响的 2SLS 回归分析显示，推特媒体议程的回归系数 2.112，在 $\alpha = 0.001$ 的水平下显著，说明在整体议程上，推特媒体议程能够显著影响推特公众议程。

而在单个议题层面，排除双向影响的 2SLS 回归结果显示，推特媒体议程的回归系数在所有议题上均达显著（$Sig. < 0.001$）。这说明，无论在整体议程层面还是在单个议题层面，推特媒体议程均能显著影响推特公众议程。

（三）议题性质能够显著影响推特公众议程设置效果

其一，相对于强制性议题，推特媒体在非强制性议题上具有更强的公众议程设置效果，但差异不显著。

推特媒体议程与推特公众议程在 21 种强制性议题上的平均相关系数为 0.614，小于两种议程在 15 种非强制性议题上的平均相关系数（0.673）。这说明非强制性议题上的公众议程设置效果强于强制性议题上的公众议程设置效果。然而据独立样本 T 检验的结果，两种平均效果并没有显著差异（$Sig.=0.08>0.05$）。并且议题强制性作为连续变量时的 OLS 回归结果显示，议题强制性对推特公众议程设置效果没有显著影响。

其二，相对于抽象议题，推特媒体在具体议题上具有更强的公众议程设置效果，且差异显著。

推特媒体议程与推特公众议程在 14 个抽象议题上的平均相关系数为 0.568，在 22 个具体议题上的平均相关系数为 0.682；且据独立样本 T 检验结果显示，两种均值的差异达到显著（$t=3.08$，$Sig.=0.002<0.01$）。也就是说，具体议题上的公众议程设置效果要显著高于抽象议题上的公众议程设置效果。并且，议题抽象性为连续变量时，OLS 回归结果显示，议题抽象性对公众议程设置效果存在显著的负向影响，且模型决定系数 $R^2=0.360$，这说明议题抽象性对推特公众议程设置效果具有较强的解释力。人们总是愿意讨论自己能够理解的问题，而不是那些难以理解的问题。

(四) 时间条件较少显著影响推特公众议程设置效果

大多数情况下，推特媒体的公众议程设置不存在时滞效果。365 个时段（双半日）的交叉时滞相关分析中，同步相关系数较大数的均值（0.692）大于交叉相关系数较大数的均值（0.649）；且 246 个时段中，同步相关系数的较大值大于交叉相关系数的较大值。这意味着大多数（67.40%）情况下的推特媒体的公众议程设置效果的时滞小于半日或没有时滞。而当时滞小于半日时，时滞则有可能是数小时甚至是 1 小时之内，考虑到用户需要一定的反应时间，这就意味着几乎不存在时滞。据此，本研究认为：大多数情况下，推特媒体的公众议程设置效果已不存在时滞。

推特公众议程设置可能出现累积效果，但可能性较低。在有关累积效果的 359 次分析中，有 154 次推特媒体的 2 日累加议程与推特公众议程相关系数高于推特当天的媒体议程与推特公众议程的相关系数。除此之外，3 日至 7 日的累加效果也有一定的频次出现。换言之，推特媒体的公众议程设置确实可能出现累积效果；然而，从现有条件看，累积效果出现的可能性不高（两日累积效果出现的可能性约为 10%）。

　　周末与工作日的推特公众议程设置效果无显著差异；每日 5 时至 6 时的公众议程设置效果最弱。本研究考察了两种相对时间段条件对推特公众议程设置的影响。周末与工作日的比较中，推特媒体议程和推特公众议程在两个时间段的相关系数十分相近，周末中的相关系数为 0.740，工作日的相关系数为 0.733，两者没有显著差异。每日的四个时段中，凌晨（00:00—05:59）的推特公众议程设置效果最弱（$r = 0.608$），上午的效果也仅略高于凌晨。其原因在于每日中推特公众议程设置效果最弱的时段在于每日的 5 时—6 时。

二、推特个人议程设置

　　推特个人议程设置效果主要考察的是推特媒体议程对 72 344 项推特个人议程的影响以及用户影响力、用户活跃度、推特采纳时间以及文本长度 4 种个人特征对推特个人议程设置效果的影响。

　　（一）推特媒体议程能够显著影响 30% 左右的推特个人议程
　　当解释变量只有一个时，解释变量和被解释变量的皮尔逊相关系数等同于 OLS 回归中解释变量的标准化回归系数，因此本研究以推特媒体议程和推特个人议程的皮尔逊相关系数衡量推特个人议程设置效果。72 344 项个人议程设置效果的均值为 0.203，明显低于推特媒体议程与推特公众议程的总体相关系数（0.622）；其中位数仅为 0.206，即 50% 的推特个人议程设置效果低于 0.206。除此之外，有将近 31.92% 的推特个人议程设置效果低于 0.1，甚至有 18.28% 的效果小于 0。平均看来，推特媒体对推特用户个人的议程设置效果确实不强，甚至呈现反向议程设置（媒体越强调某议题，受众越认为该议题不重要）。
　　平均个人议程设置效果弱并不意味着推特媒体议程无法显著影响推特个人议程。95% 的置信度下，36 个议题的推特媒体议程和推特个人议程相关系数超过 0.325，则意味着显著的推特个人议程设置效果的存在。72 344 项推特个人议程设置效果中，有 22 396 项效果超过 0.325，意味着推特媒体议程虽然无法在议题上影响所有推特普通用户，却能够显著影响其中的相当一部分（约为 30%）。

（二）绝大多数情况下，用户影响力越强，推特个人议程设置效果越弱

用户影响力对推特个人议程设置效果的回归分析结果显示，用户影响力的二次项系数和一次项系数均达显著（$Sig. < 0.001$）；且经嵌套模型检验发现，含二次项的模型显著优于不含二次项的模型。也就是说，用户影响力对推特个人议程设置效果的影响本不是单调的，而是随着用户影响力的上升，个人议程设置效果的估计值先降后升。然而，用户影响力中超过95%的取值小于0.1；而用户影响力取值为 [0，0.1] 时，推特个人议程设置效果的估计值是随用户影响力的上升而单调递减的。也就是说，对绝大多数普通用户来说，其影响力越高，推特媒体对其个人议程的影响越弱。

（三）用户活跃度越高，推特个人议程设置效果越弱

与用户影响力类似，仅考察用户活跃度对推特个人议程设置效果的影响时，包含用户活跃度二次项的模型明显优于仅包含一次项的模型，即随着用户活跃度提高，推特个人议程设置效果的估计值先降后升。然而，在同时考察4种特征影响的整合模型中，用户活跃度的二次项变得不显著。结果表明，在控制用户影响力等3种因素影响的前提下，用户活跃度对推特个人议程设置效果的影响是单调递减的，即用户活跃度越高，其个人议程设置效果越弱。

（四）用户采纳推特的时间越长，推特个人议程设置效果越强

采纳时间其实是对创新性的衡量，采纳时间越长，创新性越强。与用户影响力和用户活跃度的影响不同，推特采纳时间的二次项未达显著，且二次项模型与一次项模型的解释力没有显著差异。这意味着推特采纳时间对推特个人议程设置效果的影响是单调递增的，即用户的推特采纳时间越长，其个人议程设置效果越强。

（五）随着文本长度的增加，推特个人议程设置效果先上升后下降

与用户影响力和用户活跃度近似服从幂律分布不同，推特用户所发推文的平均长度趋于正态分布，这使得文本长度的分布相对均匀。从模型上说，文本长度的二次项与一次项也均达显著（$Sig. < 0.001$），然而由于文

本长度多数取值并不聚集于 0 附近，这一情形表明文本长度对个人议程设置的影响确实并非单调的，而是先升后降；并未出现绝大多情况（95％以上）下仍然呈现单调影响的情况。实际上，80％左右的取值中，文本长度对个人议程设置效果的影响是正向的；另外 20％左右的取值中，文本长度对个人议程设置效果的影响是负向的。

三、个人议程设置中的意见领袖

个人议程设置中的意见领袖研究主要目的在于考察推特意见领袖在推特个人议程设置中的角色，主要分析内容包括：意见领袖议程与媒体议程的关系；意见领袖议程与公众议程的关系；意见领袖议程对个人议程的影响。本部分主要研究结论包括：

（一）整体来说，推特意见领袖议程与推特媒体议程不存在显著相关

推特意见领袖议程与推特媒体议程在 2015 年全年的总体相关系数为 0.321（$Sig. > 0.05$），两者在 $\alpha = 0.05$ 下未呈现显著相关。每月相关分析中，意见领袖议程与媒体议程在其中五个月呈现显著相关；每日相关分析中，意见领袖议程与媒体议程在 161 日中存在显著相关。换言之，整体上推特意见领袖议程与推特媒体议程未达显著相关，但在不同时间段内，两者可能呈现显著相关。

媒体议程影响意见领袖议程的 2SLS 模型中，媒体议程的回归系数为 0.507，在 $\alpha = 0.05$ 的条件下达到显著；而意见领袖议程影响媒体议程的 2SLS 模型中，意见领袖议程的回归系数为 0.167，$\alpha = 0.05$ 时，系数未达显著；且前者的模型拟合度（$R^2 = 0.110$）高于后者的模型拟合度（$R^2 = 0.100$）。这表明，如果两种议程存在关联，更可能是媒体议程影响意见领袖议程，而非相反。

上述研究结果导致一个重要推论：意见领袖不太可能为媒体设置议程；意见领袖可能是新议程设置者或议程设置过程中的中介者。

（二）推特意见领袖议程显著影响了推特公众议程

推特意见领袖议程与推特公众议程的总体相关系数高达 0.706

（$Sig. < 0.001$），这一相关系数高于推特媒体议程与推特公众议程的总体相关系数（$r = 0.622$）。从每月相关分析来说，意见领袖议程与公众议程在 12 个月中均呈现了显著相关，最低相关系数也达 0.580。从每日相关分析来说，两种议程在全年中仅有两日不存在显著相关，在 99% 的日子里面都呈现显著相关。

工具变量法的分析中，意见领袖议程影响公众议程模型的模型拟合度（$R^2 = 0.503$）高于公众议程影响意见领袖议程模型的模型拟合度（$R^2 = 0.404$）。这说明更可能是意见领袖议程影响公众议程，而非相反。

在中介效应分析中，推特意见领袖在 $\alpha = 0.05$ 的情况下中介效应未达显著。这一结果说明，意见领袖在推特议程设置过程中不太可能是中介者，而更可能是新议程设置者。

（三）推特意见领袖议程能够显著影响 31.11% 的推特个人议程

推特意见领袖能够显著影响 31.11% 的推特个人，比例稍高于个人议程设置的 30.95%。这一结果说明，推特意见领袖确实已经成为个人议程设置过程中的新议程设置者，与推特媒体展开竞争。

比较媒体议程、意见领袖议程与个人议程的相关系数，本研究发现：从均值、高度相关比例来说，推特意见领袖对推特个人的影响程度大于推特媒体对推特个人的影响程度；从中位数和两两比较来看，意见领袖的影响程度不如媒体的影响程度；从极差来看，意见领袖影响的稳定性程度好于媒体影响的稳定性程度；从四分位差来看，媒体影响的稳定性程度好于意见领袖影响的稳定性程度；从显著相关比例来说，意见领袖的影响范围大于媒体的影响范围。换言之，意见领袖确实已经成为推特平台上新的议程设置者，但并未明显超过媒体，并非主导性的议程设置者。

第二节　公众议程设置与个人议程设置的比较

经前文的分析，本书研究已取得一定的结论，下文我们将通过对公众议程设置和个人议程设置的比较来挖掘这些结论的更多意义。

一、个人层面的人内议题显要性与人际议题显要性

以基本假设而言，公众议程设置与个人议程设置的差异主要在于公众议程与个人议程的差异。公众议程与个人议程的差异是本研究理论的基础，否则我们的研究在公众议程设置层面进行即可，不存在将其扩展至个人议程设置层面的必要。

"个人议程"的概念主要是相对于"公众议程"和"个体数据"而提出，如前文我们已然论述的，这一概念的提出有其理论基础和现实基础。理论基础上，议题显要性的概念具有丰富的内涵，不仅仅包含李普曼式的来自个体认知的人内议题显要性；也包含帕克式的来自人际讨论的人际议题显要性。现有的公众议程设置研究起源于麦库姆斯和肖的查普希尔研究，而麦库姆斯和肖跟随的是李普曼的传统，麦库姆斯（2008：3）甚至直言李普曼是议程设置思想的"学术先祖"。麦库姆斯和肖跟随李普曼传统的体现之一即是对公众议程的测量，麦库姆斯式的公众议程是人内议题显要性的累加，而没有包含来自人际讨论的人际议题显要性。关于此，个人议程的概念包含了人内议题显要性和人际议题显要性两个问题，并且在推特议程设置的研究中，将人内议题显要性操作化为"用户发表的原创推文中涉及议题的频次与等级排列"；将人际议题显要性操作化为"用户的转发和评论中涉及议题的频次与等级排列"。现实基础上，随着互联网的发展，受众个体之间的关联性和差异性越来越凸显；反映在议程设置过程中，即议程设置效果可能因人而异，但个体之间的效果又存在关联。个体之间的差异性使得议程设置研究应该考察个人特征的影响，而作为整体层面的公众议程设置研究难以考察个人特征的影响，因此应该存在一类新的议程设置研究是在个人层面（而非整体公众层面）进行的。而人际讨论是人与人之间的互动和交流，体现个人之间的关联，因此个人议程在人内议题显要性的基础上加入人际议题显要性的维度，正是体现了个人之间的关联。基于理论概念完善的需要和现实问题，本研究有必要和有可能在个人层面（非整体公众层面）提出一种包含人内议题显要性和人际议题显要性的概念，即"个人议程"。由此，形成了一类新的研究，即个人议程设置研究，主要研究媒体议程对个人议程的影响，以及影响个人议程设置效果

的因素和机制。

　　亦即，从理论上说，公众议程设置和个人议程设置的区别在于：① 公众议程设置是在整体公众层面进行研究，而个人议程设置是在个人层面，这使得考察个人特征对议程设置效果的影响成为可能；② 公众议程设置仅涉及议题显要性的人内维度，而个人议程设置涉及了议题显要性的人内和人际两个维度，是对理论概念的完善。

二、议题的变化与人的变化

　　公众议程设置与个人议程设置的核心差异在于两者作用机制的不同。公众议程设置研究中，整体议程的研究首先考察的是议题显要性（仅人内维度）在媒体议程和公众议程中等级排列的一致性。媒体着重强调某议题时，该议题的显要性在媒体议程中发生变化，按照公众议程设置研究的假设，媒体议程中议题显要性的变化会转移到公众议程中，引起公众议程中相应议题的显要性变化，由此产生整体议程的议程设置效果。单个议题的公众议程设置研究考察的是议题随时间的变化，媒体议程中该议题在时间的变化引起公众议程中相应议题在时间上发生变化，进而产生单议题的议程设置效果。由此可见，公众议程设置过程，是议题（显要性）变化的过程；公众议程设置研究其核心考察的是议题在议程中的变化和议题随时间的变化。而个人议程设置研究考察的是媒体在议题显要性上对谁产生显著影响，即媒体在强调某个议题时，引起了哪部分受众的关注或讨论，使得他们对该议题重要性的认知产生变化；说到底，这是一种人的变化，是一部分受众的变化。因此，公众议程设置和个人议程设置的核心区别在于前者关注的是议题的变化，而后者考察的是人的变化。

　　由于公众议程设置研究关注的是议题的变化，所以公众议程设置效果的影响因素（条件）研究的主要目的在于发现在什么条件下两种议程中的议题（显要性）呈现同向变化。议题（显要性）的同向变化存在两种情况：一是整体议程中的同向变化；二是单个议题随时间的同向变化。公众议程作为一种不可分割的整体时，对其影响因素的研究多只能归于宏观条件，如地区或时间条件；当研究单个议题时，不同的议题可能有不同的议程设置效果，议题性质正是对议题差异的一种衡量。而个人议程设置研究由于其关注媒体对个人的影响，考察人的变化，因此对个人议程设置效果的影响因素研究的主要目的应在于找到那些容易受媒体影响的个人。故而，本研究主要考察了个人特征对个人议程设置效果的影响。研究结果表明：影响力较低、活跃度较低、采纳推特时间较长（创新性较强）以及发表推文平均长度适中（115 个字符左右）的用户，其个人议程设置效果较强，容易在议题显要性上受推特媒体的影响。当然，影响力极高、活跃度极高也可能容易受到媒体的影响，但占比极低。这也是本研究在公众议程设置效果影响因素研究中主要涉及宏观（时间）条件和议题性质，而在个人议程设置效果影响因素中主要涉及个人特征的原因所在。

三、小部分个人变化引发公众变化

巧合的是，公众议程设置与个人议程设置的核心差异很可能是使得两者产生内在关联的关键所在。以实际研究来说，总体数据中，推特媒体议程与推特公众议程的皮尔逊相关系数达 0.622（$Sig.$ <0.001），而推特媒体议程与 72 344 项推特个人议程的平均相关系数为 0.203，这一系数远低于总体数据中的推特公众议程设置效果。一般情况下，个人议程设置效果是低于公众议程设置效果的。并且，推特媒体只能显著影响 30% 左右的推特个人议程。

我们假定存在一种平均个人议程（多项个人议程在各议题上的占比平均数），并假定这一议程包含 5 种议题。其中 30% 个人认为议题 A 是最重要的议题，25% 的个人认为议题 B 是最重要的议题，以此类推，如表 8-1 所示。此时，媒体强调议题 E，如果要使得出现显著的议程设置效果，即媒体强调的议题 E 在受众中成为最显要的议题，媒体不必对所有受众个人产生显著影响，使其转变对议题 E 的显要性的认知；甚至不必对大多数受众个人有显著影响。媒体只需要显著影响 21% 的受众个人，就可以使得议题 E 成为最先要的议题，进而呈现显著的议程设置效果。以本研究而言，推特媒体只需要对一部分的推特普通用户产生显著影响，即可使得推特媒体议程与推特平均个人议程达到显著相关。推特平均个人议程与推特公众议程[①]存在

---

① 同权重的累加和平均在相关分析上意义相同，即推特平均个人议程是人内议题显要性和人际议题显要性的平均（累加），而推特公众议程是人内议题显要性的累加。

一定的差异，公众议程不包含人际议题显要性部分，然而二者仍然存在高度相关（$r=0.954$，$Sig.<0.001$）。这也就意味着推特媒体对小部分普通用户的显著影响不仅使得推特媒体议程与推特平均个人议程显著相关，还使得推特媒体议程与推特公众议程存在显著相关。

表 8-1　部分受众变化的结果

议　题	初始占比/%	占比变化/%	变化后的占比/%
议题 A	30	无变化	30
议题 B	25		17
议题 C	20	−21	13
议题 D	15		8
议题 E	10	+21	31

在这一过程中，推特媒体的报道影响了一部分推特普通用户；推特一部分普通用户对议题显要性认知的变化引起了推特平均个人议程的变化；推特平均个人议程的变化使得推特媒体议程与推特平均个人议程呈现显著相关；推特平均个人议程包含人内议题显要性和人际议题显要性两个维度，推特公众议程仅含人内议题显要性一个维度，推特平均个人议程的变化很可能意味着推特公众议程的变化；此时，推特媒体议程很可能与推特公众议程存在显著相关，呈现显著的公众议程设置效果。也就是说，个人议程的作用机制可以用于解释公众议程设置的中间过程。公众议程设置研究中所谓的议题（显要性）变化，其实质不是公众议程中的议题显要性变化，也不是议题显要性随时间变化，而是受媒体影响的个人对议题显要性认知的变化。

明显地，个人议程设置效果与公众议程设置效果应是同向变化，平均个人议程设置效果越强，个人议程设置效果显著的比例越高，公众议程设置效果也应越高。并且，只需要媒体对少部分受众产生显著影响即可能引起显著的公众议程设置效果。然而，所谓的"少部分"是多大比例仍然是个问题，本研究中，这一比例为30%，那么在其他情形下这一比例的多少成为重要的研究问题。

对公众议程设置和个人议程设置的比较，其实质是追问个人议程设置研究的价值。总的来说，推特个人议程设置的价值，一方面形成一类与公众议程设置相对应的研究，同时考察人内议题显要性和人际议题显要性，从个人层面考察媒体对受众的议程设置效果。更重要的是，个人议程设置很可能是公众议程设置的一种实现机制，媒体通过影响部分个人而非所有个人对议题显要性的认知，即能达到显著议程设置效果，这对探究议程设置的机制有重要意义。

第三节　未来展望

本书提出和重新挖掘"个人议程"的概念，形成个人议程设置研究的框架，对推特平台上的个人议程设置效果进行检验并考察个人议程设置效果的影响因素。未来进一步的研究应从以下方面考虑：

（一）进一步研究个人议程设置

"个人议程"的概念和个人议程设置研究毕竟初提，还需要进一步验证其合理性，检验其效果。推特平台确实为个人议程设置的研究提供了较为理想的研究环境，对推特平台的随机抽样也使得本研究的数据具有一定的代表性。然而，推特平台毕竟没有包含所有受众，下一步的验证应该延伸至其他互联网平台，特别是中国的微博平台和微信平台，甚至是线下的受众调查。更为重要的是，后续的研究应着重分析不同的个人特征对个人议程设置效果的影响。受限于推特平台，本研究只考察了用户影响力、用户活跃度、推特采纳时间和文本长度4类个人特征。在其他平台，特别是线下调查的研究中，研究者能够考察更多类别的个人特征，如性别、年龄等人口统计特征及性格特征等。

（二）深入考察个人议程设置与公众议程设置关系

本研究的一个重要推论是：个人议程设置效果与公众议程设置效果同向变化，个人议程设置效果显著的比例越高，公众议程设置效果越强；且媒体对少部分受众显著的个人议程设置效果即可能造成显著的公众议程设置效果。然而，本研究仅仅是对个人议程设置和公众议程设置关系的初步研究，两者关系可能呈现更复杂的情形，如可能需要超过一定阈值的人数，其个人议程发生变化，才能引起公众议程的变化，进而导致公众议程设置效果的变化。另外，本研究推论的一个重点是媒体对少部分人的个人议程产生显著影响，进而产生显著的公众议程设置效果。本研究中，少部分是30%，显著的公众议程设置效果为0.622。在其他情形中，所谓少部分的实然比例是一个重要问题。并且本研究中相关系数超过0.325，推特公众议程设置效果即达显著，然而真实相关系数为0.622；这意味着可能只需要显著影响20%甚至更少的个人议程，即可使得公众议程设置效果达到显著。那么，这一比例在其他情形中应是多少也是重要问题。未来个人议程设置和公众议程设置关系研究的一个重要问题是：媒体需要显著影响多少比例的个人议程，能够使得公众议程设置效果达到显著？

当然，与公众议程设置研究类似，个人议程设置研究也可以延伸至属性层面或关系层面。后续更多的研究甚至可以考察个人议程设置效果对个人态度、行为的影响。另外，后续研究也应该涉及对个人议程设置的应用，以指导媒体实践。

附 录

附录1 主题建模结果

本书的议题命名同时考虑了主题建模结果与已有文献。已有文献参见第四章第三节的相关内容。下表列出每个主题对应的 10 个关键词，按照重要性以 1～10 排列。36 个议题中的 34 个有不同程度的文献支撑，"太空探索"和"移动设备"文献支撑较少，主要是通过关键词进行总结和命名的。其他 34 个议题同时参考了关键词和已有文献，由此构成了本书的基本议题。

附表 1 议题对应的关键词

序　号	议题 1　恐怖主义 关　键　词	序　号	议题 2　总统选举 关　键　词	序　号	议题 3　商界领袖 关　键　词
1	terror	1	trump	1	steve
2	attack	2	hillary	2	bill
3	isis	3	president	3	gates
4	syria	4	debate	4	jobs
5	kill	5	obama	5	ceo
6	forces	6	vote	6	interview
7	iran	7	campaign	7	michael
8	security	8	candidate	8	paul
9	peace	9	election	9	scott
10	deal	10	party	10	willians

议题 4	移动设备	议题 5	税收问题	议题 6	犯罪问题
序 号	关 键 词	序 号	关 键 词	序 号	关 键 词
1	apple	1	tax	1	crime
2	iphone	2	pay	2	murder
3	phone	3	budget	3	prison
4	google	4	money	4	death
5	mobile	5	raise	5	police
6	android	6	government	6	trial
7	windows	7	rich	7	rape
8	ipad	8	capital	8	jail
9	ios	9	plan	9	sex
10	watch	10	public	10	victim

议题 7	交通问题	议题 8	社交媒体	议题 9	政府活动
序 号	关 键 词	序 号	关 键 词	序 号	关 键 词
1	road	1	social	1	minister
2	traffic	2	media	2	obama
3	street	3	digital	3	prime
4	bridge	4	brand	4	meeting
5	train	5	online	5	government
6	bus	6	network	6	foreign
7	station	7	market	7	leader
8	car	8	advertising	8	speech
9	accident	9	mobile	9	statement
10	crash	10	content	10	political

议题 10	医学研究	议题 11	健康问题	议题 12	教育问题
序 号	关 键 词	序 号	关 键 词	序 号	关 键 词
1	cancer	1	health	1	school
2	study	2	care	2	student
3	brain	3	mental	3	college
4	blood	4	suport	4	class
5	research	5	public	5	kid
6	disease	6	medical	6	education
7	drug	7	service	7	teacher
8	treatment	8	patient	8	university
9	heart	9	hospital	9	learn
10	medical	10	healthcare	10	science

议题 13	政治争论	议题 14	就业问题	议题 15	影视明星
序　号	关 键 词	序　号	关 键 词	序　号	关 键 词
1	political	1	job	1	movie
2	debate	2	problem	2	star
3	problem	3	opportunity	3	film
4	agree	4	career	4	watch
5	opinion	5	suport	5	netflix
6	fact	6	staff	6	show
7	point	7	work	7	disney
8	argument	8	group	8	cast
9	issue	9	manager	9	hollywood
10	religion	10	youth	10	comedy

议题 16	气象状况	议题 17	司法问题	议题 18	难民问题
序　号	关 键 词	序　号	关 键 词	序　号	关 键 词
1	weather	1	law	1	refugee
2	snow	2	court	2	europe
3	rain	3	right	3	crisis
4	storm	4	rule	4	syrian
5	winter	5	legal	5	save
6	cold	6	judge	6	migrant
7	warning	7	justice	7	dead
8	warm	8	case	8	escape
9	wind	9	order	9	middle
10	sun	10	freedom	10	east

议题 19	性别问题	议题 20	城市问题	议题 21	流行音乐
序　号	关 键 词	序　号	关 键 词	序　号	关 键 词
1	women	1	city	1	music
2	men	2	town	2	song
3	female	3	problem	3	listen
4	girl	4	metropolis	4	rock
5	gender	5	center	5	live
6	right	6	new	6	radio
7	sex	7	york	7	taylor
8	gay	8	mayor	8	show
9	violence	9	office	9	pop
10	equal	10	press	10	show

议题 22	能源问题	议题 23	宗教问题	议题 24	全球贸易
序 号	关 键 词	序 号	关 键 词	序 号	关 键 词
1	energy	1	religion	1	global
2	power	2	god	2	trade
3	source	3	jesus	3	market
4	solar	4	bless	4	economy
5	clean	5	party	5	rise
6	green	6	faith	6	bank
7	waste	7	christ	7	china
8	supply	8	church	8	tariff
9	wind	9	amen	9	growth
10	electricity	10	soul	10	oil

议题 25	演艺活动	议题 26	自然灾害	议题 27	动物问题
序 号	关 键 词	序 号	关 键 词	序 号	关 键 词
1	perform	1	earthquake	1	animal
2	act	2	fire	2	dog
3	live	3	disaster	3	cat
4	show	4	hurricane	4	wild
5	concert	5	storm	5	dead
6	musical	6	dry	6	bird
7	interview	7	cold	7	kill
8	drama	8	hot	8	zoo
9	theater	9	big	9	pet
10	play	10	natural	10	rescue

议题 28	治安问题	议题 29	收支问题	议题 30	体育赛事
序 号	关 键 词	序 号	关 键 词	序 号	关 键 词
1	police	1	pay	1	nfl
2	shooting	2	income	2	nba
3	gun	3	worker	3	football
4	kill	4	money	4	game
5	arrest	5	debt	5	team
6	cops	6	job	6	coach
7	officer	7	wage	7	player
8	injure	8	employee	8	fans
9	breaking	9	plan	9	sports
10	penalty	10	deal	10	bryant

序 号	议题 31 民族问题 关 键 词	序 号	议题 32 太空探索 关 键 词	序 号	议题 33 气候变化 关 键 词
1	india	1	space	1	climate
2	indians	2	ship	2	change
3	question	3	moon	3	global
4	problem	4	planet	4	future
5	live	5	nasa	5	development
6	govern	6	mars	6	economic
7	cae	7	mission	7	policy
8	congress	8	launch	8	impact
9	khan	9	rocket	9	challenge
10	ethnic	10	universe	10	sustainable

序 号	议题 34 游戏问题 关 键 词	序 号	议题 35 种族问题 关 键 词	序 号	议题 36 商业技术 关 键 词
1	game	1	white	1	business
2	play	2	black	2	data
3	watch	3	past	3	tech
4	fun	4	history	4	google
5	team	5	future	5	ibm
6	role	6	american	6	intelligence
7	part	7	racist	7	gates
8	player	8	racism	8	future
9	addiction	9	live	9	enterprise
10	fans	10	hate	10	company

附录 2　交叉时滞相关分析

交叉时滞相关分析是考察媒体议程与公众议程关系方向的经典方法。附表 2 和附表 3 呈现的是本书中分别以半日和一日为时间间隔的交叉时滞分析结果。

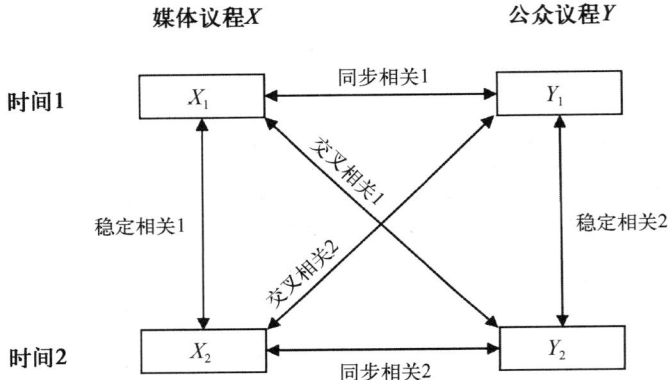

附图 1　交叉时滞相关分析

如附图 1、附表 2 和附表 3 中的 PX_1Y_1 和 PX_2Y_2 表示两组同步相关（同一时间段不同议程之间的相关）；PX_1X_2 和 PY_1Y_2 表示两组稳定相关（同一议程在不同时间段的相关）；PX_1Y_2 和 PY_1X_2 表示两组交叉相关（不同议程不同时间段的相关）；R-C 值表示罗泽尔-坎贝尔基线值，计算式为：

$$\text{R-C 值} = \frac{[(PX_1Y_1 + PX_2Y_2)/2]}{\{[(PX_1X_2)^2 + (PY_1Y_2)^2]/2\}^{1/2}}$$

在有一组交叉相关（PX_1Y_2 或 PY_1X_2）达到显著（$r > 0.325$）的情况下，如果 $PX_1Y_2 > \text{R-C 值} > PY_1X_2$，则说明媒体议程（$X$）影响公众议程（$Y$）；如果 PY_1X_2 未达显著，则只须 $PX_1Y_2 > PY_1X_2$ 且 $PX_1Y_2 > \text{R-C 值}$。相反，如果 $PY_1X_2 > \text{R-C 值} > PX_1Y_2$，则说明公众议程（$Y$）影响媒体议程（$X$）。如果 $PX_1Y_2 > \text{R-C 值}$ 且 $PY_1X_2 > \text{R-C 值}$，则意味着媒体议程（X）和公众议程（Y）相互影响。当然，如果两组交叉相关均未达显著，则说明媒体议程与公众议程并不显著相关或两者之间的影响不存在这个时间单位间隔（一日或半日）的时滞。

附表 2　媒体议程与公众议程以半日为间隔的交叉时滞相关分析

日　期	PX_1Y_1	PX_2Y_2	PX_1X_2	PY_1Y_2	PX_1Y_2	PY_1X_2	R－C 值
2015/1/1	0.966	0.774	0.555	0.818	0.783	0.527	0.608
2015/1/2	0.762	0.530	0.556	0.862	0.477	0.496	0.469
2015/1/3	0.598	0.564	0.764	0.922	0.752	0.373	0.492
2015/1/4	0.609	0.621	0.601	0.896	0.642	0.365	0.469
2015/1/5	0.531	0.522	0.859	0.780	0.612	0.330	0.432
2015/1/6	0.343	0.438	0.710	0.896	0.512	0.177	0.316
2015/1/7	0.555	0.468	0.654	0.897	0.686	0.212	0.401
2015/1/8	0.507	0.557	0.860	0.916	0.571	0.411	0.473
2015/1/9	0.517	0.506	0.817	0.922	0.695	0.264	0.445
2015/1/10	0.676	0.659	0.736	0.889	0.640	0.512	0.545
2015/1/11	0.770	0.715	0.774	0.923	0.809	0.518	0.632
2015/1/12	0.655	0.602	0.414	0.776	0.561	0.200	0.391
2015/1/13	0.797	0.643	0.669	0.775	0.567	0.455	0.521
2015/1/14	0.605	0.603	0.884	0.917	0.678	0.439	0.544
2015/1/15	0.518	0.653	0.778	0.930	0.619	0.487	0.502
2015/1/16	0.603	0.575	0.875	0.912	0.770	0.372	0.526
2015/1/17	0.670	0.747	0.723	0.924	0.696	0.554	0.588
2015/1/18	0.672	0.834	0.494	0.650	0.556	0.283	0.435
2015/1/19	0.642	0.645	0.773	0.789	0.515	0.529	0.503
2015/1/20	0.634	0.681	0.782	0.898	0.738	0.449	0.553
2015/1/21	0.766	0.674	0.664	0.740	0.341	0.584	0.506
2015/1/22	0.656	0.584	0.784	0.923	0.706	0.393	0.531
2015/1/23	0.595	0.672	0.846	0.889	0.558	0.570	0.550
2015/1/24	0.753	0.718	0.672	0.847	0.788	0.478	0.562
2015/1/25	0.512	0.643	0.798	0.938	0.625	0.481	0.503
2015/1/26	0.603	0.625	0.834	0.826	0.740	0.297	0.510
2015/1/27	0.723	0.714	0.908	0.899	0.788	0.551	0.649
2015/1/28	0.512	0.587	0.840	0.922	0.585	0.390	0.484
2015/1/29	0.657	0.664	0.834	0.951	0.716	0.540	0.591
2015/1/30	0.641	0.547	0.698	0.924	0.663	0.375	0.486
2015/1/31	0.635	0.647	0.739	0.921	0.643	0.455	0.535
2015/2/1	0.692	0.806	0.814	0.749	0.788	0.456	0.585
2015/2/2	0.932	0.657	0.483	0.418	0.316	0.355	0.359
2015/2/3	0.527	0.486	0.674	0.908	0.680	0.228	0.405
2015/2/4	0.466	0.651	0.917	0.914	0.612	0.445	0.511
2015/2/5	0.558	0.734	0.856	0.937	0.612	0.601	0.580
2015/2/6	0.544	0.547	0.825	0.916	0.633	0.377	0.475

续表

日　期	PX_1Y_1	PX_2Y_2	PX_1X_2	PY_1Y_2	PX_1Y_2	PY_1X_2	R－C值
2015/2/7	0.619	0.705	0.781	0.884	0.668	0.438	0.552
2015/2/8	0.582	0.604	0.793	0.934	0.635	0.391	0.514
2015/2/9	0.963	0.729	0.463	0.604	0.502	0.409	0.455
2015/2/10	0.575	0.688	0.869	0.857	0.746	0.386	0.545
2015/2/11	0.593	0.610	0.891	0.902	0.639	0.488	0.539
2015/2/12	0.625	0.725	0.821	0.897	0.615	0.597	0.580
2015/2/13	0.671	0.711	0.870	0.923	0.662	0.610	0.620
2015/2/14	0.757	0.713	0.760	0.916	0.617	0.663	0.619
2015/2/15	0.643	0.619	0.699	0.835	0.653	0.304	0.486
2015/2/16	0.796	0.690	0.694	0.764	0.657	0.369	0.542
2015/2/17	0.626	0.678	0.793	0.905	0.718	0.446	0.555
2015/2/18	0.683	0.668	0.795	0.924	0.750	0.553	0.582
2015/2/19	0.650	0.742	0.902	0.916	0.771	0.562	0.633
2015/2/20	0.535	0.735	0.840	0.942	0.643	0.582	0.567
2015/2/21	0.665	0.693	0.773	0.855	0.679	0.428	0.553
2015/2/22	0.567	0.781	0.714	0.918	0.625	0.555	0.554
2015/2/23	0.923	0.679	0.488	0.653	0.497	0.424	0.462
2015/2/24	0.556	0.613	0.785	0.874	0.719	0.323	0.485
2015/2/25	0.580	0.714	0.849	0.913	0.677	0.529	0.571
2015/2/26	0.579	0.700	0.818	0.897	0.709	0.445	0.549
2015/2/27	0.715	0.674	0.755	0.872	0.668	0.468	0.567
2015/2/28	0.735	0.652	0.752	0.937	0.766	0.479	0.589
2015/3/1	0.566	0.689	0.719	0.852	0.658	0.365	0.495
2015/3/2	0.556	0.656	0.786	0.900	0.695	0.446	0.512
2015/3/3	0.606	0.658	0.816	0.911	0.802	0.383	0.547
2015/3/4	0.594	0.755	0.865	0.904	0.653	0.544	0.597
2015/3/5	0.556	0.718	0.869	0.896	0.700	0.518	0.562
2015/3/6	0.565	0.723	0.837	0.937	0.648	0.572	0.572
2015/3/7	0.687	0.756	0.817	0.960	0.754	0.612	0.643
2015/3/8	0.662	0.720	0.952	0.943	0.779	0.592	0.655
2015/3/9	0.480	0.633	0.789	0.870	0.557	0.420	0.462
2015/3/10	0.599	0.658	0.692	0.842	0.692	0.375	0.484
2015/3/11	0.615	0.675	0.886	0.871	0.738	0.503	0.567
2015/3/12	0.620	0.696	0.892	0.912	0.798	0.482	0.593
2015/3/13	0.585	0.709	0.912	0.925	0.677	0.584	0.594
2015/3/14	0.660	0.618	0.862	0.905	0.668	0.472	0.565

日 期	PX_1Y_1	PX_2Y_2	PX_1X_2	PY_1Y_2	PX_1Y_2	PY_1X_2	R - C值
2015/3/15	0.656	0.763	0.874	0.928	0.726	0.577	0.640
2015/3/16	0.645	0.701	0.865	0.915	0.759	0.485	0.599
2015/3/17	0.655	0.614	0.866	0.909	0.747	0.492	0.564
2015/3/18	0.719	0.718	0.874	0.908	0.730	0.572	0.640
2015/3/19	0.558	0.799	0.876	0.815	0.775	0.561	0.574
2015/3/20	0.693	0.779	0.773	0.917	0.584	0.694	0.624
2015/3/21	0.752	0.702	0.852	0.900	0.764	0.551	0.637
2015/3/22	0.738	0.848	0.809	0.783	0.763	0.559	0.631
2015/3/23	0.640	0.696	0.772	0.915	0.700	0.519	0.566
2015/3/24	0.550	0.710	0.924	0.877	0.634	0.496	0.567
2015/3/25	0.637	0.739	0.945	0.922	0.757	0.594	0.642
2015/3/26	0.728	0.712	0.897	0.932	0.719	0.620	0.659
2015/3/27	0.738	0.762	0.890	0.958	0.795	0.665	0.694
2015/3/28	0.695	0.774	0.860	0.978	0.699	0.756	0.676
2015/3/29	0.500	0.792	0.587	0.925	0.327	0.778	0.500
2015/3/30	0.697	0.758	0.869	0.841	0.714	0.590	0.622
2015/3/31	0.580	0.640	0.830	0.893	0.767	0.426	0.526
2015/4/1	0.634	0.780	0.904	0.944	0.727	0.658	0.654
2015/4/2	0.674	0.621	0.777	0.954	0.771	0.467	0.563
2015/4/3	0.680	0.731	0.835	0.938	0.653	0.725	0.626
2015/4/4	0.558	0.763	0.910	0.923	0.652	0.583	0.605
2015/4/5	0.866	0.778	0.755	0.790	0.589	0.758	0.635
2015/4/6	0.576	0.733	0.902	0.880	0.769	0.491	0.584
2015/4/7	0.861	0.448	0.477	0.857	0.637	0.326	0.454
2015/4/8	0.544	0.644	0.823	0.916	0.645	0.542	0.517
2015/4/9	0.664	0.712	0.841	0.939	0.676	0.581	0.613
2015/4/10	0.487	0.747	0.757	0.952	0.566	0.604	0.531
2015/4/11	0.717	0.598	0.857	0.942	0.763	0.507	0.592
2015/4/12	0.570	0.666	0.666	0.719	0.744	0.193	0.428
2015/4/13	0.645	0.706	0.884	0.946	0.763	0.521	0.618
2015/4/14	0.664	0.668	0.797	0.901	0.750	0.467	0.566
2015/4/15	0.628	0.730	0.926	0.925	0.731	0.548	0.628
2015/4/16	0.705	0.716	0.782	0.929	0.682	0.582	0.610
2015/4/17	0.667	0.791	0.942	0.939	0.788	0.678	0.686
2015/4/18	0.660	0.716	0.795	0.912	0.671	0.517	0.589
2015/4/19	0.718	0.721	0.835	0.949	0.841	0.533	0.643

续表

日 期	PX_1Y_1	PX_2Y_2	PX_1X_2	PY_1Y_2	PX_1Y_2	PY_1X_2	R－C值
2015/4/20	0.629	0.699	0.774	0.939	0.672	0.559	0.571
2015/4/21	0.592	0.733	0.740	0.937	0.645	0.597	0.559
2015/4/22	0.771	0.597	0.767	0.932	0.736	0.531	0.584
2015/4/23	0.630	0.714	0.816	0.925	0.683	0.532	0.586
2015/4/24	0.723	0.752	0.879	0.928	0.764	0.660	0.666
2015/4/25	0.601	0.532	0.757	0.946	0.652	0.394	0.485
2015/4/26	0.786	0.680	0.787	0.940	0.774	0.555	0.635
2015/4/27	0.593	0.632	0.834	0.949	0.607	0.575	0.547
2015/4/28	0.634	0.646	0.781	0.924	0.669	0.469	0.548
2015/4/29	0.641	0.757	0.768	0.918	0.676	0.559	0.592
2015/4/30	0.587	0.692	0.736	0.951	0.657	0.585	0.544
2015/5/1	0.884	0.720	0.675	0.750	0.573	0.533	0.572
2015/5/2	0.702	0.724	0.839	0.924	0.741	0.548	0.630
2015/5/3	0.846	0.629	0.623	0.849	0.746	0.439	0.549
2015/5/4	0.492	0.729	0.836	0.950	0.638	0.537	0.546
2015/5/5	0.691	0.618	0.764	0.906	0.711	0.425	0.549
2015/5/6	0.585	0.609	0.854	0.903	0.697	0.401	0.524
2015/5/7	0.553	0.660	0.643	0.958	0.605	0.566	0.495
2015/5/8	0.657	0.671	0.815	0.924	0.702	0.558	0.578
2015/5/9	0.624	0.565	0.741	0.922	0.673	0.360	0.497
2015/5/10	0.485	0.661	0.884	0.862	0.440	0.545	0.500
2015/5/11	0.529	0.598	0.747	0.897	0.594	0.345	0.465
2015/5/12	0.451	0.666	0.906	0.922	0.532	0.492	0.511
2015/5/13	0.539	0.707	0.932	0.937	0.662	0.571	0.582
2015/5/14	0.597	0.650	0.854	0.950	0.643	0.502	0.563
2015/5/15	0.581	0.640	0.853	0.921	0.607	0.546	0.542
2015/5/16	0.697	0.551	0.695	0.906	0.688	0.334	0.504
2015/5/17	0.424	0.705	0.753	0.941	0.505	0.495	0.481
2015/5/18	0.708	0.644	0.767	0.860	0.693	0.429	0.551
2015/5/19	0.475	0.589	0.776	0.949	0.549	0.442	0.461
2015/5/20	0.700	0.694	0.773	0.941	0.703	0.525	0.600
2015/5/21	0.634	0.688	0.854	0.947	0.666	0.603	0.596
2015/5/22	0.619	0.764	0.921	0.936	0.624	0.704	0.642
2015/5/23	0.655	0.685	0.736	0.838	0.779	0.316	0.528
2015/5/24	0.599	0.705	0.514	0.827	0.569	0.307	0.449
2015/5/25	0.547	0.536	0.792	0.948	0.669	0.385	0.473

日　期	PX_1Y_1	PX_2Y_2	PX_1X_2	PY_1Y_2	PX_1Y_2	PY_1X_2	R-C值
2015/5/26	0.461	0.613	0.760	0.923	0.547	0.431	0.454
2015/5/27	0.633	0.609	0.799	0.950	0.658	0.478	0.545
2015/5/28	0.706	0.671	0.819	0.936	0.744	0.566	0.606
2015/5/29	0.439	0.601	0.881	0.953	0.551	0.473	0.478
2015/5/30	0.408	0.696	0.652	0.870	0.458	0.370	0.424
2015/5/31	0.519	0.513	0.902	0.968	0.612	0.432	0.483
2015/6/1	0.593	0.698	0.841	0.931	0.744	0.513	0.572
2015/6/2	0.479	0.673	0.724	0.892	0.630	0.379	0.468
2015/6/3	0.600	0.649	0.858	0.950	0.675	0.543	0.565
2015/6/4	0.463	0.647	0.775	0.940	0.545	0.496	0.478
2015/6/5	0.767	0.753	0.911	0.901	0.767	0.684	0.689
2015/6/6	0.467	0.784	0.776	0.820	0.570	0.442	0.499
2015/6/7	0.483	0.651	0.883	0.957	0.602	0.506	0.522
2015/6/8	0.812	0.676	0.783	0.844	0.739	0.486	0.606
2015/6/9	0.493	0.628	0.876	0.936	0.590	0.462	0.508
2015/6/10	0.810	0.662	0.848	0.869	0.725	0.559	0.632
2015/6/11	0.540	0.688	0.836	0.932	0.641	0.506	0.544
2015/6/12	0.623	0.659	0.935	0.901	0.680	0.558	0.589
2015/6/13	0.517	0.654	0.828	0.960	0.594	0.523	0.525
2015/6/14	0.588	0.584	0.936	0.965	0.677	0.457	0.557
2015/6/15	0.759	0.735	0.854	0.941	0.792	0.603	0.671
2015/6/16	0.596	0.698	0.810	0.888	0.656	0.473	0.550
2015/6/17	0.884	0.729	0.788	0.829	0.707	0.620	0.652
2015/6/18	0.590	0.679	0.827	0.930	0.674	0.523	0.558
2015/6/19	0.495	0.704	0.877	0.936	0.611	0.544	0.544
2015/6/20	0.424	0.625	0.906	0.963	0.503	0.523	0.490
2015/6/21	0.532	0.690	0.849	0.845	0.569	0.677	0.517
2015/6/22	0.448	0.614	0.673	0.890	0.487	0.369	0.419
2015/6/23	0.482	0.688	0.814	0.922	0.498	0.579	0.509
2015/6/24	0.568	0.686	0.867	0.944	0.655	0.525	0.569
2015/6/25	0.463	0.742	0.657	0.876	0.611	0.415	0.466
2015/6/26	0.721	0.897	0.398	0.561	0.465	0.255	0.393
2015/6/27	0.553	0.654	0.863	0.956	0.572	0.559	0.550
2015/6/28	0.443	0.554	0.724	0.933	0.549	0.379	0.417
2015/6/29	0.681	0.728	0.754	0.661	0.692	0.298	0.499
2015/6/30	0.498	0.706	0.935	0.944	0.651	0.528	0.566

续表

日　期	PX_1Y_1	PX_2Y_2	PX_1X_2	PY_1Y_2	PX_1Y_2	PY_1X_2	R-C值
2015/7/1	0.506	0.679	0.887	0.900	0.556	0.512	0.530
2015/7/2	0.545	0.674	0.903	0.950	0.601	0.578	0.565
2015/7/3	0.554	0.673	0.910	0.945	0.664	0.506	0.569
2015/7/4	0.668	0.791	0.860	0.792	0.586	0.645	0.603
2015/7/5	0.634	0.678	0.777	0.772	0.681	0.325	0.508
2015/7/6	0.560	0.733	0.569	0.861	0.356	0.520	0.471
2015/7/7	0.555	0.704	0.921	0.939	0.724	0.525	0.586
2015/7/8	0.501	0.595	0.768	0.827	0.505	0.470	0.437
2015/7/9	0.558	0.710	0.924	0.936	0.669	0.563	0.590
2015/7/10	0.387	0.788	0.798	0.871	0.586	0.490	0.491
2015/7/11	0.552	0.716	0.860	0.943	0.661	0.533	0.572
2015/7/12	0.618	0.792	0.921	0.897	0.784	0.535	0.641
2015/7/13	0.490	0.568	0.897	0.930	0.581	0.459	0.483
2015/7/14	0.431	0.526	0.937	0.905	0.523	0.384	0.441
2015/7/15	0.517	0.584	0.904	0.903	0.578	0.453	0.497
2015/7/16	0.575	0.653	0.903	0.953	0.629	0.585	0.570
2015/7/17	0.449	0.686	0.867	0.907	0.611	0.488	0.504
2015/7/18	0.479	0.468	0.846	0.950	0.536	0.352	0.426
2015/7/19	0.574	0.614	0.955	0.954	0.559	0.626	0.567
2015/7/20	0.453	0.510	0.816	0.914	0.599	0.310	0.417
2015/7/21	0.472	0.584	0.905	0.912	0.624	0.385	0.479
2015/7/22	0.564	0.585	0.910	0.908	0.633	0.467	0.522
2015/7/23	0.511	0.561	0.873	0.922	0.577	0.443	0.481
2015/7/24	0.577	0.634	0.930	0.943	0.649	0.567	0.567
2015/7/25	0.433	0.468	0.825	0.937	0.544	0.282	0.398
2015/7/26	0.514	0.584	0.881	0.917	0.590	0.451	0.494
2015/7/27	0.358	0.549	0.907	0.908	0.448	0.360	0.412
2015/7/28	0.447	0.602	0.904	0.926	0.556	0.456	0.480
2015/7/29	0.451	0.588	0.883	0.916	0.491	0.456	0.467
2015/7/30	0.404	0.687	0.903	0.931	0.569	0.521	0.500
2015/7/31	0.477	0.560	0.838	0.839	0.563	0.273	0.435
2015/8/1	0.359	0.474	0.943	0.942	0.441	0.363	0.392
2015/8/2	0.498	0.519	0.821	0.909	0.582	0.285	0.440
2015/8/3	0.427	0.684	0.842	0.898	0.603	0.445	0.484
2015/8/4	0.470	0.599	0.912	0.900	0.600	0.374	0.484
2015/8/5	0.391	0.557	0.849	0.943	0.526	0.373	0.425

日　期	PX_1Y_1	PX_2Y_2	PX_1X_2	PY_1Y_2	PX_1Y_2	PY_1X_2	R－C值
2015/8/6	0.585	0.612	0.644	0.857	0.572	0.272	0.453
2015/8/7	0.946	0.629	0.600	0.588	0.401	0.557	0.468
2015/8/8	0.531	0.579	0.809	0.922	0.571	0.376	0.481
2015/8/9	0.452	0.623	0.910	0.819	0.580	0.393	0.465
2015/8/10	0.468	0.631	0.901	0.915	0.561	0.451	0.499
2015/8/11	0.496	0.552	0.923	0.935	0.682	0.330	0.487
2015/8/12	0.613	0.619	0.950	0.933	0.676	0.535	0.580
2015/8/13	0.619	0.737	0.956	0.931	0.694	0.613	0.640
2015/8/14	0.584	0.615	0.891	0.940	0.631	0.486	0.549
2015/8/15	0.554	0.555	0.844	0.936	0.602	0.389	0.494
2015/8/16	0.593	0.671	0.727	0.866	0.639	0.342	0.505
2015/8/17	0.510	0.647	0.937	0.940	0.664	0.474	0.543
2015/8/18	0.483	0.618	0.889	0.922	0.609	0.406	0.499
2015/8/19	0.458	0.541	0.934	0.940	0.533	0.393	0.468
2015/8/20	0.513	0.629	0.880	0.947	0.575	0.508	0.522
2015/8/21	0.466	0.620	0.950	0.904	0.537	0.491	0.504
2015/8/22	0.577	0.590	0.821	0.910	0.589	0.400	0.506
2015/8/23	0.513	0.593	0.830	0.943	0.594	0.398	0.491
2015/8/24	0.577	0.639	0.882	0.875	0.631	0.438	0.534
2015/8/25	0.403	0.579	0.899	0.906	0.542	0.396	0.443
2015/8/26	0.519	0.716	0.884	0.928	0.479	0.637	0.559
2015/8/27	0.521	0.688	0.877	0.948	0.618	0.541	0.552
2015/8/28	0.556	0.606	0.866	0.957	0.634	0.498	0.530
2015/8/29	0.533	0.628	0.828	0.861	0.551	0.387	0.490
2015/8/30	0.605	0.527	0.774	0.916	0.573	0.376	0.480
2015/8/31	0.886	0.546	0.645	0.577	0.563	0.347	0.438
2015/9/1	0.551	0.596	0.854	0.932	0.580	0.480	0.512
2015/9/2	0.523	0.570	0.925	0.937	0.558	0.471	0.509
2015/9/3	0.567	0.680	0.785	0.906	0.660	0.419	0.528
2015/9/4	0.620	0.693	0.865	0.942	0.545	0.649	0.593
2015/9/5	0.696	0.657	0.872	0.966	0.733	0.551	0.623
2015/9/6	0.572	0.476	0.943	0.947	0.571	0.424	0.495
2015/9/7	0.427	0.550	0.838	0.922	0.539	0.368	0.431
2015/9/8	0.591	0.681	0.940	0.915	0.686	0.534	0.590
2015/9/9	0.609	0.635	0.902	0.912	0.568	0.560	0.564
2015/9/10	0.567	0.597	0.864	0.927	0.647	0.415	0.521

续表

日　期	PX_1Y_1	PX_2Y_2	PX_1X_2	PY_1Y_2	PX_1Y_2	PY_1X_2	R-C值
2015/9/11	0.632	0.665	0.821	0.797	0.489	0.477	0.525
2015/9/12	0.710	0.801	0.837	0.827	0.676	0.549	0.628
2015/9/13	0.677	0.818	0.835	0.753	0.588	0.589	0.595
2015/9/14	0.679	0.675	0.929	0.850	0.554	0.712	0.602
2015/9/15	0.545	0.655	0.854	0.828	0.443	0.549	0.505
2015/9/16	0.559	0.644	0.897	0.870	0.610	0.440	0.531
2015/9/17	0.946	0.692	0.602	0.578	0.392	0.562	0.483
2015/9/18	0.611	0.704	0.939	0.855	0.562	0.624	0.590
2015/9/19	0.568	0.731	0.902	0.876	0.659	0.472	0.578
2015/9/20	0.644	0.771	0.851	0.751	0.567	0.525	0.568
2015/9/21	0.607	0.658	0.934	0.883	0.631	0.510	0.575
2015/9/22	0.499	0.671	0.875	0.889	0.584	0.546	0.516
2015/9/23	0.578	0.644	0.935	0.941	0.588	0.579	0.573
2015/9/24	0.526	0.702	0.911	0.925	0.554	0.609	0.564
2015/9/25	0.606	0.607	0.844	0.931	0.592	0.497	0.539
2015/9/26	0.629	0.750	0.814	0.850	0.681	0.443	0.574
2015/9/27	0.670	0.769	0.753	0.763	0.570	0.454	0.545
2015/9/28	0.741	0.710	0.932	0.848	0.608	0.720	0.646
2015/9/29	0.653	0.681	0.881	0.882	0.588	0.583	0.588
2015/9/30	0.534	0.684	0.953	0.940	0.667	0.520	0.576
2015/10/1	0.567	0.665	0.953	0.912	0.659	0.529	0.574
2015/10/2	0.595	0.703	0.930	0.907	0.576	0.630	0.596
2015/10/3	0.683	0.669	0.847	0.846	0.776	0.351	0.572
2015/10/4	0.680	0.795	0.740	0.757	0.594	0.453	0.552
2015/10/5	0.580	0.681	0.920	0.895	0.556	0.628	0.572
2015/10/6	0.561	0.654	0.954	0.920	0.645	0.510	0.570
2015/10/7	0.540	0.640	0.962	0.944	0.585	0.576	0.563
2015/10/8	0.699	0.672	0.897	0.908	0.703	0.538	0.619
2015/10/9	0.541	0.683	0.941	0.947	0.568	0.617	0.578
2015/10/10	0.523	0.621	0.919	0.942	0.572	0.490	0.532
2015/10/11	0.614	0.767	0.915	0.806	0.603	0.641	0.595
2015/10/12	0.613	0.700	0.971	0.921	0.645	0.648	0.621
2015/10/13	0.730	0.680	0.941	0.930	0.678	0.654	0.660
2015/10/14	0.896	0.744	0.635	0.602	0.460	0.499	0.508
2015/10/15	0.685	0.638	0.929	0.934	0.695	0.569	0.616
2015/10/16	0.695	0.651	0.946	0.916	0.576	0.711	0.627

日　期	PX_1Y_1	PX_2Y_2	PX_1X_2	PY_1Y_2	PX_1Y_2	PY_1X_2	R－C 值
2015/10/17	0.546	0.657	0.814	0.888	0.699	0.359	0.513
2015/10/18	0.728	0.754	0.726	0.784	0.663	0.381	0.560
2015/10/19	0.532	0.604	0.796	0.893	0.381	0.553	0.481
2015/10/20	0.710	0.591	0.881	0.864	0.652	0.496	0.567
2015/10/21	0.640	0.672	0.823	0.946	0.631	0.574	0.582
2015/10/22	0.742	0.714	0.851	0.862	0.674	0.552	0.623
2015/10/23	0.555	0.680	0.926	0.954	0.581	0.616	0.581
2015/10/24	0.783	0.663	0.764	0.906	0.705	0.549	0.606
2015/10/25	0.568	0.745	0.645	0.774	0.540	0.325	0.468
2015/10/26	0.493	0.714	0.888	0.883	0.520	0.619	0.534
2015/10/27	0.584	0.631	0.874	0.933	0.592	0.491	0.550
2015/10/28	0.788	0.715	0.701	0.866	0.607	0.601	0.592
2015/10/29	0.890	0.727	0.778	0.740	0.491	0.729	0.614
2015/10/30	0.678	0.688	0.956	0.914	0.688	0.646	0.639
2015/10/31	0.664	0.698	0.845	0.838	0.615	0.501	0.573
2015/11/1	0.812	0.834	0.648	0.802	0.670	0.520	0.600
2015/11/2	0.824	0.610	0.719	0.791	0.492	0.592	0.541
2015/11/3	0.735	0.707	0.893	0.926	0.772	0.639	0.656
2015/11/4	0.673	0.726	0.929	0.922	0.727	0.619	0.648
2015/11/5	0.662	0.671	0.948	0.945	0.658	0.658	0.631
2015/11/6	0.771	0.729	0.878	0.948	0.802	0.677	0.685
2015/11/7	0.639	0.746	0.815	0.885	0.718	0.487	0.589
2015/11/8	0.689	0.754	0.798	0.852	0.751	0.463	0.595
2015/11/9	0.704	0.498	0.813	0.861	0.488	0.524	0.503
2015/11/10	0.626	0.639	0.903	0.919	0.705	0.529	0.576
2015/11/11	0.875	0.617	0.661	0.629	0.372	0.545	0.482
2015/11/12	0.685	0.693	0.857	0.964	0.654	0.633	0.628
2015/11/13	0.595	0.642	0.907	0.910	0.663	0.497	0.562
2015/11/14	0.838	0.773	0.935	0.970	0.791	0.779	0.768
2015/11/15	0.769	0.780	0.794	0.690	0.673	0.525	0.576
2015/11/16	0.689	0.793	0.952	0.855	0.744	0.625	0.670
2015/11/17	0.678	0.716	0.910	0.943	0.711	0.613	0.646
2015/11/18	0.752	0.753	0.942	0.938	0.750	0.726	0.708
2015/11/19	0.677	0.777	0.948	0.947	0.751	0.677	0.689
2015/11/20	0.603	0.766	0.975	0.945	0.735	0.636	0.657
2015/11/21	0.769	0.844	0.757	0.818	0.710	0.556	0.636

续表

日　期	PX_1Y_1	PX_2Y_2	PX_1X_2	PY_1Y_2	PX_1Y_2	PY_1X_2	R－C值
2015/11/22	0.754	0.759	0.806	0.919	0.716	0.598	0.654
2015/11/23	0.644	0.684	0.867	0.813	0.613	0.508	0.558
2015/11/24	0.683	0.726	0.898	0.886	0.721	0.578	0.628
2015/11/25	0.707	0.670	0.936	0.904	0.637	0.660	0.633
2015/11/26	0.726	0.776	0.805	0.797	0.513	0.706	0.601
2015/11/27	0.695	0.730	0.825	0.840	0.616	0.553	0.593
2015/11/28	0.658	0.717	0.806	0.901	0.776	0.433	0.587
2015/11/29	0.665	0.769	0.833	0.917	0.717	0.554	0.628
2015/11/30	0.844	0.709	0.863	0.748	0.586	0.700	0.627
2015/12/1	0.702	0.712	0.922	0.913	0.718	0.629	0.648
2015/12/2	0.651	0.703	0.905	0.900	0.714	0.520	0.611
2015/12/3	0.707	0.737	0.948	0.956	0.744	0.647	0.688
2015/12/4	0.692	0.672	0.837	0.901	0.582	0.623	0.593
2015/12/5	0.691	0.734	0.691	0.853	0.742	0.373	0.553
2015/12/6	0.794	0.773	0.810	0.871	0.727	0.573	0.659
2015/12/7	0.597	0.655	0.885	0.876	0.466	0.622	0.551
2015/12/8	0.681	0.629	0.857	0.882	0.566	0.543	0.570
2015/12/9	0.594	0.671	0.941	0.942	0.642	0.591	0.596
2015/12/10	0.494	0.707	0.899	0.935	0.632	0.522	0.551
2015/12/11	0.614	0.712	0.949	0.968	0.652	0.658	0.636
2015/12/12	0.710	0.616	0.668	0.894	0.754	0.350	0.523
2015/12/13	0.660	0.735	0.636	0.804	0.662	0.298	0.506
2015/12/14	0.517	0.566	0.901	0.908	0.511	0.463	0.490
2015/12/15	0.563	0.644	0.952	0.910	0.647	0.525	0.562
2015/12/16	0.878	0.644	0.587	0.595	0.360	0.471	0.450
2015/12/17	0.480	0.706	0.878	0.924	0.607	0.489	0.534
2015/12/18	0.598	0.726	0.938	0.926	0.657	0.591	0.617
2015/12/19	0.573	0.541	0.762	0.848	0.566	0.276	0.449
2015/12/20	0.675	0.777	0.785	0.700	0.538	0.448	0.540
2015/12/21	0.536	0.527	0.894	0.876	0.572	0.410	0.470
2015/12/22	0.442	0.658	0.834	0.908	0.442	0.574	0.479
2015/12/23	0.545	0.592	0.847	0.905	0.586	0.448	0.498
2015/12/24	0.630	0.924	0.789	0.896	0.583	0.830	0.656
2015/12/25	0.902	0.904	0.968	0.996	0.913	0.896	0.887
2015/12/26	0.645	0.591	0.613	0.788	0.646	0.160	0.436
2015/12/27	0.476	0.713	0.758	0.885	0.547	0.404	0.490

日　　期	PX_1Y_1	PX_2Y_2	PX_1X_2	PY_1Y_2	PX_1Y_2	PY_1X_2	R－C值
2015/12/28	0.378	0.557	0.832	0.822	0.503	0.280	0.386
2015/12/29	0.573	0.574	0.862	0.875	0.666	0.411	0.498
2015/12/30	0.541	0.578	0.936	0.906	0.560	0.489	0.515
2015/12/31	0.567	0.686	0.821	0.759	0.475	0.601	0.495

附表3　媒体议程与公众议程以一日为间隔的交叉时滞相关分析

时间段	PX_1Y_1	PX_2Y_2	PX_1X_2	PY_1Y_2	PX_1Y_2	PY_1X_2	R－C值
01/01—01/02	0.896	0.689	0.624	0.605	0.620	0.327	0.487
01/02—01/03	0.689	0.623	0.637	0.949	0.493	0.642	0.530
01/03—01/04	0.623	0.640	0.831	0.932	0.631	0.525	0.557
01/04—01/05	0.640	0.522	0.812	0.933	0.570	0.464	0.508
01/05—01/06	0.522	0.386	0.814	0.971	0.532	0.311	0.407
01/06—01/07	0.386	0.465	0.629	0.977	0.354	0.382	0.349
01/07—01/08	0.465	0.544	0.937	0.987	0.472	0.520	0.486
01/08—01/09	0.544	0.497	0.907	0.974	0.532	0.444	0.490
01/09—01/10	0.497	0.677	0.751	0.898	0.380	0.601	0.486
01/10—01/11	0.677	0.738	0.820	0.842	0.597	0.553	0.588
01/11—01/12	0.738	0.622	0.743	0.785	0.543	0.420	0.520
01/12—01/13	0.622	0.701	0.841	0.939	0.594	0.599	0.590
01/13—01/14	0.701	0.598	0.913	0.963	0.598	0.630	0.609
01/14—01/15	0.598	0.622	0.902	0.989	0.609	0.582	0.577
01/15—01/16	0.622	0.576	0.896	0.992	0.599	0.585	0.566
01/16—01/17	0.576	0.736	0.736	0.943	0.458	0.658	0.555
01/17—01/18	0.736	0.777	0.669	0.827	0.598	0.470	0.569
01/18—01/19	0.777	0.654	0.766	0.925	0.605	0.625	0.607
01/19—01/20	0.654	0.657	0.864	0.924	0.585	0.581	0.586
01/20—01/21	0.657	0.686	0.802	0.890	0.689	0.409	0.569
01/21—01/22	0.686	0.594	0.766	0.909	0.468	0.574	0.538
01/22—01/23	0.594	0.648	0.912	0.976	0.549	0.654	0.587
01/23—01/24	0.648	0.738	0.671	0.941	0.624	0.633	0.567
01/24—01/25	0.738	0.611	0.813	0.958	0.690	0.597	0.600
01/25—01/26	0.611	0.591	0.869	0.911	0.677	0.407	0.535
01/26—01/27	0.591	0.727	0.935	0.986	0.605	0.693	0.633
01/27—01/28	0.727	0.553	0.776	0.939	0.581	0.532	0.551
01/28—01/29	0.553	0.668	0.895	0.984	0.524	0.678	0.574

时间段	PX_1Y_1	PX_2Y_2	PX_1X_2	PY_1Y_2	PX_1Y_2	PY_1X_2	R－C 值
01/29—01/30	0.668	0.597	0.891	0.990	0.635	0.592	0.595
01/30—01/31	0.597	0.647	0.803	0.934	0.531	0.530	0.542
01/31—02/01	0.647	0.781	0.771	0.845	0.615	0.547	0.578
02/01—02/02	0.781	0.841	0.853	0.890	0.720	0.710	0.707
02/02—02/03	0.841	0.478	0.413	0.639	0.344	0.231	0.355
02/03—02/04	0.478	0.582	0.870	0.983	0.485	0.527	0.492
02/04—02/05	0.582	0.685	0.925	0.987	0.523	0.726	0.606
02/05—02/06	0.685	0.544	0.922	0.991	0.676	0.545	0.588
02/06—02/07	0.544	0.663	0.638	0.923	0.449	0.529	0.479
02/07—02/08	0.663	0.592	0.905	0.973	0.577	0.653	0.590
02/08—02/09	0.592	0.907	0.611	0.704	0.466	0.495	0.494
02/09—02/10	0.907	0.642	0.549	0.707	0.516	0.425	0.490
02/10—02/11	0.642	0.611	0.947	0.983	0.671	0.586	0.605
02/11—02/12	0.611	0.701	0.922	0.972	0.561	0.704	0.621
02/12—02/13	0.701	0.704	0.950	0.948	0.637	0.709	0.667
02/13—02/14	0.704	0.739	0.750	0.716	0.439	0.625	0.529
02/14—02/15	0.739	0.606	0.796	0.773	0.758	0.325	0.528
02/15—02/16	0.606	0.707	0.900	0.891	0.575	0.590	0.588
02/16—02/17	0.707	0.665	0.899	0.962	0.663	0.634	0.639
02/17—02/18	0.665	0.707	0.933	0.980	0.660	0.704	0.656
02/18—02/19	0.707	0.712	0.908	0.976	0.690	0.688	0.669
02/19—02/20	0.712	0.679	0.957	0.980	0.702	0.662	0.674
02/20—02/21	0.679	0.684	0.837	0.928	0.669	0.547	0.602
02/21—02/22	0.684	0.713	0.938	0.972	0.631	0.751	0.667
02/22—02/23	0.713	0.846	0.732	0.861	0.578	0.661	0.623
02/23—02/24	0.846	0.599	0.593	0.836	0.608	0.396	0.524
02/24—02/25	0.599	0.673	0.944	0.988	0.640	0.628	0.614
02/25—02/26	0.673	0.659	0.939	0.988	0.659	0.659	0.642
02/26—02/27	0.659	0.673	0.910	0.964	0.571	0.682	0.624
02/27—02/28	0.673	0.706	0.865	0.920	0.697	0.515	0.616
02/28—03/01	0.706	0.652	0.923	0.952	0.642	0.634	0.637
03/01—03/02	0.652	0.644	0.690	0.870	0.420	0.550	0.509
03/02—03/03	0.644	0.638	0.886	0.983	0.682	0.576	0.600
03/03—03/04	0.638	0.692	0.850	0.974	0.628	0.625	0.608
03/04—03/05	0.692	0.678	0.919	0.972	0.646	0.678	0.648
03/05—03/06	0.678	0.681	0.880	0.956	0.618	0.614	0.624

时间段	PX_1Y_1	PX_2Y_2	PX_1X_2	PY_1Y_2	PX_1Y_2	PY_1X_2	R-C 值
03/06—03/07	0.681	0.754	0.882	0.942	0.655	0.657	0.655
03/07—03/08	0.754	0.712	0.893	0.928	0.710	0.667	0.667
03/08—03/09	0.712	0.593	0.839	0.890	0.612	0.604	0.564
03/09—03/10	0.593	0.645	0.891	0.934	0.615	0.579	0.565
03/10—03/11	0.645	0.676	0.964	0.972	0.650	0.673	0.639
03/11—03/12	0.676	0.679	0.934	0.970	0.632	0.651	0.645
03/12—03/13	0.679	0.673	0.876	0.972	0.627	0.692	0.625
03/13—03/14	0.673	0.635	0.813	0.923	0.689	0.432	0.569
03/14—03/15	0.635	0.726	0.897	0.977	0.587	0.745	0.638
03/15—03/16	0.726	0.688	0.795	0.935	0.614	0.616	0.614
03/16—03/17	0.688	0.648	0.892	0.944	0.665	0.603	0.614
03/17—03/18	0.648	0.718	0.929	0.946	0.695	0.632	0.640
03/18—03/19	0.718	0.754	0.917	0.959	0.689	0.746	0.690
03/19—03/20	0.754	0.753	0.881	0.948	0.753	0.672	0.690
03/20—03/21	0.753	0.728	0.823	0.931	0.680	0.618	0.651
03/21—03/22	0.728	0.825	0.904	0.944	0.713	0.755	0.718
03/22—03/23	0.825	0.695	0.724	0.802	0.539	0.616	0.581
03/23—03/24	0.695	0.651	0.796	0.957	0.705	0.516	0.593
03/24—03/25	0.651	0.715	0.926	0.982	0.606	0.737	0.652
03/25—03/26	0.715	0.720	0.937	0.971	0.787	0.600	0.684
03/26—03/27	0.720	0.765	0.891	0.967	0.600	0.801	0.690
03/27—03/28	0.765	0.764	0.833	0.963	0.695	0.716	0.688
03/28—03/29	0.764	0.637	0.835	0.979	0.816	0.546	0.638
03/29—03/30	0.637	0.742	0.599	0.910	0.429	0.693	0.532
03/30—03/31	0.742	0.638	0.947	0.973	0.756	0.608	0.663
03/31—04/01	0.638	0.744	0.959	0.973	0.600	0.773	0.668
04/01—04/02	0.744	0.651	0.914	0.981	0.759	0.589	0.661
04/02—04/03	0.651	0.744	0.814	0.947	0.554	0.697	0.616
04/03—04/04	0.744	0.695	0.807	0.925	0.682	0.586	0.625
04/04—04/05	0.695	0.821	0.896	0.817	0.539	0.796	0.650
04/05—04/06	0.821	0.691	0.804	0.779	0.759	0.496	0.599
04/06—04/07	0.691	0.613	0.870	0.954	0.676	0.572	0.595
04/07—04/08	0.613	0.641	0.942	0.961	0.611	0.640	0.597
04/08—04/09	0.641	0.701	0.952	0.988	0.634	0.700	0.651
04/09—04/10	0.701	0.677	0.938	0.990	0.695	0.666	0.665
04/10—04/11	0.677	0.646	0.685	0.934	0.665	0.482	0.542

续表

时间段	PX_1Y_1	PX_2Y_2	PX_1X_2	PY_1Y_2	PX_1Y_2	PY_1X_2	R - C值
04/11—04/12	0.646	0.614	0.789	0.925	0.621	0.487	0.542
04/12—04/13	0.614	0.684	0.810	0.893	0.459	0.668	0.553
04/13—04/14	0.684	0.670	0.938	0.959	0.676	0.644	0.642
04/14—04/15	0.670	0.696	0.957	0.988	0.678	0.669	0.664
04/15—04/16	0.696	0.718	0.923	0.968	0.624	0.726	0.669
04/16—04/17	0.718	0.764	0.935	0.989	0.714	0.760	0.713
04/17—04/18	0.764	0.693	0.745	0.908	0.765	0.450	0.605
04/18—04/19	0.693	0.738	0.874	0.988	0.641	0.761	0.668
04/19—04/20	0.738	0.695	0.844	0.923	0.587	0.668	0.634
04/20—04/21	0.695	0.714	0.950	0.985	0.724	0.675	0.682
04/21—04/22	0.714	0.681	0.963	0.971	0.706	0.683	0.674
04/22—04/23	0.681	0.690	0.961	0.977	0.704	0.646	0.664
04/23—04/24	0.690	0.759	0.915	0.984	0.658	0.753	0.688
04/24—04/25	0.759	0.564	0.785	0.959	0.768	0.434	0.580
04/25—04/26	0.564	0.725	0.912	0.984	0.579	0.718	0.612
04/26—04/27	0.725	0.637	0.851	0.894	0.557	0.629	0.594
04/27—04/28	0.637	0.649	0.937	0.984	0.679	0.594	0.617
04/28—04/29	0.649	0.728	0.955	0.975	0.681	0.682	0.664
04/29—04/30	0.728	0.695	0.949	0.990	0.701	0.716	0.690
04/30—05/01	0.695	0.785	0.888	0.927	0.695	0.678	0.672
05/01—05/02	0.785	0.712	0.820	0.911	0.741	0.563	0.649
05/02—05/03	0.712	0.736	0.914	0.934	0.605	0.730	0.669
05/03—05/04	0.736	0.666	0.794	0.925	0.588	0.633	0.604
05/04—05/05	0.666	0.643	0.936	0.971	0.627	0.638	0.624
05/05—05/06	0.643	0.597	0.938	0.983	0.682	0.544	0.595
05/06—05/07	0.597	0.672	0.942	0.975	0.615	0.624	0.608
05/07—05/08	0.672	0.692	0.918	0.986	0.613	0.744	0.649
05/08—05/09	0.692	0.573	0.793	0.927	0.746	0.357	0.545
05/09—05/10	0.573	0.602	0.896	0.727	0.314	0.635	0.479
05/10—05/11	0.602	0.571	0.744	0.676	0.442	0.282	0.417
05/11—05/12	0.571	0.589	0.873	0.975	0.576	0.546	0.537
05/12—05/13	0.589	0.660	0.909	0.987	0.606	0.604	0.593
05/13—05/14	0.660	0.632	0.934	0.983	0.589	0.671	0.619
05/14—05/15	0.632	0.632	0.898	0.971	0.668	0.557	0.591
05/15—05/16	0.632	0.575	0.801	0.940	0.639	0.409	0.527
05/16—05/17	0.575	0.617	0.966	0.986	0.589	0.602	0.582

时间段	PX_1Y_1	PX_2Y_2	PX_1X_2	PY_1Y_2	PX_1Y_2	PY_1X_2	R－C 值
05/17—05/18	0.617	0.666	0.717	0.882	0.349	0.669	0.516
05/18—05/19	0.666	0.563	0.920	0.967	0.669	0.496	0.580
05/19—05/20	0.563	0.693	0.945	0.976	0.558	0.679	0.603
05/20—05/21	0.693	0.684	0.948	0.987	0.674	0.688	0.666
05/21—05/22	0.684	0.714	0.957	0.992	0.676	0.718	0.681
05/22—05/23	0.714	0.667	0.827	0.928	0.755	0.451	0.607
05/23—05/24	0.667	0.641	0.703	0.902	0.547	0.446	0.529
05/24—05/25	0.641	0.548	0.810	0.922	0.382	0.648	0.516
05/25—05/26	0.548	0.568	0.893	0.964	0.538	0.506	0.519
05/26—05/27	0.568	0.627	0.919	0.984	0.609	0.556	0.569
05/27—05/28	0.627	0.702	0.951	0.991	0.590	0.729	0.645
05/28—05/29	0.702	0.558	0.924	0.987	0.691	0.568	0.602
05/29—05/30	0.558	0.581	0.770	0.909	0.550	0.374	0.480
05/30—05/31	0.581	0.531	0.937	0.956	0.409	0.637	0.526
05/31—06/01	0.531	0.674	0.698	0.940	0.459	0.590	0.499
06/01—06/02	0.674	0.618	0.813	0.977	0.668	0.538	0.581
06/02—06/03	0.618	0.653	0.920	0.986	0.572	0.662	0.606
06/03—06/04	0.653	0.604	0.933	0.992	0.625	0.611	0.606
06/04—06/05	0.604	0.773	0.903	0.973	0.595	0.732	0.646
06/05—06/06	0.773	0.680	0.788	0.908	0.773	0.478	0.618
06/06—06/07	0.680	0.607	0.904	0.932	0.515	0.664	0.591
06/07—06/08	0.607	0.724	0.801	0.953	0.490	0.700	0.586
06/08—06/09	0.724	0.585	0.937	0.944	0.706	0.565	0.616
06/09—06/10	0.585	0.736	0.938	0.959	0.604	0.667	0.626
06/10—06/11	0.736	0.645	0.897	0.958	0.670	0.598	0.641
06/11—06/12	0.645	0.654	0.941	0.982	0.637	0.635	0.624
06/12—06/13	0.654	0.617	0.882	0.974	0.627	0.587	0.591
06/13—06/14	0.617	0.587	0.898	0.983	0.603	0.558	0.567
06/14—06/15	0.587	0.747	0.839	0.901	0.483	0.684	0.581
06/15—06/16	0.747	0.659	0.939	0.949	0.766	0.570	0.664
06/16—06/17	0.659	0.825	0.921	0.960	0.673	0.749	0.698
06/17—06/18	0.825	0.663	0.831	0.947	0.708	0.630	0.663
06/18—06/19	0.663	0.640	0.952	0.990	0.640	0.652	0.633
06/19—06/20	0.640	0.554	0.845	0.959	0.622	0.471	0.540
06/20—06/21	0.554	0.693	0.855	0.786	0.359	0.690	0.512
06/21—06/22	0.693	0.555	0.728	0.743	0.605	0.284	0.459

时间段	PX_1Y_1	PX_2Y_2	PX_1X_2	PY_1Y_2	PX_1Y_2	PY_1X_2	R－C 值
06/22—06/23	0.555	0.625	0.928	0.975	0.556	0.599	0.562
06/23—06/24	0.625	0.651	0.922	0.980	0.598	0.653	0.607
06/24—06/25	0.651	0.675	0.866	0.965	0.724	0.522	0.608
06/25—06/26	0.675	0.817	0.933	0.930	0.825	0.593	0.695
06/26—06/27	0.817	0.616	0.805	0.880	0.517	0.732	0.604
06/27—06/28	0.616	0.536	0.831	0.967	0.497	0.566	0.519
06/28—06/29	0.536	0.649	0.792	0.886	0.495	0.528	0.498
06/29—06/30	0.649	0.641	0.961	0.906	0.636	0.571	0.602
06/30—07/01	0.641	0.612	0.973	0.980	0.623	0.619	0.612
07/01—07/02	0.612	0.641	0.959	0.974	0.572	0.657	0.605
07/02—07/03	0.641	0.636	0.927	0.985	0.593	0.666	0.611
07/03—07/04	0.636	0.759	0.823	0.815	0.496	0.655	0.571
07/04—07/05	0.759	0.644	0.848	0.875	0.699	0.506	0.604
07/05—07/06	0.644	0.650	0.917	0.920	0.597	0.620	0.594
07/06—07/07	0.650	0.662	0.888	0.967	0.558	0.665	0.609
07/07—07/08	0.662	0.591	0.929	0.911	0.643	0.569	0.577
07/08—07/09	0.591	0.665	0.928	0.927	0.617	0.609	0.582
07/09—07/10	0.665	0.662	0.936	0.985	0.625	0.674	0.637
07/10—07/11	0.662	0.667	0.917	0.968	0.659	0.607	0.626
07/11—07/12	0.667	0.737	0.982	0.986	0.723	0.685	0.690
07/12—07/13	0.737	0.556	0.875	0.888	0.505	0.614	0.570
07/13—07/14	0.556	0.498	0.855	0.967	0.572	0.392	0.481
07/14—07/15	0.498	0.565	0.947	0.979	0.490	0.570	0.512
07/15—07/16	0.565	0.640	0.911	0.978	0.548	0.606	0.569
07/16—07/17	0.640	0.622	0.933	0.969	0.618	0.612	0.600
07/17—07/18	0.622	0.479	0.819	0.954	0.602	0.428	0.489
07/18—07/19	0.479	0.610	0.942	0.981	0.499	0.578	0.523
07/19—07/20	0.610	0.497	0.844	0.943	0.492	0.478	0.496
07/20—07/21	0.497	0.547	0.926	0.983	0.504	0.506	0.499
07/21—07/22	0.547	0.585	0.948	0.952	0.513	0.577	0.538
07/22—07/23	0.585	0.552	0.941	0.963	0.557	0.538	0.541
07/23—07/24	0.552	0.630	0.974	0.986	0.583	0.598	0.579
07/24—07/25	0.630	0.461	0.806	0.965	0.599	0.376	0.485
07/25—07/26	0.461	0.566	0.931	0.984	0.451	0.565	0.492
07/26—07/27	0.566	0.472	0.890	0.934	0.450	0.488	0.473
07/27—07/28	0.472	0.553	0.959	0.990	0.488	0.516	0.499

时间段	PX_1Y_1	PX_2Y_2	PX_1X_2	PY_1Y_2	PX_1Y_2	PY_1X_2	R-C值
07/28—07/29	0.553	0.540	0.952	0.967	0.544	0.535	0.524
07/29—07/30	0.540	0.597	0.955	0.982	0.559	0.546	0.551
07/30—07/31	0.597	0.492	0.938	0.926	0.510	0.514	0.508
07/31—08/01	0.492	0.428	0.906	0.918	0.464	0.381	0.420
08/01—08/02	0.428	0.492	0.967	0.978	0.475	0.413	0.447
08/02—08/03	0.492	0.608	0.811	0.924	0.351	0.564	0.478
08/03—08/04	0.608	0.540	0.976	0.987	0.612	0.523	0.564
08/04—08/05	0.540	0.503	0.946	0.990	0.548	0.474	0.505
08/05—08/06	0.503	0.572	0.875	0.972	0.586	0.433	0.497
08/06—08/07	0.572	0.863	0.887	0.723	0.757	0.403	0.581
08/07—08/08	0.863	0.554	0.620	0.630	0.361	0.427	0.443
08/08—08/09	0.554	0.561	0.926	0.979	0.481	0.593	0.531
08/09—08/10	0.561	0.572	0.818	0.883	0.372	0.605	0.482
08/10—08/11	0.572	0.525	0.947	0.988	0.569	0.531	0.531
08/11—08/12	0.525	0.629	0.951	0.991	0.510	0.621	0.560
08/12—08/13	0.629	0.696	0.976	0.986	0.681	0.636	0.650
08/13—08/14	0.696	0.604	0.952	0.982	0.678	0.589	0.628
08/14—08/15	0.604	0.553	0.887	0.968	0.622	0.461	0.537
08/15—08/16	0.553	0.630	0.977	0.976	0.600	0.566	0.577
08/16—08/17	0.630	0.604	0.840	0.895	0.413	0.637	0.535
08/17—08/18	0.604	0.568	0.952	0.987	0.620	0.530	0.568
08/18—08/19	0.568	0.502	0.969	0.990	0.560	0.498	0.525
08/19—08/20	0.502	0.592	0.958	0.991	0.501	0.576	0.533
08/20—08/21	0.592	0.563	0.972	0.984	0.576	0.557	0.565
08/21—08/22	0.563	0.578	0.902	0.935	0.654	0.385	0.524
08/22—08/23	0.578	0.562	0.950	0.974	0.552	0.553	0.548
08/23—08/24	0.562	0.612	0.842	0.926	0.377	0.665	0.519
08/24—08/25	0.612	0.522	0.917	0.976	0.583	0.510	0.537
08/25—08/26	0.522	0.634	0.965	0.985	0.532	0.610	0.564
08/26—08/27	0.634	0.638	0.984	0.989	0.632	0.630	0.627
08/27—08/28	0.638	0.603	0.976	0.980	0.623	0.611	0.607
08/28—08/29	0.603	0.584	0.859	0.894	0.686	0.312	0.521
08/29—08/30	0.584	0.554	0.963	0.975	0.472	0.646	0.552
08/30—08/31	0.554	0.721	0.721	0.723	0.286	0.532	0.460
08/31—09/01	0.721	0.587	0.777	0.696	0.479	0.380	0.482
09/01—09/02	0.587	0.553	0.921	0.966	0.495	0.595	0.538

时间段	PX_1Y_1	PX_2Y_2	PX_1X_2	PY_1Y_2	PX_1Y_2	PY_1X_2	R-C值
09/02—09/03	0.553	0.636	0.915	0.955	0.666	0.464	0.556
09/03—09/04	0.636	0.661	0.973	0.970	0.610	0.666	0.631
09/04—09/05	0.661	0.689	0.894	0.954	0.686	0.565	0.624
09/05—09/06	0.689	0.520	0.974	0.965	0.547	0.659	0.586
09/06—09/07	0.520	0.511	0.922	0.965	0.459	0.543	0.487
09/07—09/08	0.511	0.650	0.955	0.978	0.580	0.575	0.561
09/08—09/09	0.650	0.624	0.972	0.985	0.617	0.634	0.624
09/09—09/10	0.624	0.588	0.962	0.976	0.618	0.576	0.587
09/10—09/11	0.588	0.630	0.960	0.942	0.623	0.528	0.580
09/11—09/12	0.630	0.758	0.770	0.848	0.552	0.509	0.562
09/12—09/13	0.758	0.770	0.860	0.812	0.541	0.699	0.639
09/13—09/14	0.770	0.701	0.913	0.917	0.647	0.696	0.673
09/14—09/15	0.701	0.605	0.942	0.958	0.609	0.629	0.620
09/15—09/16	0.605	0.608	0.918	0.942	0.521	0.601	0.564
09/16—09/17	0.608	0.861	0.823	0.770	0.698	0.454	0.585
09/17—09/18	0.861	0.665	0.702	0.712	0.442	0.561	0.540
09/18—09/19	0.665	0.668	0.802	0.873	0.591	0.493	0.559
09/19—09/20	0.668	0.723	0.884	0.830	0.586	0.572	0.596
09/20—09/21	0.723	0.634	0.905	0.825	0.478	0.657	0.588
09/21—09/22	0.634	0.630	0.945	0.985	0.612	0.611	0.610
09/22—09/23	0.630	0.624	0.987	0.981	0.606	0.636	0.616
09/23—09/24	0.624	0.643	0.959	0.978	0.567	0.657	0.614
09/24—09/25	0.643	0.609	0.943	0.971	0.668	0.542	0.599
09/25—09/26	0.609	0.704	0.801	0.861	0.626	0.416	0.546
09/26—09/27	0.704	0.720	0.895	0.859	0.632	0.628	0.624
09/27—09/28	0.720	0.734	0.819	0.752	0.446	0.647	0.571
09/28—09/29	0.734	0.668	0.853	0.871	0.588	0.566	0.604
09/29—09/30	0.668	0.635	0.933	0.966	0.670	0.569	0.619
09/30—10/01	0.635	0.635	0.979	0.990	0.635	0.630	0.625
10/01—10/02	0.635	0.663	0.977	0.981	0.627	0.645	0.635
10/02—10/03	0.663	0.657	0.817	0.889	0.701	0.400	0.563
10/03—10/04	0.657	0.739	0.936	0.920	0.658	0.634	0.647
10/04—10/05	0.739	0.656	0.823	0.840	0.442	0.672	0.580
10/05—10/06	0.656	0.624	0.979	0.989	0.630	0.640	0.630
10/06—10/07	0.624	0.608	0.950	0.972	0.645	0.594	0.592
10/07—10/08	0.608	0.684	0.958	0.986	0.608	0.678	0.629

时间段	PX_1Y_1	PX_2Y_2	PX_1X_2	PY_1Y_2	PX_1Y_2	PY_1X_2	R－C值
10/08—10/09	0.684	0.635	0.978	0.986	0.681	0.629	0.648
10/09—10/10	0.635	0.579	0.927	0.960	0.635	0.495	0.573
10/10—10/11	0.579	0.724	0.921	0.917	0.536	0.649	0.599
10/11—10/12	0.724	0.681	0.944	0.901	0.575	0.723	0.648
10/12—10/13	0.681	0.705	0.934	0.985	0.724	0.654	0.666
10/13—10/14	0.705	0.822	0.802	0.774	0.571	0.563	0.602
10/14—10/15	0.822	0.667	0.820	0.748	0.496	0.606	0.584
10/15—10/16	0.667	0.677	0.970	0.986	0.663	0.656	0.658
10/16—10/17	0.677	0.615	0.742	0.931	0.692	0.383	0.543
10/17—10/18	0.615	0.712	0.776	0.915	0.558	0.538	0.563
10/18—10/19	0.712	0.567	0.855	0.868	0.409	0.656	0.551
10/19—10/20	0.567	0.637	0.950	0.967	0.595	0.553	0.577
10/20—10/21	0.637	0.670	0.925	0.951	0.605	0.610	0.613
10/21—10/22	0.670	0.719	0.980	0.989	0.651	0.719	0.684
10/22—10/23	0.719	0.644	0.918	0.974	0.713	0.592	0.645
10/23—10/24	0.644	0.720	0.713	0.861	0.572	0.435	0.538
10/24—10/25	0.720	0.675	0.842	0.861	0.609	0.529	0.593
10/25—10/26	0.675	0.649	0.808	0.832	0.321	0.745	0.543
10/26—10/27	0.649	0.608	0.965	0.987	0.662	0.574	0.613
10/27—10/28	0.608	0.757	0.893	0.977	0.611	0.685	0.638
10/28—10/29	0.757	0.809	0.799	0.871	0.730	0.556	0.654
10/29—10/30	0.809	0.698	0.769	0.865	0.564	0.636	0.617
10/30—10/31	0.698	0.678	0.771	0.870	0.663	0.461	0.566
10/31—11/01	0.678	0.817	0.833	0.874	0.589	0.701	0.638
11/01—11/02	0.817	0.713	0.939	0.920	0.687	0.741	0.711
11/02—11/03	0.713	0.741	0.888	0.943	0.615	0.722	0.666
11/03—11/04	0.741	0.716	0.946	0.972	0.733	0.678	0.699
11/04—11/05	0.716	0.681	0.967	0.989	0.713	0.674	0.683
11/05—11/06	0.681	0.773	0.974	0.989	0.700	0.742	0.713
11/06—11/07	0.773	0.706	0.737	0.918	0.744	0.496	0.615
11/07—11/08	0.706	0.726	0.922	0.938	0.694	0.636	0.666
11/08—11/09	0.726	0.585	0.865	0.904	0.483	0.662	0.580
11/09—11/10	0.585	0.652	0.903	0.970	0.505	0.666	0.580
11/10—11/11	0.652	0.746	0.808	0.856	0.671	0.449	0.582
11/11—11/12	0.746	0.698	0.781	0.866	0.480	0.653	0.596
11/12—11/13	0.698	0.623	0.873	0.968	0.761	0.513	0.609

时间段	PX_1Y_1	PX_2Y_2	PX_1X_2	PY_1Y_2	PX_1Y_2	PY_1X_2	R－C值
11/13—11/14	0.623	0.814	0.892	0.802	0.820	0.424	0.609
11/14—11/15	0.814	0.782	0.926	0.872	0.671	0.767	0.717
11/15—11/16	0.782	0.758	0.949	0.916	0.725	0.711	0.718
11/16—11/17	0.758	0.708	0.957	0.971	0.704	0.710	0.707
11/17—11/18	0.708	0.768	0.969	0.994	0.672	0.789	0.724
11/18—11/19	0.768	0.750	0.980	0.989	0.708	0.799	0.747
11/19—11/20	0.750	0.714	0.962	0.972	0.760	0.675	0.708
11/20—11/21	0.714	0.813	0.786	0.884	0.661	0.613	0.639
11/21—11/22	0.813	0.756	0.883	0.910	0.675	0.712	0.703
11/22—11/23	0.756	0.663	0.929	0.887	0.543	0.736	0.644
11/23—11/24	0.663	0.712	0.905	0.939	0.786	0.510	0.634
11/24—11/25	0.712	0.693	0.945	0.946	0.568	0.783	0.664
11/25—11/26	0.693	0.753	0.807	0.703	0.349	0.710	0.547
11/26—11/27	0.753	0.707	0.898	0.834	0.783	0.470	0.632
11/27—11/28	0.707	0.692	0.835	0.877	0.731	0.460	0.599
11/28—11/29	0.692	0.731	0.925	0.957	0.651	0.684	0.670
11/29—11/30	0.731	0.789	0.899	0.925	0.644	0.722	0.693
11/30—12/01	0.789	0.718	0.918	0.939	0.656	0.740	0.700
12/01—12/02	0.718	0.680	0.976	0.968	0.728	0.655	0.679
12/02—12/03	0.680	0.728	0.944	0.985	0.659	0.733	0.679
12/03—12/04	0.728	0.687	0.918	0.976	0.674	0.691	0.670
12/04—12/05	0.687	0.703	0.840	0.918	0.684	0.513	0.611
12/05—12/06	0.703	0.776	0.813	0.913	0.642	0.633	0.639
12/06—12/07	0.776	0.626	0.722	0.867	0.549	0.560	0.559
12/07—12/08	0.626	0.643	0.951	0.949	0.639	0.553	0.603
12/08—12/09	0.643	0.650	0.950	0.978	0.551	0.697	0.623
12/09—12/10	0.650	0.636	0.972	0.987	0.600	0.680	0.630
12/10—12/11	0.636	0.682	0.963	0.974	0.638	0.656	0.639
12/11—12/12	0.682	0.664	0.839	0.919	0.597	0.562	0.592
12/12—12/13	0.664	0.679	0.843	0.921	0.665	0.497	0.593
12/13—12/14	0.679	0.545	0.892	0.879	0.487	0.576	0.542
12/14—12/15	0.545	0.622	0.926	0.961	0.484	0.611	0.551
12/15—12/16	0.622	0.768	0.853	0.793	0.622	0.456	0.572
12/16—12/17	0.768	0.623	0.779	0.756	0.422	0.542	0.534
12/17—12/18	0.623	0.678	0.951	0.970	0.606	0.660	0.625
12/18—12/19	0.678	0.528	0.877	0.935	0.630	0.451	0.547

时间段	PX_1Y_1	PX_2Y_2	PX_1X_2	PY_1Y_2	PX_1Y_2	PY_1X_2	R－C 值
12/19—12/20	0.528	0.712	0.735	0.862	0.520	0.398	0.496
12/20—12/21	0.712	0.534	0.897	0.862	0.399	0.682	0.548
12/21—12/22	0.534	0.584	0.876	0.959	0.454	0.583	0.514
12/22—12/23	0.584	0.582	0.859	0.959	0.514	0.580	0.531
12/23—12/24	0.582	0.845	0.782	0.863	0.419	0.773	0.588
12/24—12/25	0.845	0.912	0.938	0.981	0.813	0.897	0.843
12/25—12/26	0.912	0.529	0.501	0.763	0.686	0.294	0.465
12/26—12/27	0.529	0.616	0.549	0.731	0.291	0.230	0.370
12/27—12/28	0.616	0.477	0.839	0.858	0.374	0.479	0.464
12/28—12/29	0.477	0.585	0.893	0.963	0.411	0.603	0.493
12/29—12/30	0.585	0.565	0.943	0.988	0.586	0.556	0.555
12/30—12/31	0.565	0.656	0.906	0.814	0.367	0.668	0.526

参考文献[①]

中文文献

（一）著作

布莱恩特. 媒介效果：理论与研究前沿 [M]. 石义彬, 译. 北京：华夏出版社, 2009.

迪林, 罗杰斯. 传播概念·Agenda-Setting [M]. 倪建平, 译. 上海：复旦大学出版社, 2009.

蒋忠波. 网络议程设置的实证研究 [M]. 北京：中国社会科学出版社, 2015.

卡茨, 拉扎斯菲尔德. 人际影响：个人在大众传播中的作用 [M]. 张宁, 译. 北京：中国人民大学出版社, 2016.

克拉珀. 大众传播的效果 [M]. 段鹏, 译. 北京：中国传媒大学出版社, 2017.

库恩. 科学革命的结构（第四版）[M]. 金吾伦, 胡新和, 译. 北京：北京大学出版社, 2012.

拉扎斯菲尔德. 人民的选择 [M]. 唐茜, 译. 北京：中国人民大学出版社, 2012.

李本乾. 中国大众传媒议程设置功能研究 [M]. 兰州：甘肃人民出版社, 2002.

罗杰斯. 创新的扩散 [M]. 唐兴通, 等译. 北京：电子工业出版社, 2016.

洛厄里, 德弗勒. 大众传播效果研究的里程碑 [M]. 刘海龙, 译. 北京：中国人民大学出版社, 2009.

麦库姆斯. 议程设置：大众媒介与舆论 [M]. 郭镇之, 译. 北京：北京大学出版社, 2008.

帕克. 城市社会学：芝加哥学派城市研究 [M]. 宋俊岭, 郑也夫, 译. 北京：商务印书馆, 2012.

彭增军. 媒介内容分析法 [M]. 北京：中国人民大学出版社, 2012.

斯帕克斯. 媒介效果研究概论 [M]. 何朝阳, 等译. 北京：中国人民大学出版社, 2013.

唐启明, 任强. 量化数据分析：通过社会研究检验想法 [M]. 北京：社会科学文献出版社, 2012.

王存同. 进阶回归分析 [M]. 北京：高等教育出版社, 2017：43.

魏然, 周树华, 罗文辉. 媒介效果与社会变迁 [M]. 北京：中国人民大学出版社, 2016.

[①]　参考文献对应正文中相关注释，非按正文顺序排列。

谢宇. 回归分析［M］. 修订版. 北京：社会科学文献出版社，2013.

谢宇. 社会学方法与定量研究［M］. 2版. 北京：社会科学文献出版社，2012.

周葆华. 效果研究：人类传受观念与行为的变迁［M］. 上海：复旦大学出版社，2008.

（二）期刊

曹茹. 新媒介环境中议程设置的变化及其实质［J］. 河北大学学报（哲学社会科学版），2008，33（4）：119-122.

曾凡斌. 百度指数对议程设置理论的检验及"两个舆论场"的关系：基于2013—2016年75个网络热点舆情事件的分析［J］. 新闻记者，2018（11）：66-74.

陈强. 国外属性议程设置研究进展述评［J］. 国际新闻界，2013，35（6）：47-54.

陈阳. 议程设置理论在北京的一次检验：基于CGSS（2013）数据的研究［J］. 国际新闻界，2017，39（10）：77-90.

邓喆，孟庆国. 自媒体的议程设置：公共政策形成的新路径［J］. 公共管理学报，2016，13（2）：14-22+153.

丁柏铨. 新形势下舆论引导的两个问题辨析［J］. 南京社会科学，2009（4）：43-49.

丁汉青，王亚萍. SNS网络空间中"意见领袖"特征之分析：以豆瓣网为例［J］. 新闻与传播研究，2010（3）：82-91.

丁雪峰，胡勇，赵文，等. 网络舆论意见领袖特征研究［J］. 四川大学学报（工程科学版），2010，42（2）：145-149.

高宪春. 微议程、媒体议程与公众议程：论新媒介环境下议程设置理论研究重点的转向［J］. 南京社会科学，2013（1）：100-106+112.

高宪春. 新媒介环境下议程设置理论研究新进路的分析［J］. 新闻与传播研究，2011，18（1）：12-20+109.

高卫华，周乾宪. 中国环境议题建构及议程互动关系分析：以"PM2.5"议题为例［J］. 当代传播，2014（1）：49-50+55-56.

黄鸿业. 社交媒体语境下"议程设置"理论的调适［J］. 传媒，2016（21）：87-89.

黄珺，李蕊. 网络媒体在企业社会责任中的议程设置效果：基于新浪微博平台的准实验研究［J］. 管理现代化，2019，39（2）：67-70.

黄扬，李伟权，郭雄腾，段晶晶，曹嘉婧. 事件属性、注意力与网络时代的政策议程设置：基于40起网络焦点事件的定性比较分析（QCA）［J］. 情报杂志，2019，38（2）：123-130.

蒋忠波，邓若伊. 国外新媒体环境下的议程设置研究［J］. 国际新闻界，2010（6）：39-45.

蒋忠波，邓若伊. 网络议程设置的实证研究：以提升网络舆论引导力为视阈［J］. 新闻与传播研究，2011（3）：100-105.

景刚. 论主流媒体在议程设置过程中的功能表达［J］. 新闻界，2004（3）：48-49.

匡文波. 新媒体是主流媒体吗？：基于手机媒体的定量研究［J］. 国际新闻界，2011（6）：82-86.

李本乾，张国良. 受众议程、媒介议程与真正现实关系的实证研究［J］. 现代传播，2002（4）：45-47.

李本乾，张国良. 中国受众与大众传媒议程设置功能研究 [J]. 复旦学报（社会科学版），2003 (1)：114 - 123.

刘建明. 解读主流媒体 [J]. 新闻与写作，2004 (4)：3 - 5.

刘志明，刘鲁. 微博网络舆情中的意见领袖识别及分析 [J]. 系统工程，2011 (6)：8 - 16.

刘毅，王聿昊. 医疗议题议程设置效果研究：基于报纸对社交媒体公众意见影响的分析 [J]. 新闻大学，2019 (9)：52 - 68.

刘中望，张梦霞. 微博议程设置路径与用户认知模式的实证研究：基于新浪"热门微博"榜、新闻中心新闻榜的比较 [J]. 湘潭大学学报（哲学社会科学版），2013，37 (5)：92 - 96.

麦库姆斯，郭镇之，邓理峰. 议程设置理论概览：过去，现在与未来 [J]. 新闻大学，2007 (3)：60 - 72.

聂晶磊，王秋艳. 微博议程设置研究 [J]. 中国出版，2012 (4)：50 - 54.

彭步云. 社交媒体受众对传统媒体的反向议程设置研究 [J]. 当代传播，2019 (5)：110 - 112.

齐爱军，洪浚浩. 西方有关主流媒体研究的多元理论视角论析 [J]. 新闻大学，2013 (1)：8 - 15.

齐爱军. 什么是"主流媒体"？[J]. 现代传播，2011 (2)：50 - 53.

史安斌，王沛楠. 议程设置理论与研究 50 年：溯源·演进·前景 [J]. 新闻与传播研究，2017，24 (10)：13 - 28＋127.

田丽，胡璇. 社会化媒体概念的起源与发展 [J]. 新闻与写作，2013 (9)：27 - 29.

王燕鹏. 基于文献计量的主题模型研究进展分析 [J]. 科学观察，2017 (5)：9 - 20.

王宇澄，薛可，何佳. 政务微博议程设置对受众城市形象认知影响的研究：以微博"上海发布"为例 [J]. 电子政务，2018 (6)：55 - 62.

韦路，胡雨濛. 中国微博空间的议题呈现：新浪热门微博实证研究 [J]. 浙江大学学报（人文社会科学版），2014，44 (2)：41 - 52.

温忠麟，叶宝娟. 中介效应分析：方法和模型发展 [J]. 心理科学进展，2014，22 (5)：731 - 745.

温忠麟，张雷，侯杰泰，等. 中介效应检验程序及其应用 [J]. 心理学报，2004，36 (5)：614 - 620.

新华社. 主流媒体如何增强舆论引导有效性和影响力之一：主流媒体判断标准和基本评价 [J]. 中国记者，2004 (1)：10 - 11.

辛文娟，赖涵. 传统媒体和微博议程设置的对比研究：以广东佛山两岁女童小悦悦被撞案为例 [J]. 新闻界，2011 (9)：27 - 30.

徐戈，王厚峰. 自然语言处理中主题模型的发展 [J]. 计算机学报，2011，34 (8)：1423 - 1436.

杨奕，张毅，李梅，等. 基于 LDA 模型的公众反馈意见采纳研究：共享单车政策修订与数据挖掘的对比分析 [J]. 情报科学，2019，37 (1)：86 - 93.

叶浩生. 具身认知：认知心理学的新取向 [J]. 心理科学进展，2010，18 (5)：705 - 710.

张国良，李本乾，李明伟. 中国传媒"议题设置功能"现状分析：我国首次就传媒"议题设置功能"进行抽样调查 [J]. 新闻记者，2007 (6)：3 - 6.

张国良，李本乾. 行为变量对议程设置敏感度影响的实证研究 [J]. 现代传播，2004 (1)：22 - 25.

张洪忠. 大众传播学的议程设置理论与框架理论关系探讨 [J]. 西南民族大学学报（哲学社会科学版）2001，22 (10)：88 - 91.

张军芳. "议程设置"：内涵、衍变与反思 [J]. 新闻与传播研究，2015，22 (10)：111 - 118.

章留斌，陈天明，阿达来提·杂满，姚钧浩. 民间舆论场域中失效的议程设置与极化的网络群体：基于"江歌事件"新浪微博数据的内容分析 [J]. 情报科学，2019，37 (2)：95 - 101.

张培晶，宋蕾. 基于 LDA 的微博文本主题建模方法研究述评 [J]. 图书情报工作，2012，56 (24)：120 - 126.

张雯，余红. 网民既有认知对媒体议程设置的调节 [J]. 当代传播，2016 (3)：80 - 82.

张志飞，苗夺谦，高灿. 基于 LDA 主题模型的短文本分类方法 [J]. 计算机应用，2013，33 (6)：1587 - 1590.

赵蕾. 议程设置 50 年：新媒体环境下议程设置理论的发展与转向：议程设置奠基人马克斯韦尔·麦库姆斯、唐纳德·肖与大卫·韦弗教授访谈 [J]. 国际新闻界，2019，41 (1)：66 - 80.

赵云泽，张竞文，谢文静，等. "社会化媒体"还是"社交媒体"？：一组至关重要的概念的翻译和辨析 [J]. 新闻记者，2015 (6)：63 - 66.

周欢，包礼祥. 新媒体时代下议程设置的新变化及发展对策 [J]. 东南传播，2012 (5)：84 - 85.

（三）学位与会议

游恒振. 社会化媒体的演进研究 [D]. 北京：北京邮电大学，2012.

朱佳晖. 基于深度学习的主题建模方法研究 [D]. 武汉：武汉大学，2017.

张健挺. "议程设置"中的反设置 [C] //2006 中国传播学论坛论文集（Ⅱ）. 2006.

英文文献

（一）著作

Anderson J R, Bower G H. *Human Associative Memory* [M]. Psychology press，2014.

Anderson J R. *The Architecture of Cognition* [M]. Psychology Press，2013.

Angelo D P, Kuypers J A. *Doing News Framing Analysis: Empirical and Theoretical Perspectives* [M]. Routledge，2010.

Berelson B R, Lazarsfeld P F, MacPhee W N. *Voting* [M]. University of Chicago Press，1954.

Cohen B C. *Press and Foreign Policy* [M]. Princeton University Press，1963.

Downs R M, Stea D. *Image and Environment: Cognitive Mapping and Spatial Behavior*

[M]. Transaction Publishers, 2017.

Fiske S T, Taylor S E. *Social Cognition: From Brains to Culture* [M]. Sage, 2013.

Goffman E. *Frame analysis: An Essay on the Organization of Experience* [M]. Harvard University Press, 1974.

Guo L, McCombs M. *The Power of Information Networks: New Directions for Agenda Setting* [M]. Routledge, 2015.

McCombs M, Graber D, Weaver D H. *Media Agenda-Setting in The Presidential Election* [M]. Praeger Scientific, 1981.

Guo, L. *Agenda Setting in a 2. 0 World* [M]. Routledge, 2013.

Iyengar S, Kinder D R. *News That Matters: Television and American Opinion* [M]. University of Chicago Press, 1987.

Kingdon J W, Thurber J A. *Agendas, Alternatives, and Public Policies* [M]. Boston: Little, Brown, 1984.

Lazarsfeld P F, Berelson B, Gaudet H. *The People's Choice* [M]. Columbia University Press 1944.

Lindsay P H, Norman D A. *Human Information Processing: An Introduction to Psychology* [M]. Academic press, 2013.

Lippmann W. *Public Opinion* [M]. Transaction Publishers, 1922.

McCombs M. *Setting the Agenda: Mass Media and Public Opinion* [M]. John Wiley & Sons, 2014.

McCombs M, Ghanem S I. *The Convergence of Agenda Setting and Framing* [M]. Routledge, 2001.

MacKuen M B. *Social Communication and the Mass Policy Media* [M]. Beverly Hills: Sage, 1981.

Park R E. *The immigrant press and its control* [M]. Harper & brothers, 1922.

Semetko H A, Blumler J G, Gurevitch M, et al. *The Formation of Campaign Agendas: A Comparative Analysis ff Party and Media Roles in Recent American and British Elections* [M]. Routledge, 2013.

Shaw D L, McCombs M E. *The Emergence of American Political Issues: The Agenda-Setting Function of the Press* [M]. West Group, 1977.

Shaw D L, Weaver D H. *Communication and Democracy: Exploring the Intellectual Frontiers in Agenda-Setting Theory* [M]. Psychology Press, 1997.

Shaw D L. *The Emergence of American Political Issues* [M]. Agenda Setting Function of the Press, 1977.

Sigal L V. *Reporters and Officials: The Organization and Politics of Newsmaking* [M]. DC Heath, 1973.

Weaver D H. *Media Agenda-setting in a Presidential Election: Issues, Images, and Interest* [M]. Praeger Publishers, 1981.

Weaver D H. *Political Issues and Voter Need for Orientation* [M]. Agenda Setting. Readings on Media, Public Opinion, and Policymaking, 1991: 131 - 139.

（二）期刊

Althaus S L, Tewksbury D. Agenda Setting and the "New" News: Patterns of Issue Importance Among Readers of the Paper and Online Versions of the New York Times [J]. *Communication Research*, 2002, 29 (2): 180 – 207.

Bae J H, Han N G, Song M. Twitter Issue Tracking System by Topic Modeling Techniques [J]. *Journal of Intelligence and Information Systems*, 2014, 20 (2): 109 – 122.

Bantimaroudis P, Zyglidopoulos S C. Cultural Agenda Setting: Salient Attributes in The Cultural Domain [J]. *Corporate Reputation Review*, 2014, 17 (3): 183 – 194.

Becker L B, McCombs M E. The Role of the Press in Determining Voter Reactions to Presidential Primaries1 [J]. *Human Communication Research*, 1978, 4 (4): 301 – 307.

Benton M, Frazier P J. The Agenda Setting Function of The Mass Media at Three Levels of "Information Holding" [J]. *Communication Research*, 1976, 3 (3): 261 – 274.

Boase J, Ling R. Measuring Mobile Phone Use: Self-Report Versus Log Data [J]. *Journal of Computer-Mediated Communication*, 2013, 18 (4): 508 – 519.

Brosius H B, Kepplinger H M. Beyond Agenda-Setting: The Influence of Partisanship and Television Reporting on the Electorate's Voting Intentions [J]. *Journalism Quarterly*, 1992, 69 (4): 893 – 901.

Brosius H B, Kepplinger H M. The Agenda-Setting Function of Television News: Static and Dynamic Views [J]. *Communication Research*, 1990, 17 (2): 183 – 211.

Brosius H B, Kepplinger H M. The Agenda-Setting Function of Television News: Static and Dynamic Views [J]. *Communication Research*, 1990, 17 (2): 183 – 211.

Camaj L, Weaver D. Need for Orientation and Attribute Agenda-Setting Effects During a U. S. Election Campaign [J]. *International Journal of Communication*, 2013, 7 (3): 1464 – 1463.

Camaj L. Need for Orientation, Selective Exposure, and Attribute Agenda-Setting Effects [J]. *Mass Communication and Society*, 2014, 17 (5): 689 – 712.

Cha M, Haddadi H, Benevenuto F, et al. Measuring User Influence in Twitter: The Million Follower Fallacy [J]. *Icwsm*, 2010, 10 (10 – 17): 30.

Chaffee S H, Schleuder J. Measurement and Effects of Attention to Media News [J]. Human *Communication Research*, 1986, 13 (1): 76 – 107.

Chen Y, Eraslan H. Dynamic Agenda Setting [J]. *American Economic Journal: Microeconomics*, 2017, 9 (2): 1 – 32.

Cheng Y, Chan C M. The Third Level of Agenda Setting in Contemporary China: Tracking Descriptions of Moral and National Education in Media Coverage and People's Minds [J]. *International Journal of Communication*, 2015, 9 (3): 1090 – 1107.

Cheng Y. The Third-Level Agenda-Setting Study: An Examination of Media, Implicit, and Explicit Public Agendas in China [J]. *Asian Journal of Communication*,

2016, 26 (4): 319 - 332.

Cobb R W, Elder Y C. Participation in American Politics: The Dynamics of Agenda-Building [J]. *American Political Science Association*, 1983, 67 (3): 32. (Original work published by Allyn & Bacon in 1972)

Collins A M, Loftus E F. A Spreading-Activation Theory of Semantic Processing [J]. *Psychological Review*, 1975, 82 (6): 407.

Cowan N. What Are the Differences Between Long-Term, Short-Term, and Working Memory? [J]. *Progress in Brain Research*, 2008, 169: 323 - 338.

Dearing J W, Rogers E M. AIDS and the Media Agenda [J]. *AIDS: A communication perspective*, 1992: 173 - 194.

Demers D P, Craff D, Choi Y H, et al. Issue Obtrusiveness and the Agenda-Setting Effects of National Network News [J]. *Communication Research*, 1989, 16 (6): 793 - 812.

Eaton H. Agenda-Setting with BiWeekly Data on Content of Three National Media [J]. *Journalism & Mass Communication Quarterly*, 1989, 66 (4): 942 - 959.

Erbring L, Goldenberg E N, Miller A H. Front-Page News and Real-World Cues: A New Look at Agenda-Setting by the Media [J]. *American Journal of Political Science*, 1980, 24 (1): 16.

Frederick E L, Burch L M, Blaszka M. A Shift in Set: Examining the Presence of Agenda Setting on Twitter During the 2012 London Olympics [J]. *Communication & Sport*, 2015, 3 (3): 312 - 333.

Funkhouser G R. The Issues of The Sixties: An Exploratory Study in The Dynamics of Public Opinion [J]. *Public Opinion Quarterly*, 1973, 37 (1): 62 - 75.

Gadziala S M, Becker L B. A New Look at Agenda-Setting in the 1976 Election Debates [J]. *Journalism & Mass Communication Quarterly*, 1983, 60 (1): 122 - 126.

Gene Zucker H. The Variable Nature of News Media Influence [J]. *Annals of the International Communication Association*, 1978, 2 (1): 225 - 240.

Ghorpade S. Agenda Setting: A Test of Advertising's Neglected Function [J]. *Journal of Advertising Research*, 1986, 26 (4): 23 - 27.

Godeaux L. The Dynamics of Public Attention: Agenda-Setting Theory Meets Big Data [J]. *Journal of Communication*, 2014, 64 (2): 193 - 214.

Grimmer J. A Bayesian Hierarchical Topic Model for Political Texts: Measuring Expressed Agendas in Senate Press Releases [J]. *Political Analysis*, 2009, 18 (1): 1 - 35.

Guo L, Chen Y N K, Vu H, et al. Coverage of the Iraq War in the United States, Mainland China, Taiwan and Poland: A transnational network agenda-setting study [J]. *Journalism Studies*, 2015, 16 (3): 343 - 362.

Guo L, Vargo C. The Power of Message Networks: A Big-Data Analysis of The Network Agenda Setting Model and Issue Ownership [J]. *Mass Communication and Society*, 2015, 18 (5): 557 - 576.

Guo L. The Application of Social Network Analysis in Agenda Setting Research: A

Methodological Exploration [J]. *Journal of Broadcasting & Electronic Media*, 2012, 56 (4): 616 – 631.

Higgins E T. Activation: Accessibility, and Salience [J]. *Social psychology: Handbook of Basic Principles*, 1996: 133 – 168.

Hill D B. Viewer Characteristics and Agenda Setting by Television News [J]. *Public Opinion Quarterly*, 1985, 49 (3): 340 – 350.

Hofmann T. Unsupervised Learning by Probabilistic Latent Semantic Analysis [J]. *Machine Learning*, 2001, 42 (1 – 2): 177 – 196.

Iyengar S, Simon A. News Coverage of The Gulf Crisis and Public Opinion: A Study of Agenda-Setting, Priming, and Framing [J]. *Communication Research*, 1993, 20 (3): 365 – 383.

Jang S M, Lee H. When Pop Music Meets a Political Issue: Examining How "Born This Way" Influences Attitudes Toward Gays and Gay Rights Policies [J]. *Journal of Broadcasting & Electronic Media*, 2014, 58 (1): 114 – 130.

Johnson T J, Wanta W, Byrd J T, et al. Exploring FDR'S Relationship with the Press: A Historical Agenda-Setting Study [J]. *Political Communication*, 1995, 12 (2): 157 – 172.

Jordan M I, Blei D M, Ng A Y. Latent Dirichlet Allocation [J]. *Journal of Machine Learning Research*, 2003.

Kamhawi R, Weaver D. Mass Communication Research Trends from 1980 to 1999 [J]. *Journalism & Mass Communication Quarterly*, 2003, 80 (1): 7 – 27.

Kaplan S. Cognitive Maps in Perception and Thought [J]. *Image and environment: Cognitive Mapping and Spatial Behavior*, 1973: 63 – 78.

Katz E. The Two-Step Flow of Communication: An Up-To-Date Report on a Hypothesis [J]. *Public Opinion Quarterly*, 1957, 21 (1): 61 – 78.

Kim K, McCombs M. News Story Descriptions and the Public's Opinions of Political Candidates [J]. *Journalism & Mass Communication Quarterly*, 2007, 84 (2): 299 – 314.

Kim S H, Scheufele D A, Shanahan J. Think About It This Way: Attribute Agenda-Setting Function of the Press and the Public's Evaluation of a Local Issue [J]. *Journalism & Mass Communication Quarterly*, 2002, 79 (1): 7 – 25.

King P. The Press, Candidate Images, and Voter Perceptions [J]. *Communication and Democracy: Exploring the Intellectual Frontiers in Agenda-setting Theory*, 1997: 29 – 40.

Kiousis S, Bantimaroudis P, Ban H. Candidate Image Attributes: Experiments on The Substantive Dimension of Second Level Agenda Setting [J]. *Communication Research*, 1999, 26 (4): 414 – 428.

Kiousis S, McCombs M. Agenda-Setting Effects and Attitude Strength: Political Figures During the 1996 Presidential Election [J]. *Communication Research*, 2004, 31 (1): 36 – 57.

Kiousis S, Ragas M. Implications of Third-Level Agenda Building for Public Relations and Strategic Communication [J]. *The Power of Information Networks: New directions for Agenda Setting*, 2015: 161 – 174.

Kosicki G M. Problems and Opportunities in Agenda-Setting Research [J]. *Journal of Communication*, 1993, 43 (2): 100 – 127.

Lang A. The Limited Capacity Model of Mediated Message Processing [J]. *Journal of Communication*, 2000, 50 (1): 46 – 70.

Lang G E, Lang K. Watergate: An Exploration of the Agenda-Building Process [J]. *Mass Communication Review Yearbook* 2, 1981: 447 – 468.

Lasorsa D L, Wanta W. Effects of Personal, Interpersonal and Media Experiences on Issue Saliences [J]. *Journalism & Mass Communication Quarterly*, 1990, 67 (4): 804 – 813.

Lee J K. Knowledge as a Measure of News Reception in the Agenda-Setting Process [J]. *Journal of Broadcasting & Electronic Media*, 2015, 59 (1): 22 – 40.

Lim J. A Cross-Lagged Analysis of Agenda Setting Among Online News Media [J]. *Journalism & Mass Communication Quarterly*, 2006, 83 (2): 298 – 312.

Lipset S M, Lazarsfeld P F, Barton A H, et al. The Psychology of Voting: An Analysis of Political Behavior [J]. *Handbook of Social Psychology*, 1954, 2: 1124 – 1175.

Maher T M. Media Framing and Public Perception of Environmental Causality [J]. *Southwestern Mass Communication Journal*, 1996, 12 (1): 61 – 73.

Matthes J. Need for Orientation as a Predictor of Agenda-Setting Effects: Causal Evidence from a Two-Wave Panel Study [J]. *International Journal of Public Opinion Research*, 2008, 20 (4): 440 – 453.

McCombs M, Lopez-Escobar E, Llamas J P. Setting the Agenda of Attributes in the 1996 Spanish General Election [J]. *Journal of Communication*, 2000, 50 (2): 77 – 92.

McCombs M E, Shaw D L, Weaver D H. New Directions in Agenda-Setting Theory and Research [J]. *Mass Communication and Society*, 2014, 17 (6): 781 – 802.

McCombs M E, Shaw D L. The Agenda-Setting Function of Mass Media [J]. *Public Opinion Quarterly*, 1972, 36 (2): 176 – 187.

McCombs M E, Shaw D L. The Evolution of Agenda-Setting Research: Twenty-Five Years in the Marketplace of Ideas [J]. *Journal of Communication*, 1993, 43 (2): 58 – 67.

McCombs M E. Explorers and Surveyors: Expanding Strategies for Agenda-Setting Research [J]. *Journalism Quarterly*, 1992, 69 (4): 813 – 824.

McCombs M, Estrada G. The News Media and The Pictures in Our Heads [J]. *Do the Media Govern*, 1997: 237 – 247.

McCombs M, Llamas J P, Lopez-Escobar E, et al. Candidate Images in Spanish Elections: Second-Level Agenda-Setting Effects [J]. *Journalism & Mass Communication Quarterly*, 1997, 74 (4): 703 – 717.

McCombs M, Weaver D. Voters' Need for Orientation and Use of Mass Communication

[J]. *Behavioral Science Research*, 1973: 16.

McCombs M. A Look at Agenda-Setting: Past, Present and Future [J]. *Journalism Studies*, 2005, 6 (4): 543 – 557.

McCombs M. Building Consensus: The News Media's Agenda-Setting Roles [J]. *Political Communication*, 1997, 14 (4): 433 – 443.

McCombs M. The Future Agenda for Agenda Setting Research [J]. *Journal of Mass Communication Studies*, 1994, 45: 171 – 181.

McLeod J M, Becker L B, Byrnes J E. Another Look at the Agenda-Setting Function of the Press [J]. *Communication Research*, 1974, 1 (2): 131 – 166.

Meraz S. The Fight For 'How to Think': Traditional Media, Social Networks, and Issue Interpretation [J]. *Journalism*, 2011, 12 (1): 107 – 127.

Meraz S. Using Time Series Analysis to Measure Intermedia Agenda-Setting Influence in Traditional Media and Political Blog Networks [J]. *Journalism & Mass Communication Quarterly*, 2011, 88 (1): 176 – 194.

Monroe B M, Read S J. A General Connectionist Model of Attitude Structure and Change: The ACS (Attitudes as Constraint Satisfaction) Model [J]. *Psychological Review*, 2008, 115 (3): 733.

Moon S J. Attention, attitude, and behavior: Second-level agenda-setting effects as a mediator of media use and political participation [J]. *Communication Research*, 2013, 40 (5): 698 – 719.

Ophir E, Nass C, Wagner A D, et al. Cognitive Control in Media Multitaskers [J]. *Proceedings of the National Academy of Sciences of the United States of America*, 2009, 106 (37): 15583.

Park R E. News as a Form of Knowledge: A Chapter in the Sociology of Knowledge [J]. *American Journal of Sociology*, 1940, 45 (5): 669 – 686.

Park R E. The city: Suggestions for the Investigation of Human Behavior in the City Environment [J]. *American Journal of Sociology*, 1915, 20 (5): 577 – 612.

Reese S D, Danielian L H. Intermedia Influence and The Drug Issue [J]. *Communication Campaigns about Drugs: Government, Media, and the Public*, 1989: 29 – 46.

Roberts M, Wanta W, Dzwo T H. Agenda Setting and Issue Salience Online [J]. *Communication Research*, 2002, 29 (4): 452 – 465.

Roessler P. The Individual Agenda-Designing Process [J]. *Communication Research*, 1999, 26 (6): 666 – 700.

Rogers E M, Dearing J W. Agenda-Setting Research: Where Has It Been, Where Is It Going? [J]. *Annals of the International Communication Association*, 1988, 11 (1): 555 – 594.

Rogstad I. Is Twitter Just Rehashing? Intermedia Agenda Setting Between Twitter and Mainstream Media [J]. *Journal of Information Technology & Politics*, 2016, 13 (2): 1 – 17.

Saldaña M, Ardèvol-Abreu A. From Compelling Arguments to Compelling Associations at

The Third Level of Agenda Setting [J]. *The Power of Information Networks: New Directions for Agenda Setting*, 2015: 104 - 118.

Sayre B, Bode L, Shah D, et al. Agenda Setting in A Digital Age: Tracking Attention to California Proposition 8 in Social Media, Online News and Conventional News [J]. *Policy & Internet*, 2010, 2 (2): 7 - 32.

Scheufele D A, Tewksbury D. Framing, Agenda Setting, And Priming: The Evolution of Three Media Effects Models [J]. *Journal of Communication*, 2007, 57 (1): 9 - 20.

Scheufele D A. Agenda-Setting, Priming, and Framing Revisited: Another Look at Cognitive Effects of Political Communication [J]. *Mass Communication & Society*, 2000, 3 (2 - 3): 297 - 316.

Schiffer A J. Blogswarms and Press Norms: News Coverage of The Downing Street Memo Controversy [J]. *Journalism & Mass Communication Quarterly*, 2006, 83 (3): 494 - 510.

Shafi A. Personal Experience Vs. Media Coverage: Testing the Issue Obtrusiveness Condition of Agenda-Setting Theory in a Developing Country [J]. *Journalism & Mass Communication Quarterly*, 2017.

Shehata A, Strömbäck J. Not (Yet) a New Era of Minimal Effects: A Study of Agenda Setting at The Aggregate and Individual Levels [J]. *The International Journal of Press/Politics*, 2013, 18 (2): 234 - 255.

Slater M D. Operationalizing and Analyzing Exposure: The Foundation of Media Effects Research [J]. *Journalism & Mass Communication Quarterly*, 2004, 81 (1): 168 - 183.

Smith K A. Newspaper Coverage and Public Concern about Community Issues: A Time-Series Analysis [J]. *Journalism and Communication Monographs*, 1987, 101.

Stone G C, McCombs M E. Tracing the Time Lag in Agenda-Setting [J]. *Journalism Quarterly*, 1981, 58 (1): 51 - 55.

Sun Y S, Guo S. Media Use, Social Comparison, Cognitive Dissonance and Peer Pressure as Antecedents of Fashion Involvement [J]. *Intercultural Communication Studies*, 2013.

Sweetser K D, Golan G J, Wanta W. Intermedia Agenda Setting in Television, Advertising, and Blogs During the 2004 Election [J]. *Mass Communication & Society*, 2008, 11 (2): 197 - 216.

Takeshita T, Mikami S. How Did Mass Media Influence the Voters' Choice in the 1993 General Election in Japan? A Study of Agenda Setting [J]. *Keio Communication Review*, 1995, 17 (3): 27 - 41.

Takeshita T. Agenda-Setting Effects of The Press in a Japanese Local Election [J]. *Studies of Broadcasting*, 1993, 29 (1): 17 - 38.

Trumbo C. Longitudinal Modeling of Public Issues: An Application of the Agenda-Setting Process to the Issue of Global Warming [J]. *Journalism and Communication Monographs*, 1995, 152.

Tsfati Y. Does Audience Skepticism of The Media Matter in Agenda Setting? [J]. *Journal of Broadcasting & Electronic Media*, 2003, 47 (2): 157 – 176.

Vargo C J, Guo L, Amazeen M A. The Agenda-Setting Power of Fake News: A Big Data Analysis of The Online Media Landscape from 2014 to 2016 [J]. *New Media & Society*, 2018, 20 (5): 2028 – 2049.

Vargo C J, Guo L, McCombs M, et al. Network Issue Agendas on Twitter During the 2012 US Presidential Election [J]. *Journal of Communication*, 2014, 64 (2): 296 – 316.

Vu H T, Guo L, McCombs M E. Exploring "the World Outside and The Pictures in Our Heads" A Network Agenda-Setting Study [J]. *Journalism & Mass Communication Quarterly*, 2014, 91 (4): 669 – 686.

Wallsten K. Agenda Setting and The Blogosphere: An Analysis of the Relationship Between Mainstream Media and Political Blogs [J]. *Review of Policy Research*, 2007, 24 (6): 567 – 587.

Wang D, Liu X, Chen R. Factor Models for Matrix-Valued High-Dimensional Time Series [J]. *Journal of Econometrics*, 2019, 208 (1): 231 – 248.

Wanta W, Ghanem S. Effects of Agenda Setting [J]. *Mass Media Effects Research: Advances through Meta-analysis*, 2007: 37 – 51.

Wanta W, Hu Y W. Time-Lag Differences in the Agenda-Setting Process: An Examination of Five News Media [J]. *International Journal of Public Opinion Research*, 1994.

Wanta W, Stephenson M A, Turk J V S, et al. How President's State of Union Talk Influenced News Media Agendas [J]. *Journalism Quarterly*, 1989, 66 (3): 537 – 541.

Weaver D H, McCombs M E, Spellman C. Watergate and the Media: A Case Study of Agenda-Setting [J]. *American Politics Quarterly*, 1975, 3 (4): 458 – 472.

Weaver D, McCombs M, Shaw D L. Agenda-Setting Research: Issues, Attributes, and Influences [J]. *Handbook of Political Communication Research*, 2004, 257.

Wenner L A. Much ado (or not) about Twitter? Assessing an emergent communication and sport research agenda [J]. *Communication & Sport*, 2014, 2 (2): 103 – 106.

Willnat L, Zhu J H. Newspaper Coverage and Public Opinion in Hong Kong: A Time-Series Analysis of Media Priming [J]. *Political Communication*, 1996, 13 (2): 231 – 246.

Winter J P, Eyal C H. Agenda Setting for the Civil Right Issue [J]. *Public Opinion Quarterly*, 1981, 45 (3): 376 – 383.

Wu Y, Atkin D, Lau T Y, et al. Agenda Setting and Micro-Blog Use: An Analysis of The Relationship Between Sina Weibo and Newspaper Agendas in China [J]. *The Journal of Social Media in Society*, 2013, 2 (2).

Wu H D, Guo L. Beyond Salience Transmission: Linking Agenda Networks Between Media and Voters [J]. *Communication Research*, 2017.

Yagade A, Dozier D M. The Media Agenda-Setting Effect of Concrete versus Abstract Issues [J]. *Journalism & Mass Communication Quarterly*, 1990, 67 (1): 3 - 10.

Zhao X, Lynch J G, Chen Q. Reconsidering Baron and Kenny: Myths and Truths about Mediation Analysis [J]. *Journal of Consumer Research*, 2010, 37 (2): 197 - 206.

Zucker H. The Variable Nature ssof News Media Influence [J]. *Annals of the International Communication Association*, 1978, 2 (1): 225 - 240.

（三）学位与会议

Krane M. The Socially Filtered Media Agenda: A Study of Agenda Setting Among News Outlets on Twitter [D]. University of Missouri-Columbia, 2010.

Landero J H. The Agenda Setting Effects of CNN's Twitter in the 2016 Super Tuesday Primaries [D]. Liberty University, 2016.

Lee G. Agenda Setting Effects in The Digital Age: Uses and Effects of Online Media [D]. The University of Texas at Austin, 2005.

Nalwoga L. Examining Agenda Setting Effects of Twitter Users During the 2016 Uganda Presidential Election [D]. Uppsala University, 2017.

Vargo C J. National Television News and Newspapers as Media Salience, Twitter as Public Salience: An Agenda-Setting Effects Analysis [D]. The University of Alabama, 2011.

Aikat D. The Blending of Traditional Media and The Internet: Patterns of Media Agenda Setting and Web Search Trends Before and After the September 11 Attacks [C] //meeting of the International Communication Association, New York, NY. 2005.

Ceron A. Twitter and the Traditional Media: Who is the Real Agenda Setter? [C] //In APSA 2014 Annual Meeting Paper, 2014.

Choi D H, Kim S H. Cross-Lagged Analysis of Intermedia Agenda-Setting: An Interplay Between Television News and Internet Portals in South Korea [C] //San Francisco, CA, Paper presented at the annual meeting of the International Communication Association. 2007.

Goodman R. Bush Administration Congressional Versus Presidential Agenda-Setting: The China Most Favored Nation Controversy [C] //Paper presented at the International Communication Association, Albuquerque, 1994.

Guo L, McCombs M. Network Agenda Setting: A Third Level of Media Effects [C] // annual conference of the International Communication Association, Boston, MA. 2011a.

Guo L, McCombs M. Toward the Third Level of Agenda Setting Theory: A Network Agenda Setting Model [C] //annual convention of the Association for Education in Journalism & Mass Communication. St. Louis, Missouri. 2011b.

Heim K. Blogs and The Iraq War: A Time-Series Analysis of Intermedia Agenda Setting and Agenda Building [C] //annual meeting of the Association for Education in

Journalism and Mass Communication, Marriott Downtown, Chicago, IL. 2008.

Holmes J. Motivation Choic and Agenda Setting: Media Effects in the 21st Century [C] //Paper Presented at the Annual Meeting of the Midwest Political Science Association 67th Annual National Conference. 2009.

Hong L, Davison B D. Empirical Study of Topic Modeling in Twitter [C] //Proceedings of the first workshop on social media analytics. ACM, 2010: 80 – 88.

Jeon S. Agenda-Setting Effects of Online Newspapers: A Pilot Study of Korean Online Newspapers with Bulletin Boards [C] //Annual Meeting of International Communication Association, New Orleans, LA. 2004.

Jeong Y. What to think About and What to Search About: A Time-Series Analysis of Agenda-Setting Function of Traditional Media on Public Interest on The Internet [C] //the annual meeting of the International Communication Association. 2008.

Kwak H, Lee C, Park H, et al. What is Twitter, a Social Network or a News Media? [C] //Proceedings of the 19th international conference on World wide web. ACM, 2010: 591 – 600.

Lee J H, Choi Y J, Lee C. Agenda Setting Effects on Online Users: The Analysis of the World Cup Coverage and Online Discussions [C] //annual conference of the Communication and Technology Division, ICA, San Diego, California. 2003.

Lennon F R. Argentina: 1997 Elecciones. Los Diarios Nacionales Y La Campana Electoral [C] //report by the Freedom Forum and Austral University, 1997.

Lim J. Microlevel Agenda-Setting Effects of News Sites [C] //San Francisco, CA, Paper presented at the annual meeting of the International Communication Association. 2007.

Lim J. Intermedia Agenda-Setting of Online Wire Service [C] //New Orleans, LA, Paper presented at the annual meeting of the International Communication Association. 2004.

Martin J. Agenda Setting Online: Interaction of Newspaper Content and User Feedback [C] //Annual Meeting of the International Communication Association, Chicago. 2009: 1 – 33.

McCombs M E, Gilbert S, Eyal C H. The State of the Union Address and the Press Agenda: A Replication [C] //International Communication Association, Boston, 1982: 703 – 717.

Santanen E L, Briggs R O, De Vreede G J. The Cognitive Network Model of Creativity: A New Causal Model of Creativity and a New Brainstorming Technique [C] // Proceedings of the 33rd Annual Hawaii International Conference on System Sciences. IEEE, 2000.

Schmitz A, Tremayne M. Issue Salience and Web Page Design: An Agenda Setting Experiment [C] //annual conference of the International Communication Association, New York, NY. 2005.

Yu J, Aikat D. News on the Web: Agenda Setting of Online News in Web Sites of Major

Newspaper, Television and Online News Services [C] //annual meeting of the International Communication Association, New York City. 2005.

Zhao X, Lu H, Huang D, et al. Spiral of Just Enough Information-Inverted U Effect of Title Length on Online Read and Relay [C] //IAMCR Conference, University of Leicester, Leicester, UK. 2016.

索 引

后 记

议程设置理论在新闻传播领域广为人知，新闻学院本科生入校一两年，很有可能就已经对这一理论有所了解，更不必说研究生乃至成熟的研究者。从研究史来说，议程设置研究起于1968年，是传播学领域谱系中最完整、最复杂的理论。要对一个如此广为人知且复杂的理论进行创新，其难度可想而知。

本书基于我的博士论文修改而成。最初，我想探寻的是议程设置第三层面——网络议程设置（Network Agenda-Setting）的作用机制，并试图在研究方法上用矩阵自回归替代二次分配回归（QAP）。然而，在研究过程中，我逐渐对所谓第三层面议程设置的合理性产生疑问。首先是网络的稳定性问题，议程网络的节点数（议题或属性）一般只有10个左右，个别节点的变化足以对整个网络产生冲击。其次是公众"认知网络"问题，第三层面议程设置借用心理学中的"认知网络"概念，构建媒体和公众的"认知网络"，并对比两者的一致性；然而，心理学的"认知网络"是个人的"认知网络"，不存在所谓的加总的公众"认知网络"。

2016年底，在整理议程设置研究经典文献时，我发现了一篇"怪异"的文献，名为"另一种视角看传媒的议程设置功能"。在这篇文章中，麦克劳德等人（1974）对当时刚出现不久的议程设置研究（议程设置的第一项成果发表于1972年）提供了另一种解释并提出质疑。他们认为应将个人议题显要性划分为人内议题显要性和人际议题显要性，并提议要在个人层面进行议程设置研究。可惜的是，由于时代局限，在电视为主导媒介的年代，受众并没有充分表达自己的渠道，这就导致当时人际议题显要性的权重不足以与人内议题显要性相抗衡。同时，由于个人表达的欠缺，研究者只能询问受访者当前社会面临的"最重要问题"(MIP),而无法让受访者回忆出个人关心的所有问题并排序。

随着互联网和社交媒体的兴起,受众个人拥有了表达议题显要性的新渠道,通过与其他用户的互动(评论、转发等),人际议题显要性凸显出来,成为一个重要问题。用户在社交媒体上拥有自己的个人主页,他(她)所关心的议题也在个人主页中呈现出来,使个人层面的研究成为可能。然而,经典的公众议程设置研究是加总层面的有关人内议题显要性的研究,难以回应社交媒体时代的变化。麦克劳德等人当时不合时宜的研究取向,反而为理解当下的媒介效果提供了适宜的视角。基于此,我在本书中提出"个人议程"概念,并提倡进行真正个人层面的"个人议程设置研究"。为个人议程设置研究奠定基础的研究包括:帕克关于"共同体议程"的思想、阿卡普尔科模型、已有的关于"个人数据"的研究。

研究的过程是辛苦的,前辈同侪的支持使我前行。感谢我的导师廖圣清教授。博士生阶段,廖老师对我进行了非常严格和系统的理论训练,这是我进行传播学基础理论研究的信心来源。廖老师时常提及的"问题意识、概念意识和理论意识"对我的研究产生了持续性的影响。感谢郑涵教授,自入职上海大学以来,郑老师对我关怀备至,如师如父。郑老师是一位传统的中国知识分子,一身傲骨,对待学术极其认真,能得郑老师肯定,是我个人的荣幸。也要感谢我的博士生同学和同门,易可、文森、晨静、周雅、春晖、单凌、瑾涵……感谢他(她)们的陪伴。

"个人议程"和"个人议程设置研究"只是初提,还需要经受更多实证研究,特别是线下研究的检验。本书作为我个人一个阶段的研究总结,基本完成任务。当然,限于个人智识,书中肯定存在疏漏,请读者批评指正。